U0922198

昆明统计年鉴

KUNMING STATISTICAL YEARBOOK

2014

昆明市统计局
KUNMING MUNICIPAL BUREAU OF STATISTICS
国家统计局昆明调查队
NBS SURVEY OFFICE IN KUNMING
编

中国统计出版社
China Statistics Press

图书在版编目(CIP)数据

昆明统计年鉴.2014/昆明市统计局编.—北京：
中国统计出版社，2014.9
ISBN 978-7-5037-7296-2

Ⅰ.①昆… Ⅱ.①昆… Ⅲ.①统计资料－昆明市－2014－年鉴 Ⅳ.①C832.741-54

中国版本图书馆CIP数据核字(2014)第213227号

昆明统计年鉴—2014

作　　者/昆明市统计局
责任编辑/陈越月
责任校对/宋瑾霞
封面设计/宋瑾霞　王肖庆
出版发行/中国统计出版社
通信地址/北京市丰台区西三环南路甲6号
邮　　编/100073
电　　话/邮购（010）63376909　书店（010）68783171
网　　址/http://csp.stats.gov.cn
印　　刷/云南·新华印刷一厂
经　　销/新华书店
开　　本/890×1240毫米 1/16
字　　数/82万字
印　　张/26.5
版　　别/2014年9月第1版
版　　次/2014年9月第1次印刷
书　　号/ISBN 978-7-5037-7296-2
定　　价/300.00元

《昆明统计年鉴——2014年》编委会和编辑部

生产总值（亿元）

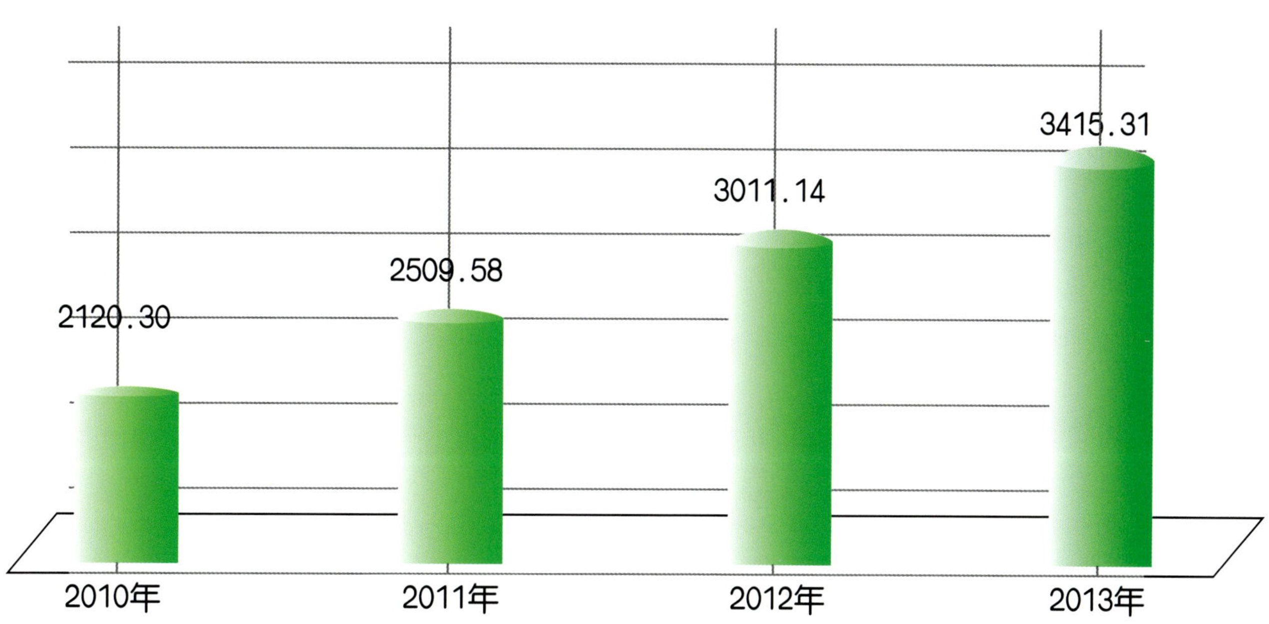

人均生产总值（元）

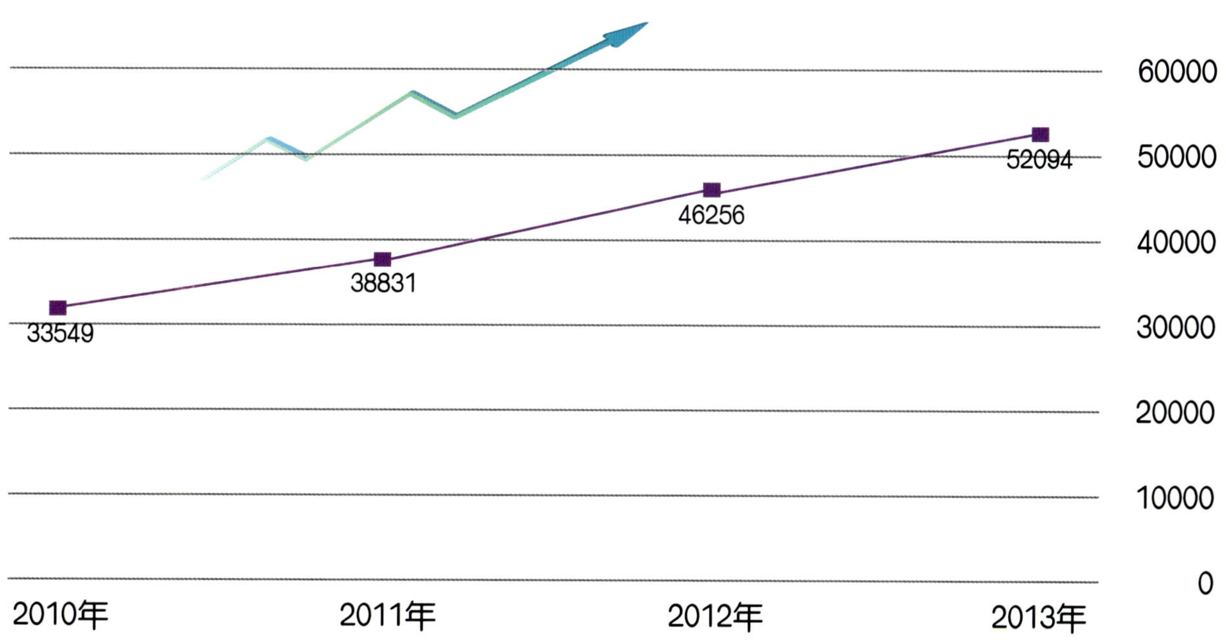

生产总值构成（%）

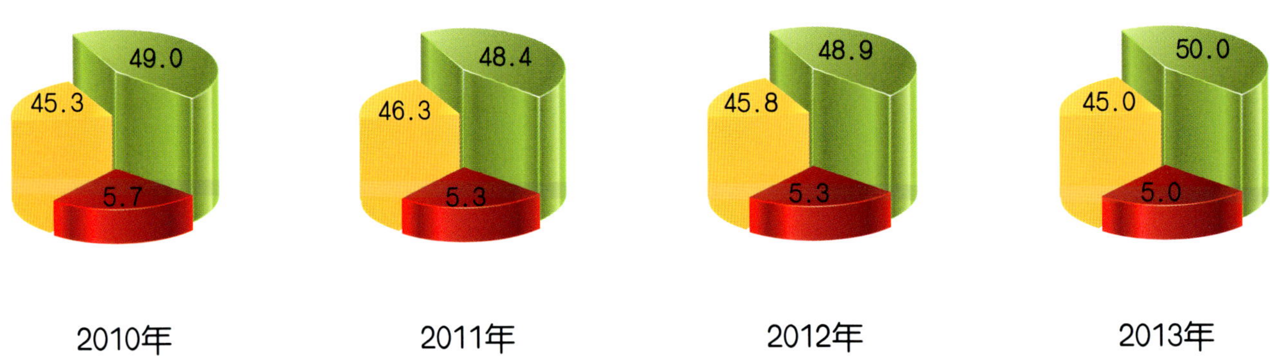

年末常住人口（万人）

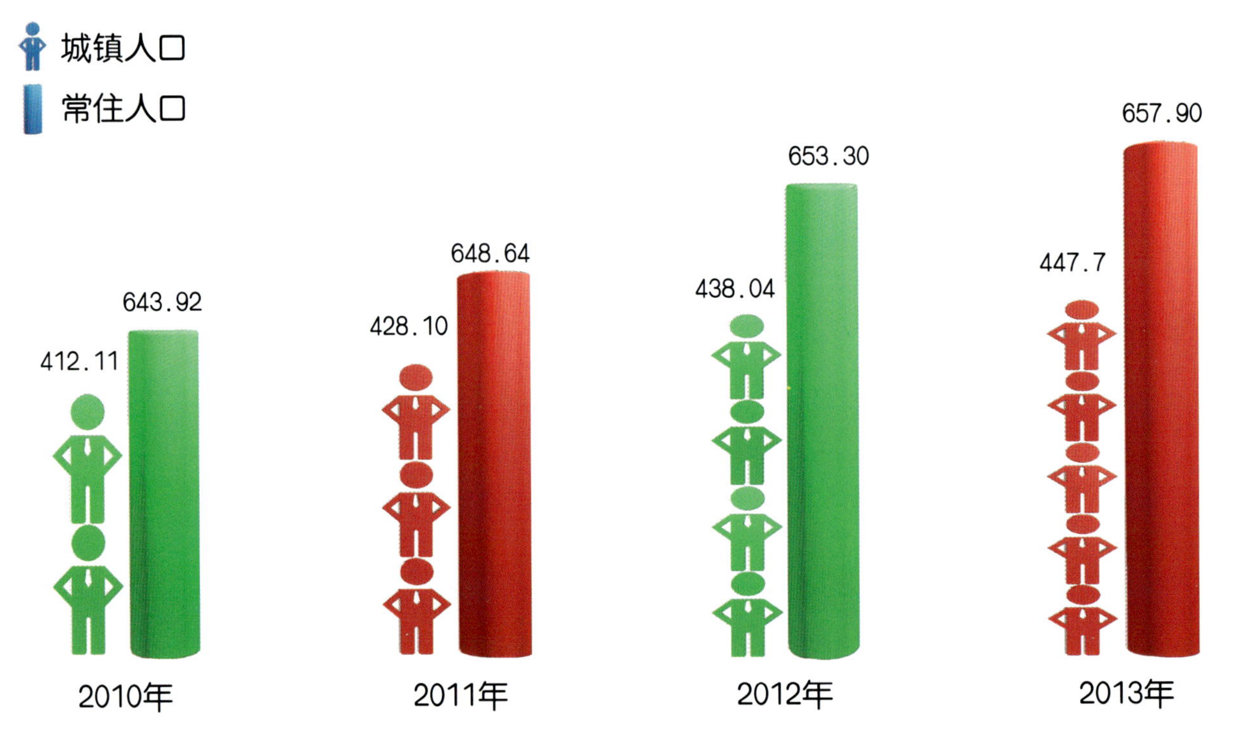

全社会从业人员（万人）

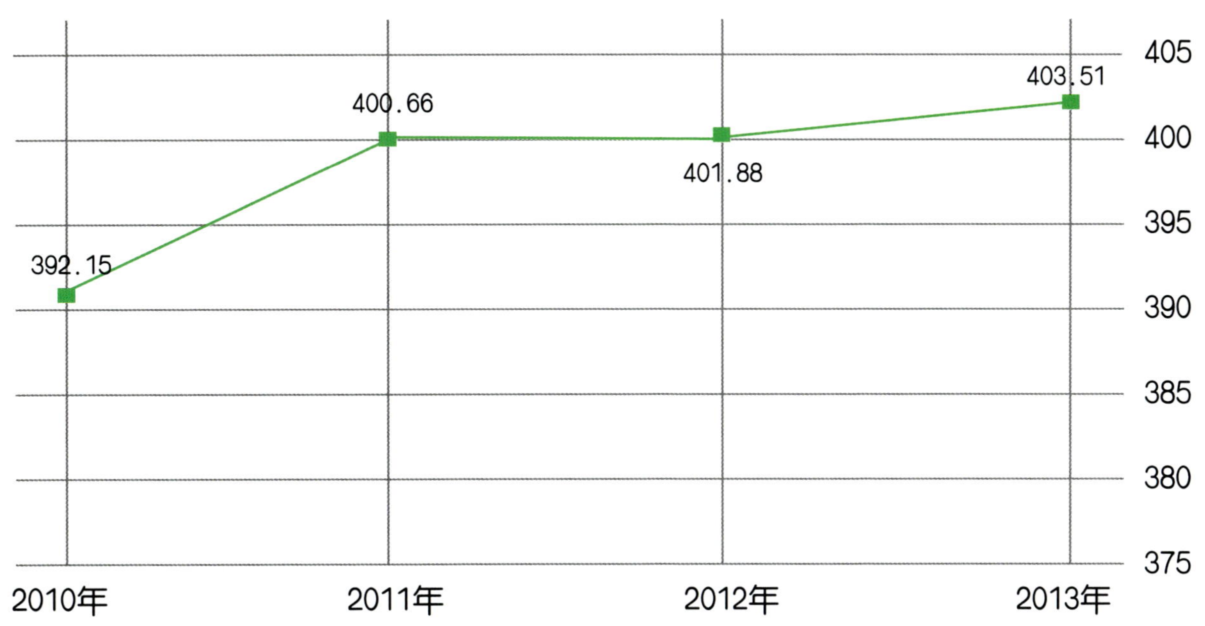

社会消费品零售总额（亿元）

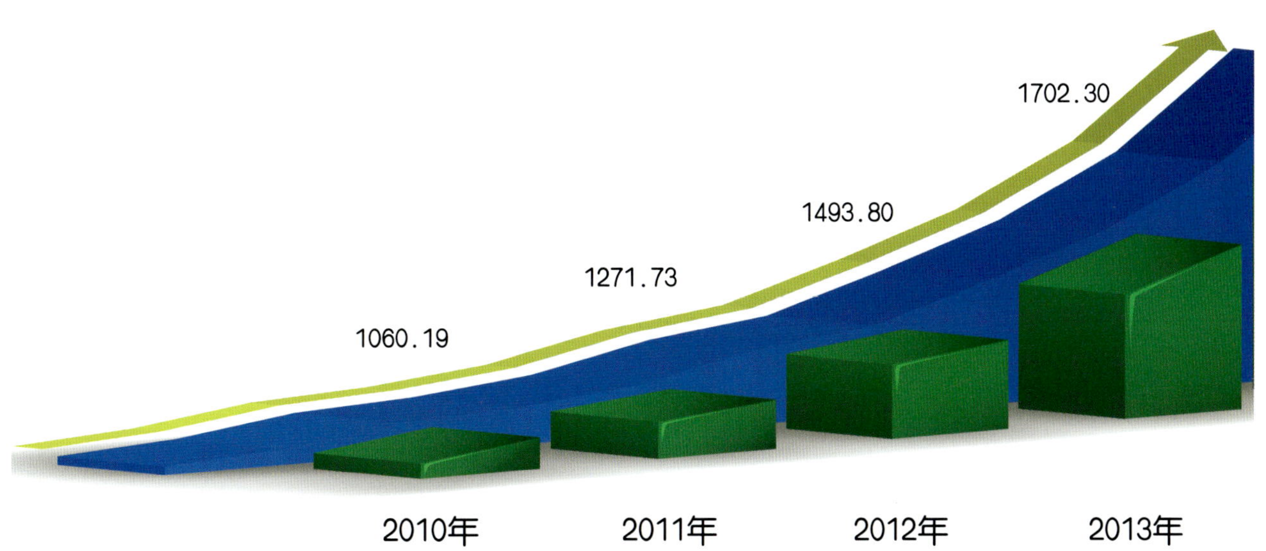

农林牧渔及服务业总产值（亿元）

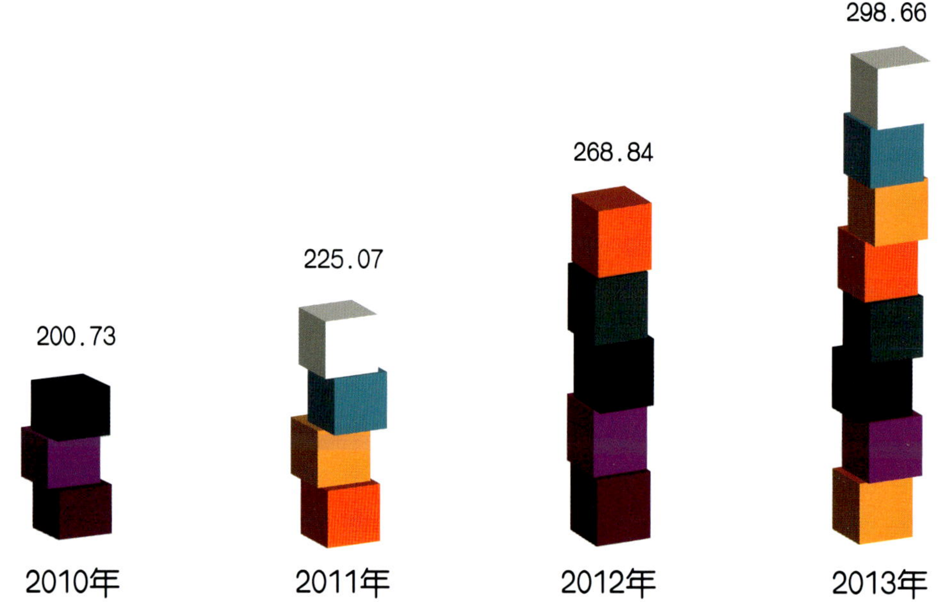

粮食、蔬菜产量（万吨）

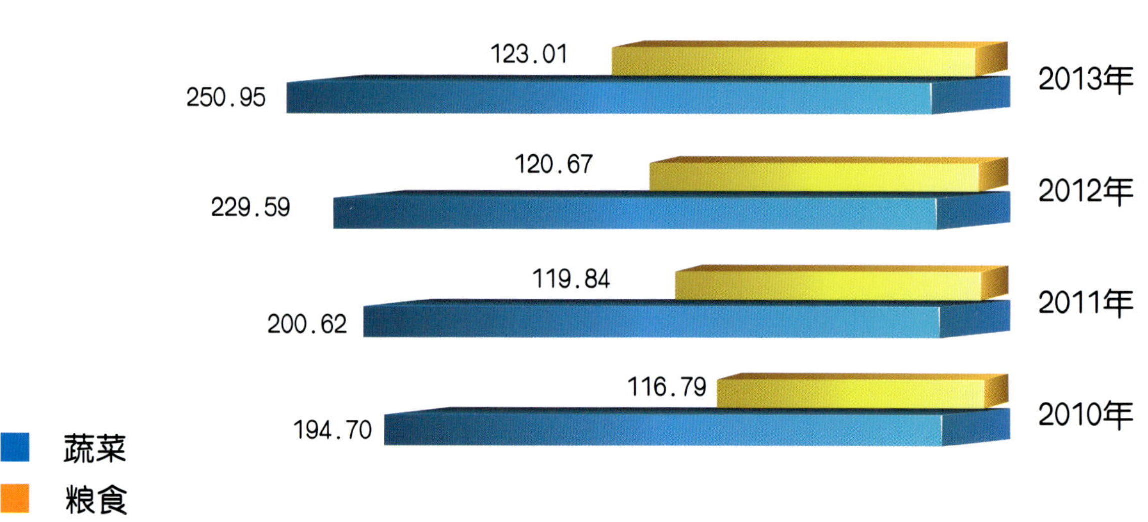

进出口总额（亿美元）

进出口总额
出口总额
进口总额

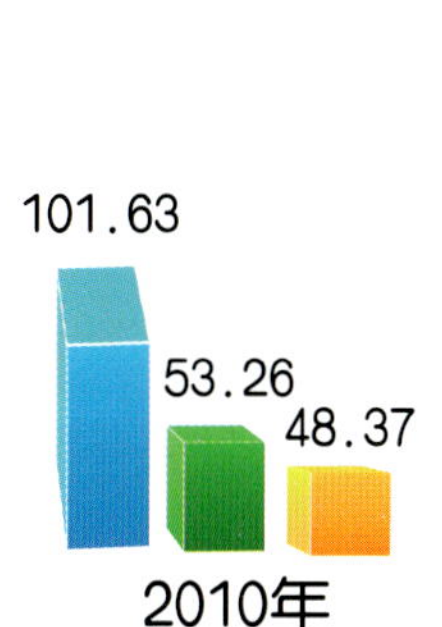

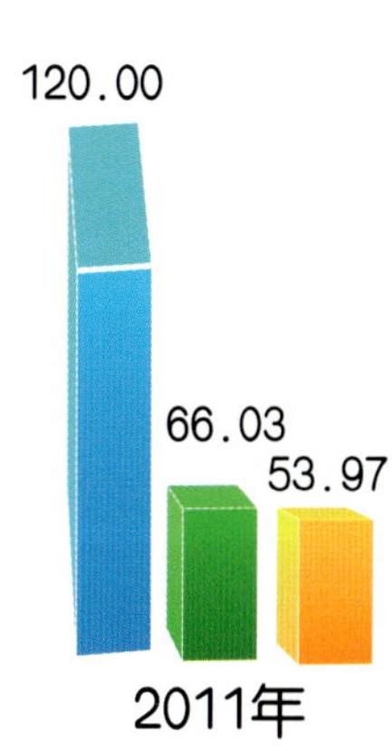

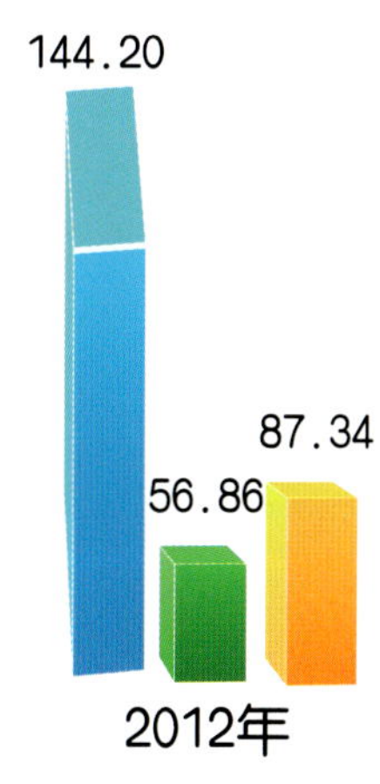

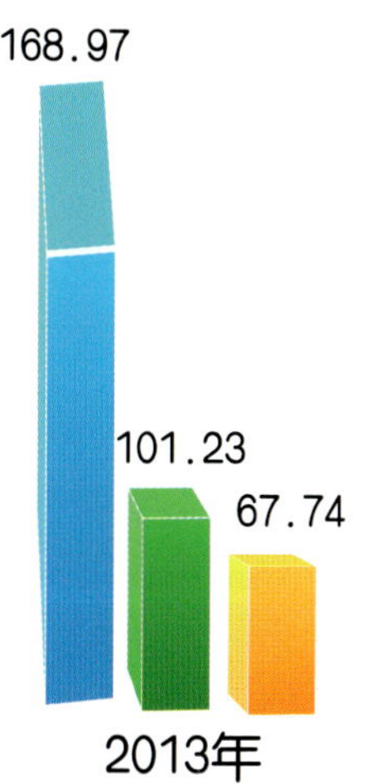

旅游人数及收入

接待旅游者人数（万人次）
旅游总收入（亿元）

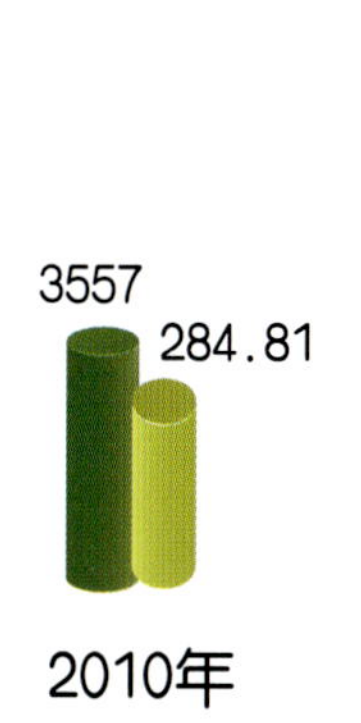

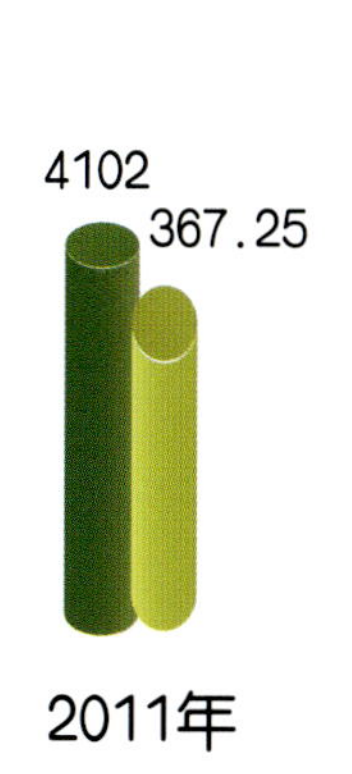

财 政

■地方公共预算收入（亿元）
■地方公共预算支出（亿元）

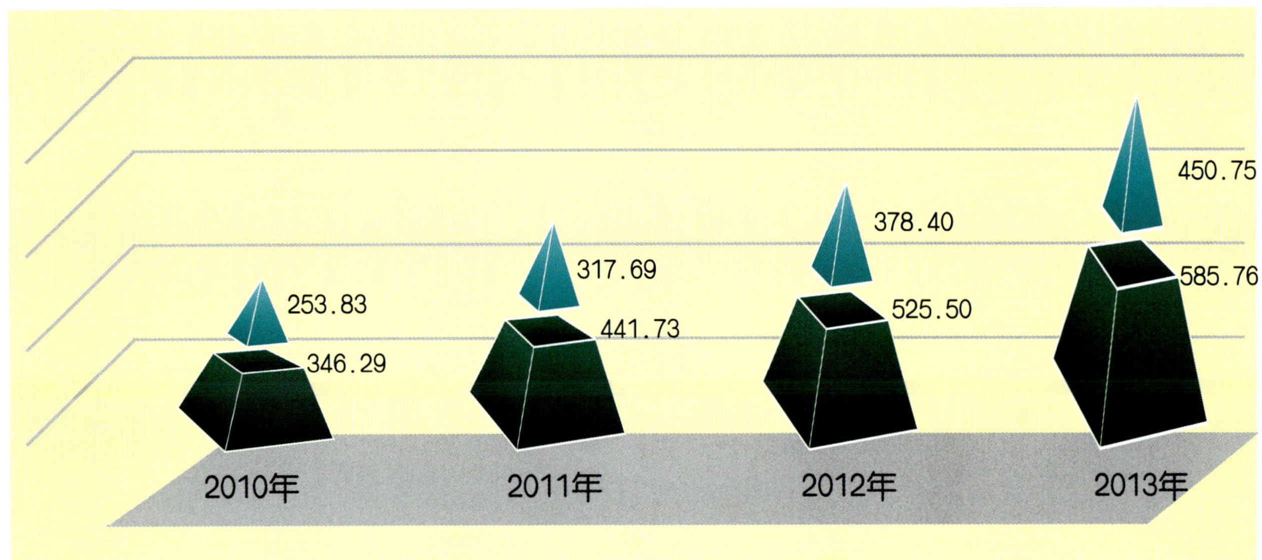

金 融

■金融机构人民币存款余额（亿元）
■金融机构人民币贷款余额（亿元）

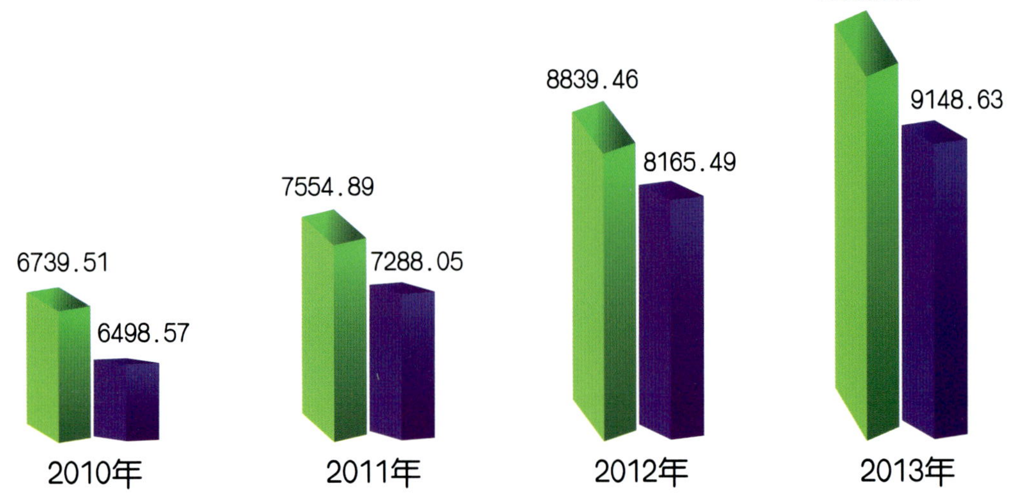

城乡居民收入（元）

■城镇居民人均可支配收入
■农村居民人均纯收入

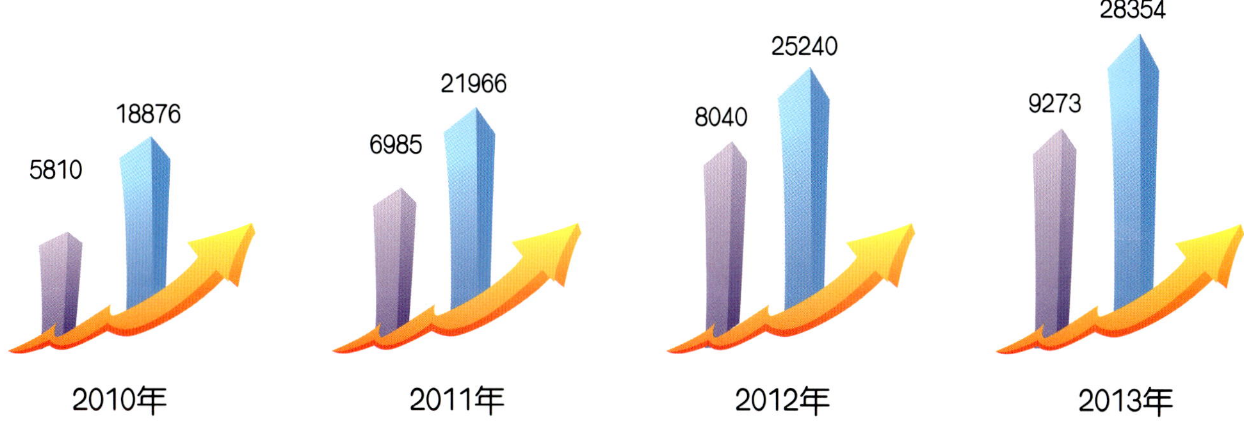

价格指数（以上年价格为100）

■商品零售价格指数
■居民消费价格指数

编者说明

一、《昆明统计年鉴—2014》是一部全面反映昆明市国民经济和社会发展情况的资料性年刊，又是各级领导、专家、学者和经济工作者了解情况，研究决策，检查和编制计划，指导工作的宝贵资料。本书汇集了全市各县（市）区2013年经济和社会发展各方面的统计数据，以及全市历年主要统计数据。

二、全书内容分为21个部分，即：1. 行政区划和气象；2. 综合；3. 国民经济核算；4. 人口；5.从业人员和职工工资；6. 固定资产投资；7. 金融和财政；8. 物价；9. 人民生活；10. 农业；11. 工业；12. 能源消费；13. 交通运输；14. 建筑业；15. 国内贸易；16. 对外贸易、旅游；17. 开发区建设；18. 城市建设、环境保护；19. 科技、教育、文化、体育、卫生和其他；20. 各州（市）主要经济指标；21. 全国省会城市主要经济指标。有关部分有主要统计指标解释，对主要统计指标的含义、统计范围和统计方法作了简要说明。

三、本年鉴的资料来源，大部分来自年度统计报表，少部分来自抽样调查。由于条块统计分工关系，部分指标各县（市）区数字相加不等于全市总计，在使用中请注意。由于统计制度仍处于改革过程中，因此，一些统计指标的统计口径范围还不尽统一、规范，本年鉴对有关数据作了相应的调整，并在有关统计表下作了解释。

四、度量衡单位均采用国家颁布的国际统一标准计量单位。

五、本年鉴中的符号使用说明：

"空格"表示无该项统计指标数据；

"#"表示其中的主要项。

六、本年鉴在编辑过程中，由于时间和水平关系，如有差错之处，热忱希望读者批评指正。为使本年鉴不断改进和完善，更好地满足社会各界的需要，希望广大读者提出宝贵的意见。

二〇一四年八月

目　　录

七、金融和财政

八、物　　价

九、人民生活

十、农　　业

十一、工　　业

十二、能源消费

十三、交通运输

十四、建筑业

十五、国内贸易

十六、对外贸易、旅游

十七、开发区建设

十八、城市建设、环境保护

十九、科技、教育、文化、体育、卫生和其他

二十、各州市主要经济指标

二十一、全国省会城市主要经济指标

昆明市2013年国民经济和社会发展统计公报

昆明市统计局

2014年3月

2013年，面对复杂多变的国内外经济形势，全市人民在市委、市政府的领导下，深入贯彻落实党的十八大和市委十届三次全会精神，坚持稳中求进的工作总基调，认真落实国家和省的各项促进经济增长的政策措施，着力深化改革开放，加快推进产业培育提升，努力保障和改善民生，国民经济运行保持平稳增长，经济实力进一步增强，人民生活水平稳步提高，社会更加和谐稳定。

一、经济发展

综合

2013年，全市实现地区生产总值（GDP）3415.31亿元，按可比价计算，同比增长12.8%。其中，第一产业实现增加值175.27亿元，同比增长6.8%；第二产业实现增加值1537.11亿元，同比增长13.2%；第三产业实现增加值1702.93亿元，同比增长13.1%。三次产业结构为5.1：45.0：49.9。人均生产总值达到52094元。

图1　2008-2013年地区生产总值（亿元）及其增长速度（%）

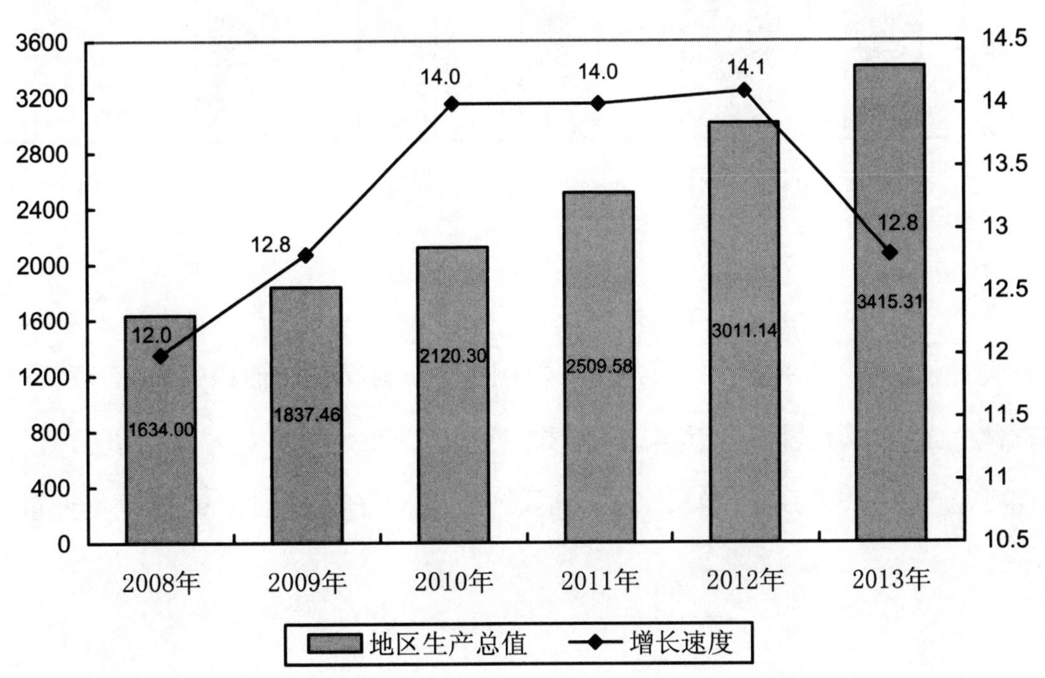

2013 年，全市地方公共财政预算收入完成 450.75 亿元，同比增长 19.1%，其中，税收收入 395.91 亿元，增长 16.8%。在税收收入中，增值税 55.22 亿元，营业税 161.06 亿元。地方公共财政预算支出 585.75 亿元，增长 11.5%。

农业

全年实现农林牧渔业总产值 298.66 亿元，比上年增长 7.2%。其中，农业产值 165.24 亿元，增长 8.5 %；林业产值 8.87 亿元，增长 13.7%；畜牧业产值 106.63 亿元，增长 4.8%；渔业产值 7.58 亿元，增长 5.3%。

图 2　2008-2013 年农林牧渔业总产值（亿元）

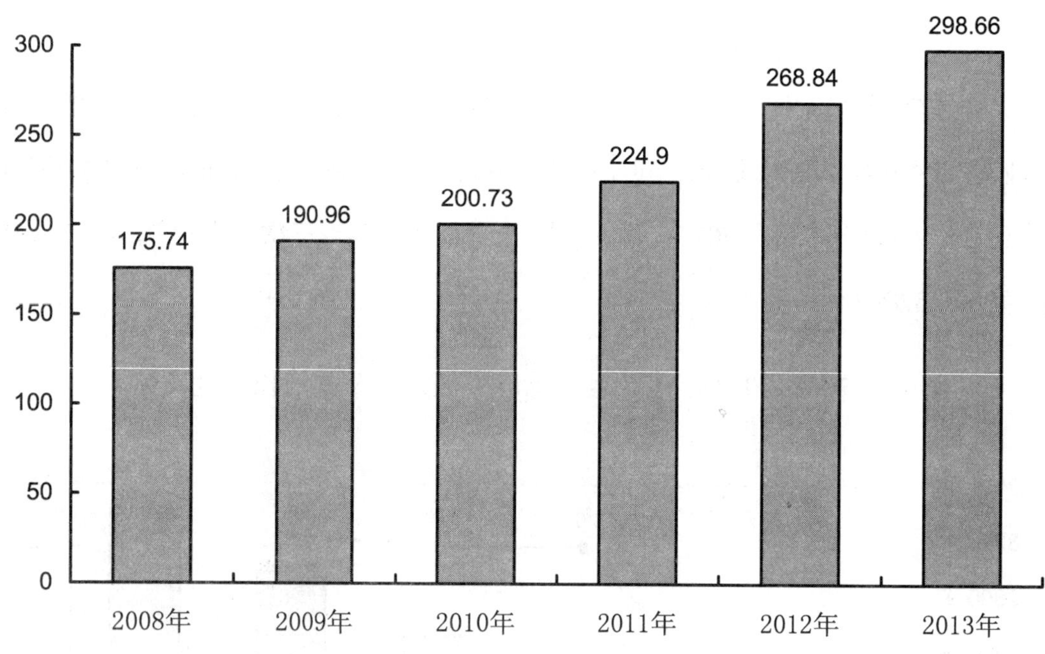

全年粮食种植面积 27.39万公顷，产量 123.01万吨；蔬菜种植面积8.83万公顷，产量250.95万吨；鲜切花种植面积0.7万公顷，产量47.78亿枝。

全年肉类总产量57.37万吨，增长3.7%；禽蛋产量 8.87万吨，增长7.9%；牛奶产量10.71万吨，下降1.4%。

表 1　主要农产品产量

	单　位	2013 年	比上年 ± %
粮　　食	万吨	123.01	1.9
#稻　谷	万吨	22.77	–2.3
油　　料	万吨	1.49	6.4
烤　　烟	万吨	8.44	–3.4
蔬　　菜	万吨	250.95	9.3
鲜 切 花	亿枝	47.78	3.6
水　　果	万吨	16.92	2.9

表 2　主要畜产品产量

	单　位	2013 年	比上年 ± %
肉类总产量	万吨	57.37	3.7
#猪　肉	万吨	39.39	5.4
牛奶产量	万吨	10.71	–1.4
猪出栏数	万头	431.56	4.1
家禽出栏数	万只	6880.04	–2.7
羊出栏数	万只	89.08	6.4
猪年末存栏数	万头	262.35	1.6
羊年末存栏数	万只	137.54	2.3
大牲畜年末存栏数	万头	78.38	–1.1

全年农村用电量 98274.8 万千瓦时，增长 8.6%。年末农业机械总动力 301 万千瓦特，增长 2.7%。

大型拖拉机 2911 辆，增长 2.1 %。

工业

2013 年，全年工业增加值比上年增长 11.4%，其中，规模以上工业增长 11%。在规模以上工业中，轻工业增长 8.4%；重工业增长 13.1%。从行业看，烟草工业增长 6.6 %；冶金工业增 26.5%；装备制造业工业增长 11.4%；医药工业增长 12.2%。

规模以上工业企业实现销售产值 3102.46 亿元，增长 8.3%；实现利税 460.39 亿元，增长 5.7%，其中利润总额 164.04 亿元，增长 1.9%；产品销售率 97.57%；工业经济效益综合指数 365.95%。

表 3　主要工业产品产量

	单　位	2013 年	比上年 ± %
钢　　材	万吨	689.15	33.9
十种有色金属	万吨	77.67	0.3
水　　泥	万吨	1801.69	17.8
化肥（折纯量）	万吨	137.55	−11.3
卷　　烟	亿支	886.33	−0.9
煤　　气	亿立方米	101.23	33.0
自来水生产量	万吨	24997.92	2.2
发电量	亿千瓦小时	175.21	5.0

表 4 规模以上工业企业主要经济效益指标

	单 位	2013 年
工业经济效益综合指数	%	365.95
总资产贡献率	%	26.94
资本保值增值率	%	109.48
流动资产周转率	%	3.41
成本费用利润率	%	5.26
全员劳动生产率	元 / 人	366824.16
产品销售率	%	97.57
资产负债率	%	59.99

建筑业

2013 年，全市建筑业实现增加值 437.04 亿元，比上年增长 17.8%。建筑企业完成总产值 1816.45 亿元，增长 20.8%。建筑业完成房屋施工面积 9259.32 万平方米，竣工面积 2968.32 万平方米，分别增长 17.4%和 27.3%。

图 3 2008-2013 年建筑业增加值（亿元）

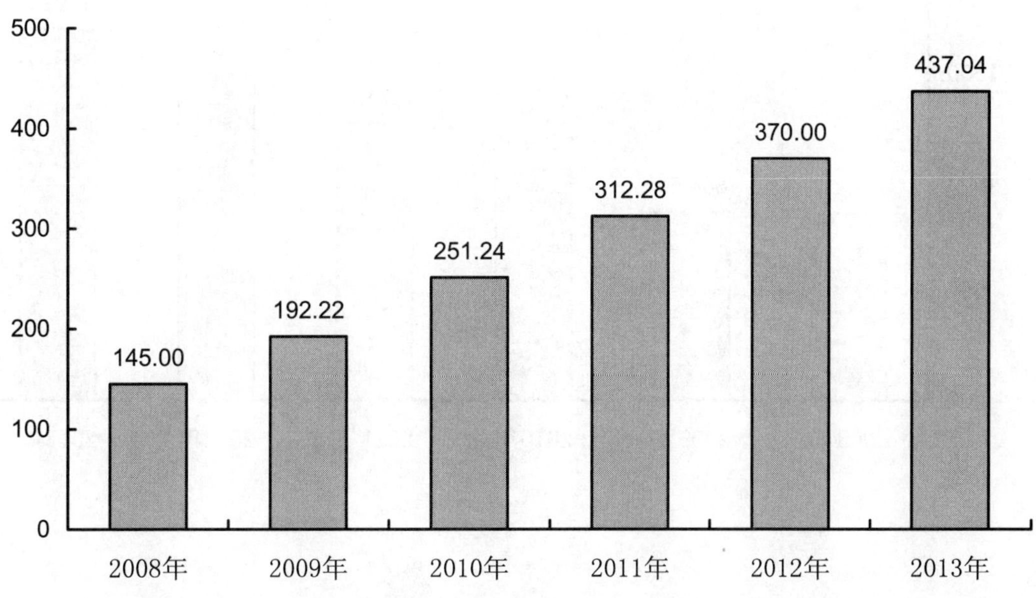

固定资产投资与房地产开发

2013年，全市规模以上固定资产投资完成2931.5亿元，比上年增长25.0%。

在全市规模以上固定资产投资中，第一产业完成投资 14.54亿元，同比下降37.2%；第二产业完成投资599.49亿元，增长15.0%；第三产业完成投资2317.47亿元，增长28.7%。

全年房地产开发投资 1291.71 亿元，增长 40.5%。商品房屋施工面积 7705.66 万平方米，增长 30.9%；商品房屋竣工面积 602.68 万平方米，同比下降 4.3%。

国内贸易

2013 年，全市社会消费品零售总额 1702.3 亿元，比上年增长 14.0%。按经济成份划分，非公有制经济实现零售额 1387.08 亿元，增长 12.9%；公有制经济实现零售额 315.22 亿元，增长 18.9%。分地域看，城镇实现消费品零售额 1632.89 亿元，增长 14.1%；乡村实现消费品零售额 69.41 亿元，增长 10.8%。按行业划分，批发和零售业实现零售额 1458.47 亿元，增长 13.7%；住宿和餐饮业实现零售额 243.83 亿元，增长 15.5%。

图 4　2008-2013 年社会消费品零售总额（亿元）

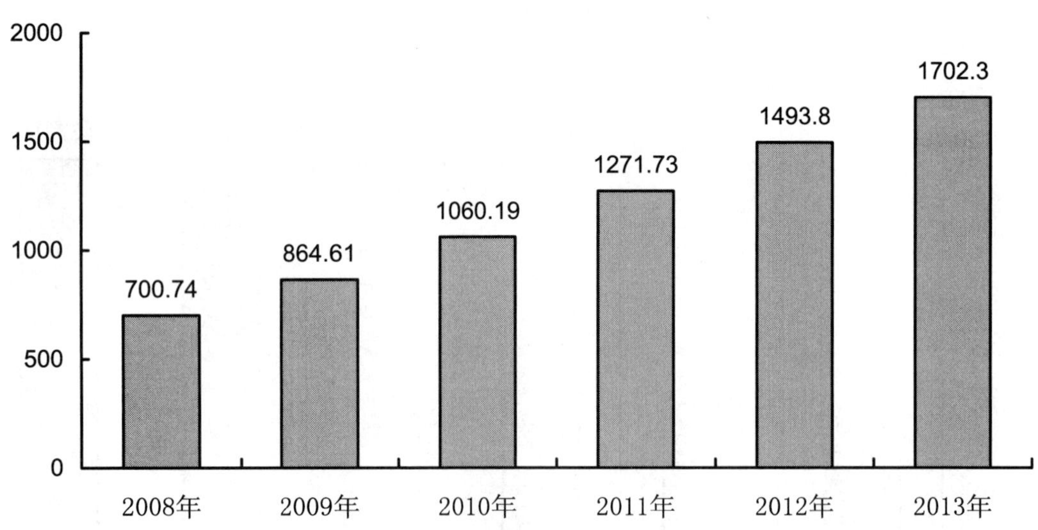

对外经济贸易

2013 年，全市海关进出口贸易总额 174.22 亿美元，比上年增长 20.8%，其中，出口 104.1 亿美元，增长 83.1%；进口 70.12 亿美元，下降 19.7%。

图 5　2008–2013 年海关进出口贸易总额（亿美元）

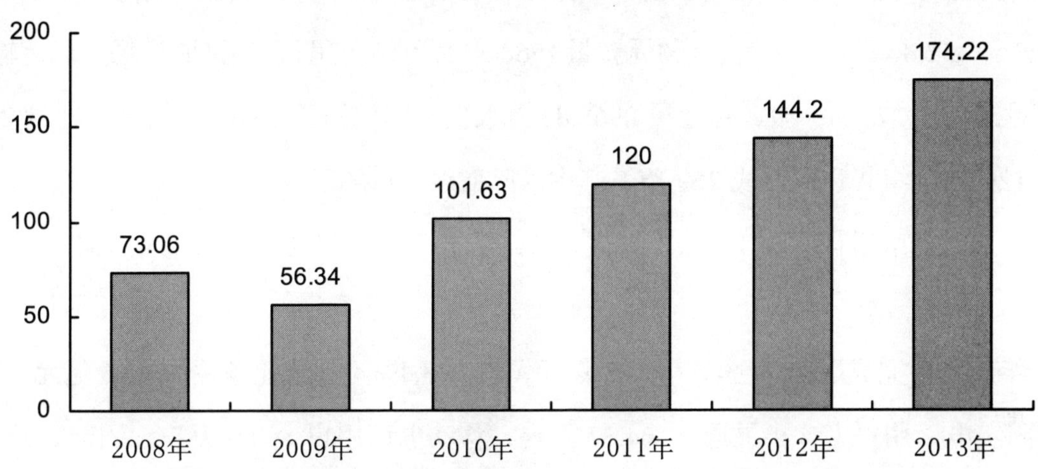

全年新批外商投资企业 56 户，实际利用外资 17.98 亿美元，增长 13.2%。

价格水平

2013 年，城镇居民消费价格总指数比上年上涨 3.9%，其中，食品类价格上涨 6.8%，衣着类上涨 1.9%，家庭设备及维修服务类上涨 1.7%，医疗保健和个人用品类上涨 1.7%，交通和通讯类下降 0.3%，娱乐教育文化用品及服务类上涨 2.6%，居住类上涨 4.6%。

图 6　2007–2012 年居民消费价格总指数

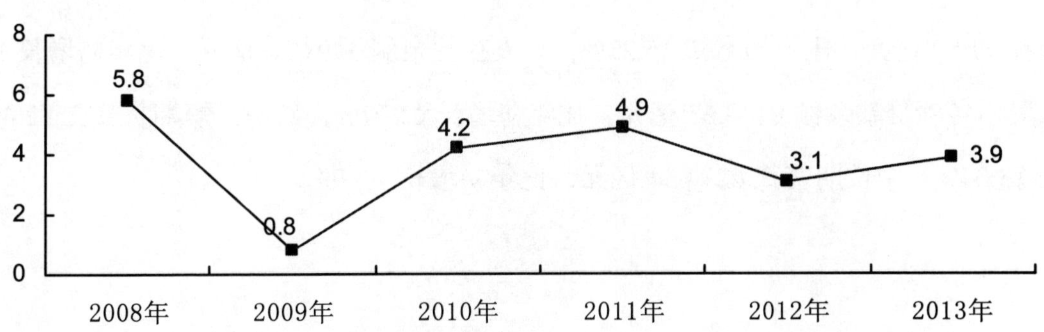

商品零售价格总指数比上年上涨2.5%，其中，食品类上涨6.2%。

工业生产者出厂价格指数比上年下降2.1%。工业生产者购进价格指数比上年下降3.5%。

交通运输、电信和邮政

2013年，全市公路旅客运输量9803万人次，货物运输量16176万吨，公路旅客周转量114.0亿人公里，货物周转量115.87亿吨公里；铁路旅客运输量1590万人次，货物运输量2361万吨，铁路旅客周转量352.84百万人公里，货物周转量1568.39百万吨公里；全年昆明机场完成运输起降25.46万架次，同比增长27.1%；旅客吞吐量2968.82万人次，同比增长23.8%，货邮吞吐量29.36万吨，同比增长12%。全年共开通航线269条，其中国际航线39条。

2013年末，全市拥有机动车181.4万辆，同比增长7.5%。其中汽车拥有量134.7万辆,同比增长13.1%。

2013年，全市完成电信业务收入95.3亿元，增长8.4%。邮政业务收入4.26亿元，增长9.2%。年末全市固定电话用户（含小灵通）164.37万户；移动电话用户898.6万户；固定宽带和移动互联网用户数804.25万户。固定电话和移动电话普及率86.83%。

旅游

2013年,全市共接待海外游客123.13万人次,增长8.3%,旅游外汇收入4.03亿美元,增长18.9%；国内游客5479.06万人次，增长19.6%，国内旅游收入490.92亿元，增长21.1%；旅游总收入515.89亿元，增长20.9%。

金融、保险

2013年，年末金融机构人民币各项存款余额10085.36亿元，比年初增长14.03%，其中，单位存款余额6177.52亿元，比年初增长15.23%；个人存款余额3493.28亿元，比年初增长14.52%。金融机构人民币各项贷款余额9148.63亿元，比年初增长11.97%，其中，短期贷款2582.45亿元，比年初增长23.04%；中长期贷款6294.34亿元，比年初增长7.87%。

图 7　2008–2013 年金融机构人民币各项存款余额（亿元）

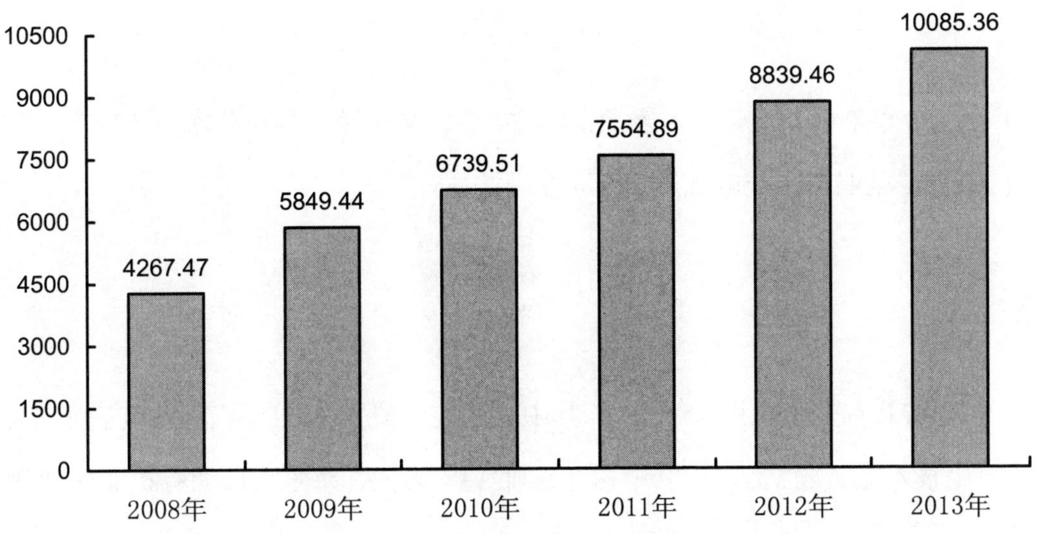

2013 年，全市保险公司实现原保险保费收入 127.83 亿元，比上年增长 18.91%。其中，财产险原保险保费收入 60.05 亿元，增长 18.74%；人身险原保险保费收入 67.78 亿元，增长 19.05%。全年赔款与给付支出合计 47.17 亿元，比上年增长 20.17%，其中，财产险赔款支出 31.63 亿元，增长 24.46%；人身险赔付支出 15.54 亿元，增长 12.28%。

二、社会事业

教育

2013 年，全市年末共有普通高等院校 60 所，在校生 56.54 万人，专任教师 2.52 万人。中等专业学校 89 所，在校生 16.82 万人，专任教师 5959 人。普通中学 274 所，在校生 31.37 万人，专任教师 2.16 万人。普通小学 956 所，在校生 48.38 万人，专任教师 2.62 万人。幼儿园 1086 所，在园幼儿 19.68 万人，专任教师 1.06 万人。学前教育三年毛入园率 96.53%，小学学龄儿童毛入学率 108.9%。普通初中毛入学率达 112.24%。高中阶段毛入学率达 90.5%。

科技

2013 年，全市实施科技计划项目 304 项，其中，重大科技计划项目 20 项。全年受理专利申请 7306 件，获专利授权 4321 件。

文化

2013 年，全市年末业余文化艺术表演团体 30 个，文化馆、群众艺术馆 15 个。公共图书馆 15 个，博物馆 21 个。昆明市有线电视用户近 147 万户。

卫生

2013 年，全市共有卫生机构 4552 个，其中：医院 253 个；卫生机构共有病床 4.8 万张。医生 3.95 万人；卫生技术人员 5.2 万人，其中执业医师 1.96 万人，每千人口拥有执业医师数 3.31 人。农村自来水普及率 81.77%，农村卫生厕所普及率 77.21%。

体育

2013 年，昆明运动员在国家级比赛中获金牌 4 枚，银牌 7 枚，铜牌 14 枚。

社会保障和社会福利

2013 年，全市年末参加基本养老保险人数 453.76 万人，其中，参保职工 87.16 万人。参加新型农村养老保险人数为 163.73 万人，参加原农村养老保险的人数为 31.03 万人。参加失地农民养老保险人数为 20.5 万人。城镇参加失业保险人数为 87.97 万人，城镇职工参加生育保险人数为 72.76 万人，参加工伤保险人数为 84.67 万人，参加城镇基本职工医疗保险人数（市本级）为 141.29 万人。参加城乡居民基本医疗保险人数（市本级）为 385.53 万人。城镇登记失业率 2.67%。

年末拥有农村养老院 60 个，床位 4353 张。公办城市老年养老机构 7 个，床位 2240 张；民办老年养老机构 51 个，床位数 11500 张。居家养老床位 1100 张。

三、人民生活

人口

2013 年，全市年末常住人口为 657.9 万人，比上年末增加 4.6 万人，人口自然增长率 5.59‰，城镇人口比重为 68.05%。

居民收支

2013 年，全市城镇居民人均可支配收入 28354 元，增长 12.3%。农村居民人均纯收入 9273 元，增长 15.3%。

图 8　2008-2013 年城镇居民人均可支配收入（元）

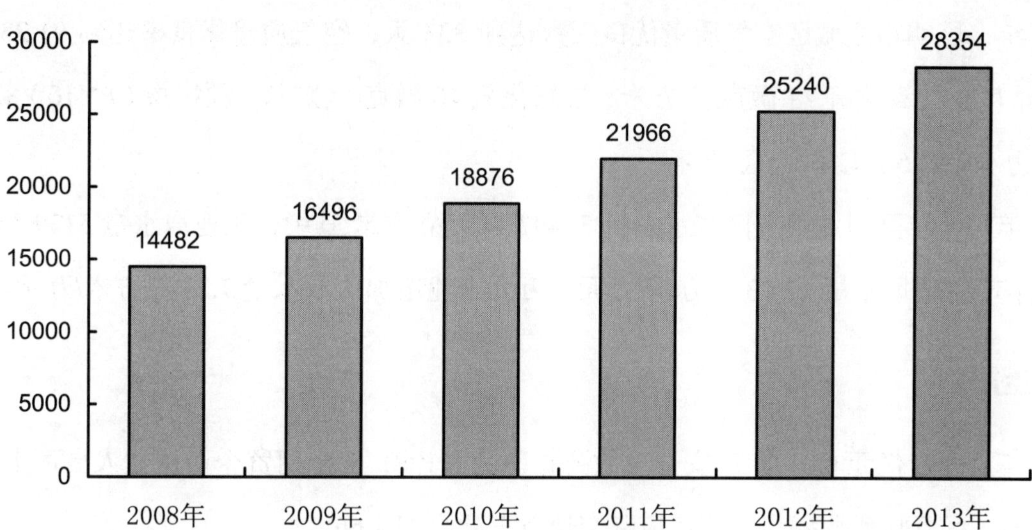

图 9　2008-2013 年农民人均纯收入（元）

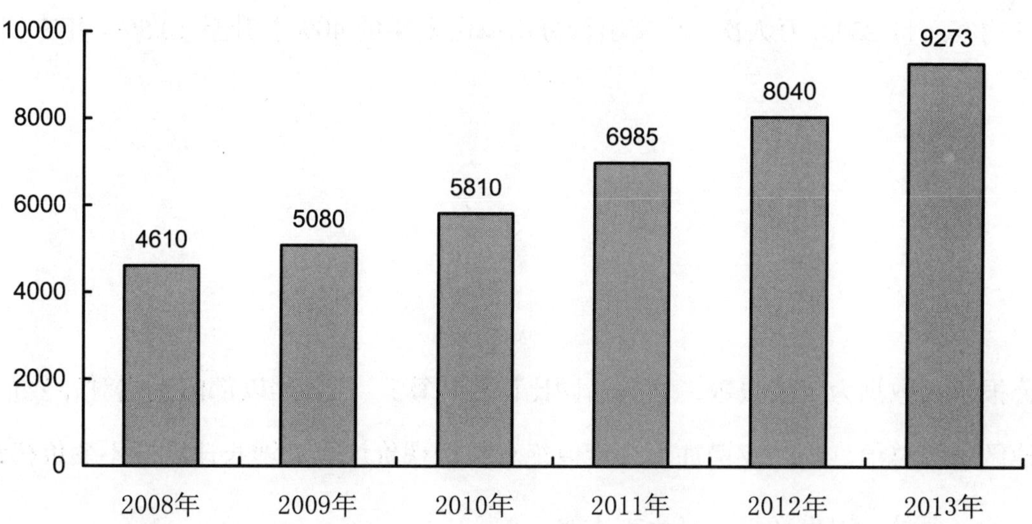

四、环境保护、安全生产和公用事业

环境保护

2013年，全年完成营造林63467公顷，其中，人工造林37467公顷；封山育林及补植26000公顷。义务植树1413万株。森林覆盖率达到48%。

2013年，昆明市主城区空气质量优良天数达到333天，空气质量优良率达到91.23%。各污染物年平均浓度：二氧化硫28微克/立方米、二氧化氮40微克/立方米、颗粒物（PM10）82微克/立方米、颗粒物（PM2.5）42微克/立方米。

2013年，全年昆明主城五区取水总量33497.44万立方米,其中，工业取水量5139.38万立方米。万元地区生产总值取水量12.93立方米/万元。万元工业增加值取水量7.22立方米/万元。

安全生产

2013年，全市亿元GDP生产安全事故死亡率为0.108；工矿商贸企业从业人员每十万人死亡率为1.84；煤矿百万吨死亡率为0.57，道路交通万车死亡率1.66。

公用事业

2013年，全市主城区（五区）公交运营线路386条，年内新增公交线路40条，新增公交车辆776辆，日均客运量230.6万人次，公交出行分担率由上年的40%上升至40.5%。年末实有出租汽车7601辆。

注：1、公报所列数据为年快报数，增幅为同比口径计算， 门数据以部门正式对外公布为准；

2、地区生产总值、分产业增加值、产值绝对数按现价计算，增长速度按不变价格计算；

3、文化、科技、卫生数据口径为市本级。

行政区划和气象

XINGZHENGQUHUAHEQIXIANG

1

1-1-1 行政区划

（2013年）

单位：个

地　区	乡镇	镇	乡	民族乡	街道办事处
全市	**59**	**43**	**16**	**4**	**70**
五华区					10
盘龙区					10
官渡区					10
西山区					10
东川区	7	6	1		1
呈贡区					10
晋宁县	6	4	2	2	1
安宁市					9
富民县	5	5			1
宜良县	6	4	2	2	2
石林彝族自治县	4	3	1		1
嵩明县	3	3			3
禄劝彝族苗族自治县	15	9	6		1
寻甸回族彝族自治县	13	9	4		1

注：此部分资料取自昆明市民政局。

1-1-2 行政区划

（2013年）

县（市）区	乡、镇、街道办事处	乡、镇、街道办事处数
五　华　区	护国街道办事处、华山街道办事处、大观街道办事处、龙翔街道办事处、莲华街道办事处、丰宁街道办事处、红云街道办事处、普吉街道办事处、黑林铺街道办事处、西翥街道办事处	10个街道办事处
盘　龙　区	拓东街道办事处、鼓楼街道办事处、东华街道办事处、联盟街道办事处、金辰街道办事处、茨坝街道办事处、龙泉街道办事处、青云街道办事处、双龙街道办事处、松华街道办事处	10个街道办事处
官　渡　区	吴井街道办事处、太和街道办事处、关上街道办事处、金马街道办事处、官渡街道办事处、小板桥街道办事处、大板桥街道办事处、六甲街道办事处、矣六街道办事处、阿拉街道办事处	10个街道办事处
西　山　区	马街街道办事处、金碧街道办事处、永昌街道办事处、前卫街道办事处、福海街道办事处、棕树营街道办事处、西苑街道办事处、碧鸡街道办事处、海口街道办事处、团结街道办事处	10个街道办事处
东　川　区	铜都街道办事处、阿旺镇、乌龙镇、红土地镇、汤丹镇、拖布卡镇、因民镇、舍块乡	1个街道办事处 6个镇 1个乡
呈　贡　区	龙城街道办事处、洛羊街道办事处、斗南街道办事处、吴家营街道办事处、马金铺街道办事处、七甸街道办事处、大渔街道办事处、洛龙街道办事处、雨花街道办事处、乌龙街道办事处	10个街道办事处
晋　宁　县	昆阳街道办事处、晋城镇、二街镇、上蒜镇、六街镇、双河彝族乡、夕阳彝族乡	1个街道办事处 4个镇 2个乡
安　宁　市	连然街道办事处、金方街道办事处、太平新城街道办事处、温泉街道办事处、青龙街道办事处、草铺街道办事处、禄脿街道办事处、八街街道办事处、县街街道办事处	9个街道办事处
富　民　县	永定街道办事处、东村镇、款庄镇、赤鹫镇、散旦镇、罗免镇	1个街道办事处 5个镇
宜　良　县	匡远街道办事处、汤池街道办事处、狗街镇、北古城镇、马街镇、竹山镇、耿家营彝族苗族乡、九乡彝族回族乡	2个街道办事处 4个镇 2个乡
石林彝族自治县	鹿阜街道办事处、西街口镇、长湖镇、圭山镇、大可乡	1个街道办事处 3个镇 1个乡
嵩　明　县	嵩阳街道办事处、滇源街道办事处、阿子营街道办事处、杨林镇、小街镇、牛栏江镇	3个街道办事处 3个镇
禄劝彝族苗族自治县	屏山街道办事处、撒营盘镇、转龙镇、茂山镇、翠华镇、团街镇、皎平渡镇、中屏镇、乌东德镇、九龙镇、云龙乡、则黑乡、乌蒙乡、雪山乡、汤朗乡、马鹿塘乡	1个街道办事处 9个镇 6个乡
寻甸回族彝族自治县	仁德街道办事处、羊街镇、倘甸镇、柯渡镇、功山镇、七星镇、河口镇、先锋镇、鸡街镇、凤合镇、甸沙乡、金源乡、六哨乡、联合乡	1个街道办事处 9个镇 4个乡

1-2 土地面积和人口密度

（2013年）

地　　区	土地面积 (平方公里)	年末常住人口 (万人)	人口密度 (人/平方公里)	户籍人口 (万人)
总　计	**21 012.53**	**657.90**	**313**	**546.78**
五　华　区	381.60	86.30	2 262	62.64
盘　龙　区	343.71	82.20	2 392	52.63
官　渡　区	632.92	87.00	1 375	56.61
西　山　区	881.32	77.20	876	52.14
东　川　区	1 865.70	27.70	148	31.33
呈　贡　区	510.22	32.60	639	19.22
晋　宁　县	1 336.66	29.40	220	27.96
富　民　县	993.76	15.00	151	15.05
宜　良　县	1 912.77	42.90	224	45.45
石林彝族自治县	1 680.09	25.40	151	24.44
嵩　明　县	1 349.68	29.50	219	29.91
禄劝彝族苗族自治县	4 233.91	40.50	96	47.75
寻甸回族彝族自治县	3 588.38	46.50	130	54.76
安　宁　市	1 301.81	35.70	274	26.89

注：1.土地面积数据取自昆明市国土资源局。
　　2.户籍人口数据取自昆明市公安局。

1-3 气象概况

（2013年）

月份	平均气温 (℃)	日照时数 (小时)	降雨量 (毫米)	相对湿度 (%)
全年	**16.0**	**2 512**	**804.7**	**68**
一月	8.8	224	9.6	66
二月	14.9	279	0.8	46
三月	15.8	281	7.5	50
四月	17.8	272	9.9	51
五月	19.8	235	113.3	65
六月	21.2	212	78.5	68
七月	20.8	127	155.9	79
八月	19.9	175	153.9	79
九月	18.2	155	70.7	78
十月	14.6	136	168.6	80
十一月	12.8	238	8.0	74
十二月	7.6	178	28.0	75

注：此部分资料取自昆明市气象局。

主要统计指标解释

行政区划　指国家对行政区域的划分。根据宪法规定，我国的行政区域划分如下：(1)全国分为省、自治区、直辖市；(2)省、自治区分为自治州、县、自治县、市；(3)自治州分为县、自治县、市；(4)县、自治县分为乡、民族乡、镇；(5)直辖市和较大的市分为区、县；(6)国家在必要时设立的特别行政区。

土地面积　指某一国家或某一地区所辖范围内的全部地域面积。土地包括耕地、荒山、荒地、林地、草原、道路、建筑物占地、河流、湖泊、水库等。按照地形的不同，一般可分为山地、高原、盆地、平原、丘陵。地形分类因各地区特点而异。以下地形的地貌特征是：

(1)平原　地面平坦，地面坡度小于 5 度，地表组织物质以第四纪松散堆积物为主。

(2)丘陵　地面波状起伏，脉络不明显，丘顶多呈浑圆状，间有峰脊，坡度大多在 25 度以下，相对高度在 200 米以下，地表多为基岩裸露。

(3)山地　地面起伏大，线状伸延，脉络清楚，相对高度大于 200 米，坡度大于 25 度，地表切割深，多为基岩裸露。

人口密度　指一定地理(政治的、行政区域的、自然的、经济的、城乡的)范围内的人口数与相应土地面积的比值，反映一定地理范围内人口集居的稀密状况。计算公式为：

$$\text{人口密度(人/平方公里)}=\frac{\text{某地理范围内的总人口}}{\text{某地理范围内的土地面积}}$$

计算结果表明每一平方公里内有多少人口。

气温　指空气的温度，我国一般以摄氏度（℃）为单位表示。气象观测的温度表是放在离地面约 1.5 米处通风良好的百叶箱里测量的，因此，通常说的气温指的是离地面 1.5 米处百叶箱中的温度。其统计计算方法为：月平均气温是将全月各日的平均气温相加，除以该月的天数而得。年平均气温是将 12 个月的月平均气温累加后除以 12 而得。

日照时数　指太阳实际照射地面的时间。其统计方法与降水量相同。

降水量　指从天空降落到地面的液态或固态（经融化后）水，未经蒸发、渗透、流失而在地面上积聚的深度。其统计计算方法为：月降水量是将全月各日的降水量累加而得。年降水量是将 12 个月的月降水量累加而得。

相对湿度　指空气中实际水气压与当时气温下的饱和水气压之比。其统计方法与气温相同。

综 合

ZONGHE

2

2-1 主要年份国民经济主要指标

指　　　标	单位	2010年	2011年	2012年	2013年	2013年比2012年±%
一、年末常住人口	万人	643.92	648.64	653.30	657.90	0.7
市辖区	万人	354.83	361.74	363.40	365.30	0.5
市辖县(市)	万人	289.09	286.90	289.90	292.60	0.9
二、年末劳动者人数						
全社会从业人员	万人	392.15	400.66	401.88	403.51	0.4
#在岗职工人数	万人	96.25	98.55	101.50	115.91	14.2
农林牧渔劳动者人数	万人	135.88	128.17	124.39	119.40	-4.0
三、人口变动情况						
出生率	‰	11.80	11.44	11.40	11.40	-
死亡率	‰	6.00	5.78	5.79	5.81	-
人口自然增长率	‰	5.80	5.66	5.61	5.59	-
四、生产总值(当年价)	亿元	2 120.30	2 509.58	3 011.14	3 415.31	12.8
第一产业	亿元	120.30	133.83	159.17	169.68	6.8
第二产业	亿元	960.86	1 161.18	1 378.48	1 537.11	13.2
第三产业	亿元	1 039.15	1 214.57	1 473.49	1 708.52	13.1
五、工业生产						
1.规模以上工业增加值(当年价)	亿元	608.28	698.22	900.29	906.51	11.0
#轻工业	亿元	277.61	315.19	380.52	402.89	8.4
重工业	亿元	330.67	383.03	519.77	503.62	13.1
六、运输						
货运周转量	万吨公里	2 311 302	2 423 446	2 555 990	2 741 512	7.3
旅客周转量	万人公里	2 040 090	2 175 075	2 420 380	2 747 613	13.5
七、农业						
1.农业总产值(当年价)	亿元	200.73	225.07	268.84	298.66	7.2
2.主要农产品产量						
粮食	吨	1 167 942	1 198 428	1 206 700	1 230 074	1.9
肉类	吨	476 893	502 860	553 380	573 725	3.7
#猪牛羊肉	吨	377 130	395 378	425 797	449 236	5.5
烤烟	吨	90 931	90 002	87 407	84 396	-3.4
蔬菜(含菜用瓜)	吨	1 947 042	2 006 213	2 295 878	2 509 519	9.3
水果	吨	137 500	151 247	164 526	169 242	2.9
水产品	吨	32 605	34 403	37 133	39 235	5.7
八、固定资产投资						
固定资产投资	亿元	2 160.88	2 701.11	2 345.91	2 931.50	25.0
#房地产开发投资	亿元	440.68	625.97	919.07	1 291.71	40.5
九、国内贸易						
社会消费品零售总额	亿元	1 060.19	1 271.73	1 493.80	1 702.30	14.0

2-1 续表

指　　标	单位	2010年	2011年	2012年	2013年	2013年比2012年±%
十、财政、金融						
地方公共预算收入	亿元	253.83	317.69	378.40	450.75	19.1
地方公共预算支出	亿元	346.29	441.73	525.50	585.76	11.5
金融机构人民币存款余额	亿元	6 739.51	7 554.89	8 839.46	10 085.36	14.0
#储蓄存款	亿元	2 341.55	2 615.65	2 967.02	3 355.28	12.9
金融机构人民币贷款余额	亿元	6 498.57	7 288.05	8 165.49	9 148.63	12.0
十一、物价指数						
城镇居民消费价格指数	%	104.2	104.9	103.1	103.9	-
商品零售价格指数	%	103.6	104.9	102.0	102.5	-
十二、人民生活						
城镇居民人均可支配收入	元	18 876	21 966	25 240	28 354	12.3
农民人均纯收入	元	5 810	6 985	8 040	9 273	15.3
十三、职工工资						
在岗职工工资总额	亿元	310.24	401.38	466.09	594.58	27.6
#国有单位职工工资总额	亿元	186.78	216.36	251.80	229.44	-8.9
在岗职工年平均工资	元	34 403	41 644	45 094	51 059	13.2
#国有单位职工年平均工资	元	41 925	52 539	57 882	61 468	6.2
十四、教育、文化						
普通高等院校数	所	38	40	41	41	-
普通高等院校在校学生数	人	305 280	341 273	360 980	386 097	7.0
普通中学在校学生数	人	321 918	320 963	313 785	313 719	-
小学在校学生数	人	520 450	519 622	495 372	483 784	-2.3
公共图书馆	个	18	16	17	15	-11.8
公共图书馆藏书	千册	4 793	5 559	2 253	2 646	17.4
十五、卫生						
卫生机构数	个	3 004	3 103	3 163	4 552	43.9
专业卫生技术人员	人	40 165	42 371	46 647	53 742	15.2
#医生	人	18 636	18 812	19 920	22 128	11.1
十六、环境保护						
城市人均公园绿地面积	平方米	12.41	13.48	8.22	9.63	17.2
环境保护投资额	万元	1 174 714	1 329 700	1 508 500	1 823 900	20.9

注：1.生产总值、规模以上工业增加值、农林牧渔业总产值增速按可比价或可比口径计算；
2. 2010年、2011年固定资产投资为全社会口径，2012年以后为规模以上口径；
3. 金融机构人民币存、贷款余额增长速度是与年初比；
4.城镇居民人均可支配收入、农民人均纯收入增速为现价增速；
5.2012年 城市人均公园绿地面积数据计算口径调整，因此两年数据不可比。

2-2 昆明的每一天

指标	单位	2010年	2011年	2012年	2013年
一、全市每天创造的财富					
生产总值(当年价)	万元	58 090	68 756	82 497	93 570
#第一产业	万元	3 296	3 666	4 361	4 649
第二产业	万元	26 325	31 813	37 767	42 112
第三产业	万元	28 469	33 276	40 370	46 809
地方公共预算收入	万元	6 954	8 704	10 367	12 349
农、林、牧、渔业总产值	万元	5 499	6 166	7 366	8 182
规模以上工业增加值	万元	16 665	19 129	24 665	24 836
二、全市每天人口变动和婚姻					
出生	人	208	203	203	205
死亡	人	106	103	103	104
结婚	对	144	145	135	140
离婚	对	48	48	49	57

注：1.出生、死亡人数按常住人口计算；2.婚姻数据取自市民政局。

2-3 主要经济指标构成

单位：%

指　　标	2010年	2011年	2012年	2013年
生产总值	**100.0**	**100.0**	**100.0**	**100.0**
#第一产业	5.7	5.3	5.3	5.0
第二产业	45.3	46.3	45.8	45.0
第三产业	49.0	48.4	48.9	50.0
农、林、牧、渔业总产值	**100.0**	**100.0**	**100.0**	**100.0**
#农业	53.3	53.5	54.4	55.3
林业	3.7	3.0	2.8	3.0
牧业	37.4	38.0	37.1	35.7
渔业	2.2	2.1	2.3	2.5
服务业	3.4	3.4	3.4	3.5

2-4 按三次产业分的从业人员

(年末数)

年份	从业人员合计(万人)				构成(%)		
		第一产业	第二产业	第三产业	第一产业	第二产业	第三产业
1978	175.59	109.00	43.52	23.07	62.1	24.8	13.1
1980	193.80	121.11	46.68	26.01	62.5	24.1	13.4
1985	223.04	137.43	49.08	36.53	61.6	22.0	16.4
1990	250.89	137.99	58.06	54.84	55.0	23.1	21.9
1995	281.74	145.00	67.46	69.28	51.5	23.9	24.6
1996	286.34	145.11	68.16	73.07	50.7	23.8	25.5
1997	294.94	146.03	67.40	81.51	49.5	22.9	27.6
1998	295.30	145.88	64.27	85.15	49.4	21.8	28.8
1999	289.08	141.16	62.23	85.69	48.8	21.5	29.7
2000	294.62	141.40	56.59	96.63	48.0	19.2	32.8
2001	295.36	142.44	53.51	99.41	48.2	18.1	33.7
2002	305.07	143.32	65.49	96.26	47.0	21.5	31.5
2003	309.28	143.44	57.62	108.22	46.4	18.6	35.0
2004	320.35	142.78	56.95	120.62	44.6	17.8	37.6
2005	345.44	141.43	74.70	129.31	41.0	21.6	37.4
2006	342.49	139.64	78.08	124.77	40.8	22.8	36.4
2007	383.75	136.72	92.04	154.99	35.6	24.0	40.4
2008	395.27	137.40	94.62	163.25	34.8	23.9	41.3
2009	391.17	135.91	82.47	172.79	34.0	21.8	44.2
2010	392.15	135.88	79.37	176.90	34.7	20.2	45.1
2011	400.66	128.17	87.62	184.87	32.0	21.9	46.1
2012	401.88	124.39	88.62	188.87	30.9	22.1	47.0
2013	403.51	119.40	88.57	195.54	29.6	22.0	48.4

2-5 昆明市国民经济主要指标占云南省的比重

（2013年）

指　　标	单位	云南	昆明	昆明占云南的比重(%)
年末总人口	万人	4 686.60	657.90	14.0
城镇化率	%	40.48	68.05	-
生产总值	亿元	11 720.91	3 415.31	29.1
#第一产业	亿元	1 895.34	169.68	9.0
第二产业	亿元	4 927.82	1 537.11	31.2
第三产业	亿元	4 897.75	1 708.52	34.9
人均生产总值	元/人	25 083	52 094	-
农林牧渔业总产值	亿元	3 056.04	298.66	9.8
主要农产品产量				
#粮食	万吨	1 824.00	123.01	6.7
烤烟	万吨	103.85	8.44	8.1
蔬菜	万吨	1 625.45	250.95	15.4
猪牛羊肉	万吨	321.70	44.92	14.0
规模以上工业增加值(当年价)	亿元	3 470.66	906.51	26.1
地方公共预算收入	亿元	1 610.69	450.75	28.0
地方公共预算支出	亿元	4 096.56	585.76	14.3
金融机构人民币存款余额	亿元	20 691.55	10 085.36	48.7
#储蓄存款	亿元	8 969.32	3 355.28	37.4
金融机构人民币贷款余额	亿元	15 782.46	9 148.63	58.0
固定资产投资	亿元	9 621.83	2 931.50	30.5
社会消费品零售总额	亿元	4 036.01	1 702.30	42.2
进出口总额	亿美元	258.29	168.97	65.4
#出口总额	亿美元	159.59	101.23	63.4
城镇居民人均可支配收入	元	23 236	28 354	-
农民人均纯收入	元	6 141	9 273	-

国民经济核算

GUOMINGJINGJIHESUAN

3

3-1 主要年份地区生产总值

单位：万元

年份	地区生产总值	第一产业	第二产业	第三产业
1978	150 619	19 652	91 703	39 264
1980	191 149	22 175	117 450	51 524
1985	418 477	54 426	252 627	111 424
1990	1 152 588	128 817	609 768	414 003
1995	3 578 651	397 634	1 767 652	1 413 365
1996	4 443 941	458 714	2 137 559	1 847 668
1997	5 017 852	487 087	2 373 937	2 156 828
1998	5 629 465	507 149	2 628 500	2 493 816
1999	5 936 439	528 361	2 680 956	2 727 122
2000	6 361 308	575 242	2 758 071	3 027 995
2001	6 763 684	580 957	2 973 665	3 209 062
2002	7 339 974	607 662	3 177 541	3 554 771
2003	8 182 598	650 417	3 543 658	3 988 523
2004	9 461 405	731 547	4 242 190	4 487 668
2005	10 801 256	773 081	4 735 334	5 292 841
2006	12 155 431	815 645	5 553 729	5 786 057
2007	14 254 325	939 717	6 433 352	6 881 256
2008	16 340 007	1 049 392	7 354 500	7 936 115
2009	18 374 605	1 149 246	8 245 790	8 979 569
2010	21 203 031	1 202 963	9 608 604	10 391 464
2011	25 095 813	1 338 260	11 611 845	12 145 708
2012	30 111 433	1 591 681	13 784 798	14 734 954
2013	34 153 115	1 696 839	15 371 062	17 085 214

注：2005-2008年的生产总值数据是按国家统计局的规定，根据2008年经济普查进行修定后的数据。

3-2 主要年份地区生产总值指数

单位：%

年 份	地区生产总值指数	第一产业	第二产业	第三产业
1978	130.9	108.2	125.2	183.4
1980	115.2	110.4	111.0	132.7
1985	120.0	103.1	119.5	132.0
1990	109.0	104.7	106.5	114.5
1995	113.8	121.1	117.6	109.0
1996	114.1	105.5	114.2	115.7
1997	113.2	103.7	113.8	114.3
1998	111.0	102.3	110.4	113.0
1999	108.2	103.5	106.7	110.3
2000	108.4	103.5	107.6	109.8
2001	108.5	104.0	107.2	110.5
2002	109.2	103.6	109.2	110.2
2003	110.3	104.3	111.0	110.7
2004	112.0	104.3	114.6	110.9
2005	111.2	105.0	113.1	110.4
2006	112.4	104.5	114.3	111.9
2007	112.5	105.6	115.0	111.1
2008	112.0	106.2	113.0	112.0
2009	112.8	105.8	112.9	113.7
2010	114.0	104.8	116.6	112.6
2011	114.0	106.1	116.7	112.5
2012	114.1	106.4	116.1	113.0
2013	112.8	106.8	113.2	113.1

注：生产总值指数按可比价计算，以上年为100。

3-3 各县(市)区地区生产总值

（2013年）

地 区	地区生产总值(万元)	第一产业	第二产业	第三产业	人均生产总值(元)
昆明市	**34 153 115**	**1 696 839**	**15 371 062**	**17 085 214**	**52 094**
五华区	8 279 463	19 249	4 571 367	3 688 847	96 161
盘龙区	4 524 643	46 213	1 322 319	3 156 111	55 179
官渡区	7 900 604	81 065	2 867 095	4 952 444	91 021
西山区	4 115 732	33 356	1107 125	2 975 251	53 416
东川区	732 546	49 418	455 570	227 558	26 542
呈贡区	1 325 610	57 112	673 898	594 600	40 914
晋宁县	960 625	174 535	527 919	258 171	32 842
富民县	489 500	85 637	249 777	154 086	32 742
宜良县	1 551 808	389 624	455 682	706 502	36 283
石林县	676 686	158 082	225 130	293 474	26 799
嵩明县	756 233	129 502	415 141	211 590	25 810
禄劝县	582 015	178 462	186 221	217 332	14 424
寻甸县	649 540	183 196	206 552	259 792	13 999
安宁市	2 306 785	112 800	1 315 799	878 186	65 163

注：生产总值是分级核算，各县(市)区数相加不等于全市数。

3-4 各县(市)区地区生产总值指数

（2013年）

地 区	地区生产总值指数(%)	第一产业	第二产业	第三产业	人均生产总值指数(%)
昆明市	**112.8**	**106.8**	**113.2**	**113.1**	**112.0**
五华区	112.4	103.3	110.5	115.1	112.3
盘龙区	114.4	100.7	122.5	111.0	113.9
官渡区	114.1	100.3	113.6	114.7	113.4
西山区	114.0	103.5	116.0	113.2	113.3
东川区	107.8	107.5	102.2	122.7	107.4
呈贡区	114.2	96.7	117.2	112.6	112.6
晋宁县	113.7	107.6	116.8	111.5	112.0
富民县	115.0	107.1	120.8	109.8	113.8
宜良县	116.0	108.3	124.2	114.7	115.2
石林县	115.0	108.6	121.9	112.8	113.7
嵩明县	114.7	107.5	118.7	110.7	113.5
禄劝县	115.0	108.4	127.8	110.0	114.2
寻甸县	114.5	108.1	121.6	113.2	113.9
安宁市	114.0	108.0	115.4	112.5	111.9

注：生产总值指数按可比价计算，以上年为100。

主要统计指标解释

国内生产总值或地区生产总值（GDP） 是指一个国家或地区所有常住单位在一定时期内(通常为一年)生产活动的最终成果（简称 GDP）。即所有常住机构单位或产业部门一定时期内生产的可供最终使用的产品和劳务的价值。对国家而言，此指标称之为国内生产总值(GDP)；对地区而言，此指标则称之为地区生产总值（GDP），如云南省生产总值，昆明市生产总值，等等。

生产总值有三种表现形态，即价值形态、收入形态和产品形态。从价值形态看，它是所有常住单位在一定时期内所生产的全部货物和服务价值超过同期投入的全部非固定资产货物和服务价值的差额，即所有常住单位的增加值之和；从收入形态看，它是所有常住单位在一定时期内所创造并分配给常住单位和非常住单位的初次分配收入之和；从产品形态来看，它是最终使用的货物和服务减去进口货物和服务。

生产总值能够全面反映全社会经济活动的总规模，是衡量一个国家或地区经济实力，评价经济形势的重要综合指标，世界上大多数国家都采用这一指标。

当年价格 指报告期的实际价格，如工厂的出厂价格，农产品的收购价格，商业的零售价格等。按当年价格计算，是指一些以货币表现的价值量指标，如社会总产值、工农业总产值。国民收入、国民生产总值等，按照当年的实际价格来计算总量。使用当年价格计算的数字，是为了使国民经济各项指标互相衔接，便于考察当年社会经济效益，便于对生产和流通、生产和分配、生产和消费进行经济核算和综合平衡。

按当年价格计算的价值指标，在不同年份之间进行对比时，因为包含有各年间价格变动的因素，不确切地反映实物量的增减变动。必须消除价格变动因素后，才能真实反映经济发展动态。因此，在计算增长速度时都使用按可比价格计算的数字。

可比价格 指在不同时期的价值指标对比时，扣除了价格变动的因素，以确切反映物量的变化。按可比价格计算有两种方法：一种是直接按产品产量乘其不变价格计算；一种是用价格指数换算。

不变价格 指以同类产品某年的平均价格作为固定价格，用于计算各年的产品价值。按不变价格计算的产品价值消除了价格变动因素，不同时期对比可以反映生产的发展速度。

三次产业划分规定 为更好地反映我国三次产业的发展情况，满足国民经济核算、服务业统计及其他统计调查对三次产业划分的需求，根据《国民经济行业分类》（GB/T 4754—2011），制定本规定。

三次产业的范围：

第一产业是指农、林、牧、渔业（不含农、林、牧、渔服务业）。

第二产业是指采矿业（不含开采辅助活动），制造业（不含金属制品、机械和设备修理业），电力、热力、燃气及水生产和供应业，建筑业。

第三产业即服务业，是指除第一产业、第二产业以外的其他行业。第三产业包括：批发和零售业，交通运输、仓储和邮政业，住宿和餐饮业，信息传输、软件和信息技术服务业，金融业，房地产业，租赁和商务服务业，科学研究和技术服务业，水利、环境和公共设施管理业，居民服务、修理和其他服务业，教育，卫生和社会工作，文化、体育和娱乐业，公共管理、社会保障和社会组织，国际组织，以及农、林、牧、渔业中的农、林、牧、渔服务业，采矿业中的开采辅助活动，制造业中的金属制品、机械和设备修理业。

人　口

RENKOU

4

4-1 主要年份全市年末人口数

单位：万人

年份	总户数 (户)	总人口	按农业、非农业人口分	
			农业人口	非农业人口
1978	709 356	367.10	258.66	108.44
1980	776 926	378.05	263.27	114.78
1985	892 888	399.23	268.08	131.15
1990	1 081 384	426.72	278.51	148.21
1995	1 240 669	449.94	284.93	165.01
1996	1 262 869	455.26	286.41	168.85
1997	1 293 942	460.65	287.09	173.56
1998	1 331 192	467.01	288.95	178.06
1999	1 357 452	473.39	290.44	182.95
2000	1 386 417	480.94	291.78	189.16
2001	1 410 640	487.52	292.69	194.83
2002	1 431 967	494.81	294.30	200.51
2003	1 459 616	500.79	295.44	205.34
2004	1 487 679	502.92	294.85	208.07
2005	1 720 300	608.57	255.30	353.27
2006	1 813 800	615.20	252.29	362.91
2007	1 848 700	619.33	253.31	366.02
2008	1 884 900	623.90	248.81	375.09
2009	1 903 000	628.00	244.90	383.10
2010	2 359 000	643.92	231.81	412.11
2011	2 376 000	648.64	220.54	428.10
2012	2 402 000	653.30	215.26	438.04
2013	2 419 000	657.90	210.20	447.70

注：从2005年开始年末人口数为常住人口数(农业人口和非农业人口口径为居住在乡村和城镇的人口)。

4-2 主要年份全市人口出生率、死亡率、自然增长率

单位：万人、‰

年份	年平均人口	出生率	死亡率	自然增长率
1978	363.09	22.09	5.21	16.88
1980	374.94	13.38	5.89	7.49
1985	396.54	11.42	5.54	5.88
1990	424.28	13.34	5.88	7.46
1995	447.43	12.58	5.67	6.91
1996	452.60	12.13	5.55	6.58
1997	457.96	12.78	5.46	7.32
1998	463.83	13.02	5.09	7.93
1999	470.20	12.53	5.12	7.42
2000	477.16	13.45	5.72	7.73
2001	484.23	11.52	4.72	6.80
2002	491.17	11.65	4.80	6.85
2003	497.80	11.55	4.65	6.90
2004	501.86	11.10	4.60	6.50
2005	604.54	12.72	5.29	7.43
2006	611.89	10.90	4.43	6.47
2007	617.27	10.47	4.45	6.02
2008	621.62	10.94	5.35	5.59
2009	625.95	10.93	5.13	5.80
2010	641.98	11.80	6.00	5.80
2011	646.28	11.44	5.78	5.66
2012	650.97	11.40	5.79	5.61
2013	655.60	11.40	5.81	5.59

注：从2005年开始，表中统计指标为常住人口统计口径。

4-3 分县（市）区人口数

（2013年）　　单位：万人

地区	总人口	城镇人口	乡村人口
昆明市	657.90	447.70	210.20
五华区	86.30	318.32	14.38
盘龙区	82.20		
官渡区	87.00		
西山区	77.20		
东川区	27.70	11.00	16.70
呈贡区	32.60	20.51	12.09
晋宁县	29.40	11.20	18.20
富民县	15.00	4.79	10.21
宜良县	42.90	16.60	26.30
石林县	25.40	9.53	15.87
嵩明县	29.50	10.83	18.67
禄劝县	40.50	8.71	31.79
寻甸县	46.50	10.79	35.71
安宁市	35.70	25.42	10.28

注：城镇人口、乡村人口指按统计上城乡划分的居住在城镇的人口和居住在乡村的人口。

（五华区、盘龙区、官渡区、西山区的城镇人口318.32和乡村人口14.38为四区合计数，原表以括号合并。）

4-4 六次人口普查

指　　标	1953	1964
全市总人口(万人)	**186.57**	**249.72**
男	93.67	126.96
女	92.90	122.76
性别比	100.83	103.42
家庭户规模(人/户)	**4.37**	**4.62**
各年龄组人口构成(%)		
0-14岁	33.55	39.17
15-64岁	62.82	57.66
65岁及以上	3.62	3.17
民族人口		
汉族人口数(万人)	163.30	220.48
占总人口比重(%)	87.53	88.29
少数民族人口数(万人)	23.27	29.24
占总人口比重(%)	12.47	11.71
每十万人拥有的各种受教育程度人口(人)		
大专及以上		1 197
高中和中专		2 487
初中		5 410
小学		26 061
平均受教育年限(年)		**3.49**
文盲人口数及文盲率		
文盲人口数(万人)		95.78
文盲率(%)		38.35
平均预期寿命(岁)		
男		
女		

全市人口基本情况

单位：万人

1982	1990	2000	2010
383.28	**434.64**	**578.13**	**643.22**
196.70	225.75	303.99	330.62
186.58	208.89	274.14	312.60
105.42	108.07	110.89	105.76
4.39	**3.78**	**3.05**	**2.72**
33.40	23.08	19.07	15.50
61.32	71.12	74.37	76.13
5.27	5.80	6.56	8.37
336.65	378.04	502.84	554.24
87.83	86.98	86.98	86.17
46.63	56.60	75.29	88.98
12.17	13.02	13.02	13.83
1 615	3 904	6 986	15 245
6 444	9 189	13 123	14 071
16 338	21 581	28 544	31 019
34 520	36 283	34 745	29 090
5.12	**6.41**	**8.02**	**9.22**
101.39	88.05	35.79	25.38
26.45	20.26	6.19	3.94
		73.70	**75.61**
		71.78	73.36
		75.89	78.23

主要统计指标解释

人口总数　指一定时点，一定地区范围内的有生命的自然人的总和。年度统计的年末人口数是指每年 12 月 31 日 24 时的人口数。

常住人口　是指居住在本市，且户口登记地在本市的人（含户口登记地在本市、外出不满半年的人）和居住在本市，且户口登记地在外省、地，但离开户口登记地半年以上的人。

城镇人口和乡村人口　一般是按常住人口划分的，是指居住在城镇和乡村的人口。

出生率（又称粗出生率）　指一定时期内（通常为一年内）一定地区的出生人数与同期平均人数之比，一般用千分率表示。计算公式：

$$出生率=\frac{年出生人数}{年平均人数}\times 1000‰$$

出生人数是指活产婴儿，即有过呼吸或其他生命现象。

年平均人数是年初、年末人口数的平均数，也可用年中人口数代替。

死亡率　指在一定时期内（通常为一年内）一定地区的死亡人数与同期平均人数之比，一般用千分率表示。计算公式：

$$死亡率=\frac{年死亡人数}{年平均人数}\times 1000‰$$

人口自然增长率　在一定时期内（通常为一年内）人口自然增加数与年平均人数之比，一般用千分率表示。计算公式：

$$人口自然增长率=\frac{年出生人数-年死亡人数}{年平均人数}\times 1000‰$$

人口自然增长率=人口出生率－人口死亡率

从业人员和职工工资

CONGYERENYUANHEZHIGONGGONGZI

5

 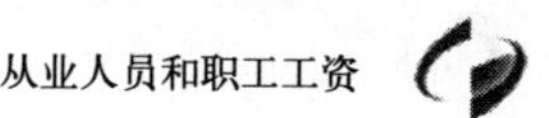

5-1 按国民经济行业分的城镇单位从业人员人数

（2013年） 单位：人

	从业人员年末人数
全市合计	**1 373 186**
按国民经济行业分	
1.农、林、牧、渔业	3 432
2.采矿业	34 193
3.制造业	226 816
4.电力、热力、燃气及水生产和供应业	18 184
5.建筑业	333 131
6.批发和零售业	104 042
7.交通运输、仓储和邮政业	103 644
8.住宿和餐饮业	46 251
9.信息传输、软件和信息技术服务业	36 355
10.金融业	33 629
11.房地产业	41 522
12.租赁和商务服务业	48 188
13.科学研究和技术服务业	45 594
14.水利、环境和公共设施管理业	14 635
15.居民服务、修理和其他服务业	6 927
16.教育	114 506
17.卫生和社会工作	57 742
18.文化、体育和娱乐业	14 186
19.公共管理、社会保障和社会组织	90 209
20.国际组织	

5-2 主要年份城镇单位职工工资总额

单位：千元

年 份	合计	国有经济单位	集体经济单位	其他经济单位
1978	422 018	375 536	46 482	
1980	567 371	498 420	68 951	
1985	968 052	832 973	132 307	2 772
1990	2 085 278	1 816 292	262 449	6 537
1995	5 910 589	4 901 696	796 537	212 356
1996	7 067 305	5 884 630	873 619	309 056
1997	7 909 571	6 642 148	835 442	431 981
1998	8 236 287	6 751 079	739 256	745 952
1999	8 675 716	6 647 893	701 349	1 326 474
2000	9 187 062	6 848 382	662 125	1 676 555
2001	9 607 725	6 728 038	524 708	2 354 979
2002	10 519 895	7 408 899	491 777	2 619 219
2003	11 055 680	7 379 166	440 728	3 235 786
2004	12 214 482	8 112 309	351 157	3 751 016
2005	13 429 298	8 706 306	276 453	4 446 539
2006	16 454 389	10 342 637	581 342	5 530 410
2007	19 229 001	11 681 457	561 287	6 986 257
2008	23 199 740	13 605 210	631 792	8 962 738
2009	27 252 106	16 416 763	744 582	10 090 761
2010	31 650 252	19 107 732	778 197	11 764 323
2011	43 076 241	22 881 847	1 061 747	19 132 647
2012	51 609 566	27 062 894	1 505 585	23 041 087
2013	66 382 860	24 789 070	2 025 186	39 568 604

注：由于国家劳动工资统计制度改革，从2011年起为从业人员口径。

5-3 主要年份城镇单位职工年平均工资

单位：元/人

年 份	全市平均	国有经济单位	集体经济单位	其他经济单位
1978	656	686	486	
1980	802	833	629	
1985	1 213	1 250	1 022	1 252
1990	2 413	2 497	1 955	2 570
1995	6 014	6 204	4 972	6 534
1996	7 263	7 491	5 880	7 931
1997	8 118	8 372	6 205	9 308
1998	8 554	8 770	6 757	8 914
1999	9 077	9 149	7 161	10 104
2000	9 891	9 941	7 555	11 013
2001	10 914	11 049	7 414	11 741
2002	12 287	12 476	8 084	12 996
2003	13 369	13 526	8 595	14 063
2004	15 464	16 161	9 066	15 055
2005	17 887	18 805	9 588	17 171
2006	19 683	21 783	10 967	17 946
2007	21 504	24 502	11 248	19 009
2008	25 261	28 492	13 626	22 718
2009	28 993	33 408	16 830	24 957
2010	33 487	40 788	19 784	26 900
2011	39 731	49 726	24 543	32 943
2012	43 702	56 843	30 388	35 161
2013	49 207	60 138	36 103	44 926

注：由于国家劳动工资统计制度改革，从2011年起为从业人员口径。

5-4 按经济类型分行业城镇单位在岗职工年末人数

（2013年） 单位：人

行　业	在岗职工	国有经济	集体经济	其他经济
全市合计	**1 159 080**	**365 660**	**52 842**	**740 578**
按企、事业和机关分组				
企业	901 774	122 107	43 759	735 908
事业	177 900	164 147	9 083	4 670
机关	79 406	79 406		
按国民经济行业分				
1.农、林、牧、渔业	2 857	1 939	99	819
2.采矿业	30 946	1 730	298	28 918
3.制造业	198 516	18 290	4 448	175 778
4.电力、热力、燃气及水生产和供应业	15 960	5 296	123	10 541
5.建筑业	239 507	20 806	27 921	190 780
6.批发和零售业	95 352	5 014	1 769	88 569
7.交通运输、仓储和邮政业	90 370	41 893	2 002	46 475
8.住宿和餐饮业	41 484	5 771	974	34 739
9.信息传输、软件和信息技术服务业	27 314	1 564	65	25 685
10.金融业	30 501	9 641	2 777	18 083
11.房地产业	36 891	1 435	135	35 321
12.租赁和商务服务业	40 285	7 830	1 675	30 780
13.科学研究和技术服务业	39 610	26 652	663	12 295
14.水利、环境和公共设施管理业	11 330	6 917	22	4 391
15.居民服务、修理和其他服务业	6 342	446	420	5 476
16.教育	108 332	83 911	6 276	18 145
17.卫生和社会工作	47 956	35 696	2 999	9 261
18.文化、体育和娱乐业	11 687	7 172	70	4 445
19.公共管理、社会保障和社会组织	83 840	83 657	106	77
20.国际组织				

5-5 按经济类型分行业城镇单位在岗职工平均工资

（2013年）　　单位：元/人

行　业	在岗职工	国有经济	集体经济	其他经济
全市合计	**51 059**	**61 468**	**37 453**	**46 720**
按企、事业和机关分组				
企业	49 907	71 433	36 163	46 817
事业	56 325	57 698	43 407	30 329
机关	52 540	52 540		
按国民经济行业分				
1.农、林、牧、渔业	40 483	47 991	25 978	23 340
2.采矿业	51 574	45 021	34 877	52 115
3.制造业	48 560	57 290	24 134	48 219
4.电力、热力、燃气及水生产和供应业	82 461	79 366	29 983	84 582
5.建筑业	39 969	54 881	32 698	39 019
6.批发和零售业	37 229	69 023	26 300	35 378
7.交通运输、仓储和邮政业	66 360	79 710	19 989	56 411
8.住宿和餐饮业	27 573	27 867	26 763	27 548
9.信息传输、软件和信息技术服务业	59 483	52 820	20 203	60 309
10.金融业	146 339	118 155	128 527	165 145
11.房地产业	44 226	54 856	25 600	43 749
12.租赁和商务服务业	46 151	71 927	22 129	41 725
13.科学研究和技术服务业	57 753	61 354	22 909	51 443
14.水利、环境和公共设施管理业	36 901	37 252	13 909	36 451
15.居民服务、修理和其他服务业	31 886	35 686	21 459	32 377
16.教育	52 895	57 695	44 860	32 511
17.卫生和社会工作	61 765	69 437	39 852	34 403
18.文化、体育和娱乐业	46 668	49 696	25 294	42 323
19.公共管理、社会保障和社会组织	51 529	51 619	18 860	22 447
20.国际组织				

主要统计指标解释

一、从业人员

从业人员期末人数　指期末最后一日在本单位中工作，并取得工资或其他形式劳动报酬的人员数。该指标为时点指标，不包括最后一日当天及以前已经与单位解除劳动合同关系的人员，是在岗职工、劳务派遣人员及其他从业人员之和。从业人员不包括：

1、离开本单位仍保留劳动关系，并定期领取生活费的人员；

2、利用课余时间打工的学生及在本单位实习的各类在校学生；

3、本单位因劳务外包而使用的人员。

在岗职工　指在本单位工作且与本单位签订劳动合同，并由单位支付各项工资和社会保险、住房公积金的人员，以及上述人员中由于学习、病伤、产假等原因暂未工作仍由单位支付工资的人员。

在岗职工包括：

1、应订立劳动合同而未订立劳动合同人员(如使用的农村户籍人员)；

2、处于试用期人员；

3、编制外招用的人员；

4、派往外单位工作，但工资仍由本单位发放的人员(如挂职锻炼、外派工作等情况)。

在岗职工不包括：

(1)本单位使用的且由本单位直接支付工资的劳务派遣人员，应统计在本单位“劳务派遣人员”指标中；

(2)本单位因劳务外包而使用的人员，由承包劳务的单位统计为在岗职工。

劳务派遣人员　根据《中华人民共和国劳动合同法》规定，指与劳务派遣单位签订劳动合同，并被劳务派遣单位派遣到实际用工单位工作，且劳务派遣单位与实际用工单位签订《劳务派遣协议》的人员。

其他从业人员　指本单位中不能归到在岗职工、劳务派遣人员中的人员。此类人员是实际参加本单位生产或工作并从本单位取得劳动报酬的人员。具体包括：非全日制人员、聘用的正式离退休人员、兼职人员和第二职业者等，以及在本单位中工作的外籍和港澳台方人员。

二、工资

从业人员工资总额　指根据《关于工资总额组成的规定》(1990 年 1 月 1 日国家统计局发布的一

号令)进行修订，本单位在报告期内(季度或年度)直接支付给本单位全部从业人员的劳动报酬总额。包括计时工资、计件工资、奖金、津贴和补贴、加班加点工资、特殊情况下支付的工资，是在岗职工工资总额、劳务派遣人员工资总额和其他从业人员工资总额之和。

工资总额是税前工资，包括单位从个人工资中直接为其代扣或代缴的房费、水费、电费、住房公积金和社会保险基金个人缴纳部分等。

工资总额不论是计入成本的还是不计入成本的，不论是以货币形式支付的还是以实物形式支付的，均应列入工资总额的计算范围。

在岗职工工资总额 指本单位在报告期内直接支付给本单位全部在岗职工的劳动报酬总额。在岗职工工资总额由基本工资、绩效工资、工资性津贴和补贴、其他工资四部分组成。工资总额不包括病假、事假等情况的扣款。

基本工资 也可称为标准工资、合同工资、谈判工资。指本单位在报告期内(季度或年度)支付给本单位在岗职工的按照法定工作时间提供正常工作的劳动报酬。各单位给个人确定的底薪可作为基本工资。包括工龄工资(年功工资)。

基础工资不含定时、定额发放的各种奖金、各种津贴和补贴、加班工资，也不包括补发的上一季度或上一年度的基础工资。

绩效工资 也可称为效益工资、业绩工资。指根据本单位利润增长和工作业绩定期支付给本单位在岗职工的奖金；支付给本单位从业人员的超额劳动报酬和增收节支的劳动报酬。具体包括：值加班工资、绩效奖金(如年度、季度、月度等)、全勤奖、生产奖、节约奖、劳动竞赛奖和其他名目的奖金；以及某工作事项完成后的提成工资、年底双薪等。但不包括入股分红、股权激励兑现的钱和各种资本性收益。

工资性津贴和补贴 指本单位制定的员工相关工资政策中，为补偿本单位在岗职工特殊或额外的劳动消耗和因其他特殊原因支付的津贴，以及为保证其工资水平不受物价影响而支付的物价补贴。具体包括：补偿特殊或额外劳动消耗的津贴及岗位性津贴、保健性津贴、技术性津贴、地区津贴和其他津贴。如：过节费、通讯补贴、交通补贴、不休假补贴、无食堂补贴、单位发的可自行支配的住房补贴以及上的各种商业性保险等。上述各种项目均包括货币性质的，也包括实物性质的和各种形式的充值卡、购物卡(券)等。

其他工资 指上述基本工资、绩效工资、工资性津贴和补贴三类工资均不能包括的发给在岗职工的工资，如补发上一年度的工资等。

劳务派遣人员工资总额 指实际用工单位(派遣人员的使用方)在一定时期内为使用劳务派遣人员而付出的劳动报酬总额，包括用工单位负担的基本工资、加班工资、绩效工资以及各种津贴、补贴等，但不包含因使用派遣人员而支付的管理费用和其他用工成本。

其他从业人员工资总额： 指本单位在报告期内直接支付给本单位其他从业人员的全部劳动报酬。

从业人员平均工资　指本单位在报告期内从业人员的平均工资水平。计算公式为：

$$从业人员平均工资=\frac{在岗职工工资总额}{在岗职工平均人数}$$

在岗职工平均工资　指本单位在报告期内在岗职工的平均工资水平。计算公式为：

$$在岗职工平均工资=\frac{在岗职工工资总额}{在岗职工平均人数}$$

固定资产投资

GUDINGZICHANTOUZI

6

6–1 主要年份固定资产投资完成情况

单位：万元

年 份	投资总额	按建设性质分				按经济类型分	
		基本建设	更新改造	其他	房地产开发	国有	非国有
1978	27 763	26 126	80	1 557		26 634	1 129
1980	50 419	41 153	6 339	2 927		48 711	1 708
1985	147 170	80 020	33 245	33 905		117 736	29 434
1990	216 238	79 309	75 428	48 171	13 330	177 090	39 148
1995	1 313 339	462 439	355 117	210 115	285 668	942 651	370 688
1996	1 552 219	503 830	510 033	257 390	280 966	1 130 337	421 882
1997	1 840 201	680 093	584 590	262 419	313 099	1 369 486	470 715
1998	2 260 168	796 251	669 160	284 653	510 104	1 563 453	696 715
1999	2 389 621	905 345	455 901	306 294	722 081	1 573 525	816 096
2000	2 391 121	870 495	473 879	407 634	639 113	151 432	876 779
2001	2 639 050	966 985	557 644	452 955	661 466	1 656 993	982 057
2002	2 918 976	1 050 391	603 584	581 606	683 395	1 642 669	1 276 307
2003	3 616 524	1 358 986	799 505	757 333	700 700	1 784 174	1 832 350
2004	4 350 794	1 400 868	884 358	988 756	1 076 812	2 408 162	1 942 632
2005	5 230 093	1 904 697	1 105 569	726 300	1 493 527	2 940 410	2 289 683
2006	6 540 186		4 376 260	331 033	1 832 893	3 367 551	3 172 635
2007	8 175 236		5 429 040	526 260	2 219 936	3 864 505	4 310 731
2008	10 531 562		7 530 062	408 610	2 592 890	5 127 321	5 404 241
2009	16 006 555		11 856 697	455 527	3 694 331	8 330 541	7 676 014
2010	21 608 849		16 834 336	367 699	4 406 814	9 423 445	12 185 404
2011	27 011 061		20 210 336	541 014	6 259 711	10 022 293	16 670 333
2012	23 459 100		14 268 368		9 190 732	7 599 350	15 859 750
2013	29 315 032		16 397 972		12 917 060	9 616 657	19 698 375

注：1.2006年起取消基本建设、更新改造分组；
2.2012年起不含500万元以下投资及跨地区数据。

6-2 全市规模以上固定资产投资完成情况

（2013年） 单位：万元

指标	规模以上固定资产投资	房地产投资
本年度完成额	29 315 032	12 917 060
#住宅	9 377 215	8 689 524
内资企业	28 178 652	12 127 559
#国有	9 616 657	557 924
港澳台商投资企业	521 630	399 494
外商投资企业	565 498	390 007
其他	49 252	
新增固定资产	8 866 087	2 593 199
本年施工面积(平方米)	108 081 766	77 056 572
#住宅	57 945 259	53 490 705
本年竣工面积(平方米)	8 981 986	6 026 815
#住宅	5 728 616	4 993 566

注：此表不含500万元以下投资及跨地区数据。

6-3 全市规模以上投资、房地产投资主要指标

（2013年）

单位：万元

指　　标	规模以上固定资产投资	房地产投资
一、项目个数(个)		
本年施工项目个数	1 682	
#本年新开工项目个数	1 024	
本年投产项目个数	844	
二、投资额和新增固定资产		
计划总投资	114 455 132	58 316 969
本年计划投资	15 151 437	
本年完成投资	29 315 032	12 917 060
#国有经济	9 616 657	557 924
按国民经济主要行业分		
1.农、林、牧、渔业	145 387	
2.采矿业	474 584	
3.制造业	4 699 023	
4.电力、热力、燃气及水的生产和供应业	821 294	
5.建筑业		
6.批发和零售业	903 987	
7.交通运输、仓储和邮政业	3 536 319	
8.住宿和餐饮业	291 721	
9.信息传输、软件和信息技术服务业	27 325	
10.金融业		
11.房地产业	14 782 854	12 917 060
12.租赁和商务服务业	332 519	
13.科学研究和技术服务业	139 548	
14.水利、环境和公共设施管理业	1 819 718	
15.居民服务、修理和其他服务业	58 033	
16.教育	484 260	
17.卫生和社会工作	204 785	
18.文化、体育和娱乐业	361 211	
19.公共管理、社会保障和社会组织	232 464	
20.国际组织		
本年新增固定资产	8 866 087	2 593 199
三、资金来源(财务拨款)		
(一)本年资金来源小计	35 060 305	19 526 892
1.上年末结余资金	4 088 200	2 911 087
2.本年资金来源	30 972 105	16 615 805
(1)国家预算内资金	613 527	
(2)国内贷款	5 026 215	3 044 422
(3)债券	70 000	
(4)利用外资	43 900	
(5)自筹资金	20 355 193	9 153 989
(6)其他资金	4 863 270	4 417 394
(二)各项应付款合计	6 370 736	3 975 576
#工程款	2 383 007	1 693 884
设备、器材款		

注：此表不含500万元以下投资及跨地区数据。

6-4 全市规模以上固定资产投资按经济类型分组完成情况

（2013年）　　单位：万元

指　　标	规模以上固定资产投资	房地产投资
合计	**29 315 032**	**12 917 060**
内资	28 178 652	12 127 559
国有	9 464 112	405 379
集体	130 231	625
其他	18 584 309	11 721 555
港澳台商投资	521 630	399 494
合资经营	373 741	294 909
合作经营		
独资	144 889	104 585
股份有限	1 500	
其他港、澳、台商投资企业	1 500	
外商独(投)资	565 498	390 007
合资经营	173 376	10 571
合作经营	158 164	154 864
独资	9 386	
股份有限	224 572	224 572
其他外商投资企业		
个体经营	49 252	

注：此表不含500万元以下投资及跨地区数据。

6-5 主要年份全市固定资产投资构成分组

指　　标	2010年	2011年	2012年	2013年
一、投资总额(万元)	**21 608 849**	**19 162 693**	**23 459 100**	**29 315 032**
1.按构成分				
建筑工程	14 625 985	13 703 541	16 891 804	20 613 361
安装工程	739 651	1 075 376	1 010 033	1 600 142
设备、工具器具购置	2 233 058	1 562 885	1 952 187	2 099 760
其它费用	4 010 155	2 829 891	3 605 076	5 001 769
2.按建设性质分				
新建	14 743 725	11 155 040	12 274 523	13 775 232
扩建	1 049 545	705 408	700 653	923 399
改建	789 925	582 412	665 187	875 453
其它	618 840	460 122	628 005	823 888
3.按国民经济行业分				
农业	276 974	165 842	231 604	145 387
工业	4 672 801	4 492 583	5 501 650	5 994 901
教育	698 242	575 186	582 132	484 260
二、新增固定资产(万元)	**5 864 690**	**5 381 818**	**10 514 625**	**8 866 087**
三、施工项目个数(个)	**3 652**	**1 738**	**1 950**	**1 682**
#本年新开工	1 484	915	1 307	1 024
投产项目个数	979	903	966	844
四、施工房屋面积(平方米)	**60 032 264**	**69 614 448**	**147 492 615**	**108 081 766**
#住宅	32 219 238	34 082 769	88 617 588	57 945 259
五、竣工房屋面积(平方米)	**9 844 207**	**10 511 832**	**14 879 554**	**8 981 986**
#住宅	6 460 920	6 687 336	10 461 085	5 728 616

注：此表不含500万元以下投资及跨地区数据。

6-6 全市分县(市)区规模以上固定资产完成情况

（2013年） 单位：万元

地　　区	规模以上固定资产投资	房地产
合计	**29 315 032**	**12 917 060**
五华区	4 455 735	2 812 819
盘龙区	3 276 343	2 448 804
官渡区	5 771 769	2 777 773
西山区	4 008 066	2 238 725
东川区	694 264	168 122
呈贡区	2 625 116	586 960
晋宁县	1 178 271	365 570
富民县	369 945	76 565
宜良县	908 957	245 259
石林县	1 058 914	165 012
嵩明县	1 217 093	130 885
禄劝县	845 040	100 954
寻甸县	800 988	95 141
安宁市	2 104 531	704 471

注：此表不含500万元以下投资及跨地区数据。

6-7 全市规模以上投资完成情况

（2013年）

单位：万元

地区	本年完成投资	按构成分				
		住宅	建筑工程	安装工程	设备、工器具购置	其他费用
合计	**16 397 972**	**687 691**	**11 850 558**	**499 347**	**2 014 286**	**2 033 781**
五华区	1 642 916	23 921	1 333 567	20 564	50 591	238 194
盘龙区	827 539	182 640	702 537	6 803	8 559	109 640
官渡区	2 993 996	207	2 161 024	12 546	505 927	314 499
西山区	1 769 341	26 353	1 244 612	157 289	112 729	254 711
东川区	526 142	10 580	369 108	18 945	74 181	63 908
呈贡区	2 038 156	155 911	1 477 004	53 720	189 957	317 475
晋宁县	812 701		623 086	26 775	80 777	82 063
富民县	293 380	4 810	140 318	10 351	86 641	56 070
宜良县	663 698	53 282	550 070	4 189	78 249	31 190
石林县	893 902		756 778	8 457	46 691	81 976
嵩明县	1 086 208	69 280	748 950	11 878	173 888	151 492
禄劝县	744 086	15 147	511 956	70 093	56 650	105 387
寻甸县	705 847	57 379	401 151	16 439	171 058	117 199
安宁市	1 400 060	88 181	830 398	81 297	378 388	109 977

注：此表不含500万元以下投资、跨地区投资及房地产投资数据。

6-8 全市房地产

（2013年）

地　区	本年完成投资	按构成分				
		建筑工程	安装工程	设备、工器具购置	其他费用	土地购置费
合计	**12 917 060**	**8 762 803**	**1 100 795**	**85 474**	**2 967 988**	**2 305 087**
五华区	2 812 819	2 080 819	152 275	2 466	577 259	422 048
盘龙区	2 448 804	1 552 253	250 813	12 370	633 368	568 166
官渡区	2 777 773	1 885 545	223 041	8 494	660 693	549 726
西山区	2 238 725	1 415 970	177 519	8 497	636 739	417 448
东川区	168 122	134 660	14 180	7 070	12 212	5 987
呈贡区	586 960	342 514	122 662	16 685	105 099	78 221
晋宁县	365 570	262 553	42 957	9 373	50 687	22 153
富民县	76 565	45 271	13 345	1 616	16 333	14 121
宜良县	245 259	180 869	6 200	3 200	54 990	53 610
石林县	165 012	128 325	15 372	3 260	18 055	6 703
嵩明县	130 885	91 585	9 533	2 780	26 987	23 702
禄劝县	100 954	60 598	11 712	100	28 544	20 852
寻甸县	95 141	58 807	4 509	2 200	29 625	27 365
安宁市	704 471	523 034	56 677	7 363	117 397	94 985

投资完成情况

单位：万元

按工程用途分							
住宅					办公楼	商业营业用房	其他
	经济适用房	90平方米以下	140平方米以上	别墅、高档公寓			
8 689 524		**2 747 361**	**1 848 545**	**277 669**	**957 765**	**1 610 082**	**1 659 689**
2 162 060		1 097 482	220 355	40 893	98 624	153 872	398 263
1 664 241		313 461	425 460	12 709	315 617	239 238	229 708
1 944 889		458 697	743 572	58 859	170 976	301 134	360 774
1 393 312		472 464	190 779	25 844	251 024	287 894	306 495
93 417		26 715	13 065	2 000	3 655	38 231	32 819
259 462		607	545	875	81 856	120 964	124 678
113 882		9 109	14 426	3 076	500	237 376	13 812
46 882		22 340	1 912	6 268	462	23 194	6 027
182 190		42 096	31 459	107	2 246	32 492	28 331
129 692		26 175	24 864	16 500	6 630	23 517	5 173
116 579		25 980	61 478	54 620	2 350	6 249	5 707
79 827		2 593	2 916	2 500	326	10 256	10 545
58 944		1 285	7 999	1 555	3 000	23 909	9 288
444 147		248 357	109 715	51 863	20 499	111 756	128 069

6-9 房地产开发面积

（2013年）

指　　标	施工面积(平方米)	本年新开工	竣工面积(平方米)	竣工价值(万元)
房屋建筑面积合计	**77 056 572**	**26 841 155**	**6 026 815**	**1 612 715**
住宅	53 490 705	18 356 385	4 993 566	1 292 605
#别墅、高档公寓	2 317 684	476 824	326 070	96 844
经济适用房				
办公楼	4 420 575	1 194 185	216 752	62 864
商业营业用房	8 285 851	3 347 277	354 751	129 925
其他	10 859 441	3 943 308	461 746	127 321

主要统计指标解释

固定资产投资　固定资产投资是建造和购置固定资产经济活动，即固定资产再生产活动。固定资产再生产过程包括固定资产更新(局部更新和全部更新)、改建、扩建、新建等活动。新的企业财务会计制度规定，固定资产局部更新的大修理作为日常生产活动的一部分，发生的大修理费用直接在成本费用中列支。按照现行投资管理体制及有关部门的规定，凡属于大修理、养护、维护性质的工程(如设备大修、建筑物的翻修和加固、农田水利工程和堤防、水库的大修、铁路大修等)都不纳入固定资产投资管理，也不作为固定资产投资统计。

固定资产投资属于实物投资的一部分，这一点区别于金融投资。固定资产投资的目的是建造和购置固定资产，它的承担物表现为机器、设备、建筑物等固定资产。而金融投资(如股票和债券投资)则表现为金融资产的增加。

固定资产投资是国民经济再生产活动的一个重要部分。通过固定资产投资，可以扩大社会再生产的规模，提高社会生产的技术水平，调整经济结构，改变生产力的地区分布，增强国家的经济实力，提高和改善人民物质和文化生活水平。

固定资产投资额（又称固定资产投资完成额）　是以货币形式表现的在一定时期内建造和购置固定资产的工作量以及与此有关的费用的总称。没有形成工程实体的建筑材料和没有开始安装的设备，都不计算投资完成额。它是反映固定资产投资规模、结构和发展速度的综合性指标，又是观察工程进度和考核投资效果的重要依据。

房地产开发　是指各种登记注册类型的房地产开发公司、商品房建设公司及其他房地产开发单位统一开发的包括统代建、拆迁还建的住宅、厂房、仓库、饭店、宾馆、度假村、写字楼、办公楼等房屋建筑物和配套的服务设施、土地开发工程，如道路、给水、排水、供电、供热、通讯、平整场地等基础设施工程。包括实际从事房地产开发或经营活动的附营房地产开发单位。

施工项目　指报告期内曾进行建筑安装施工活动的建设项目，包括报告期内新开工项目，报告期以前开工跨报告期继续施工的项目，报告期施过工并在报告期内全部建成投产或停缓建的项目。

全部建成投产项目　工业项目是指设计文件规定形成生产能力的主体工程及其相应配套的辅助设施全部建成，经负荷试运转，证明具备生产设计规定合格产品的条件，并经过验收鉴定合格或达到竣工验收标准，与生产性工程配套的生活福利设施可以满足近期正常生产的需要，正式移交生产的建设项目；非工业项目是指设计文件规定的主体工程和相应的配套工程全部建成，能够发挥设计规定的全部效益，经验收鉴定合格或达到竣工验收标准，正式移交使用的建设项目。

新增固定资产（又称交付使用的固定资产）　是指已经完成和购置过程结束，并已交付生产或使用单位的固定资产价值。

新增固定资产是反映固定资产投资成果的价值量指标，也是反映建设进度，计算固定资产投资效果的必要数据。

新增生产能力　指通过固定资产投资活动而增加设计能力或工程效益，它是用实物形态表示的固定资产投资的成果，新增生产能力的计算，是以能独立发挥生产能力或效益的单项工程(或项目)为对象，当单项工程(或项目)建成，经有关部门鉴定合格，正式移交投入生产，即可计算新增生产能力。

房屋建筑面积　是房屋建筑勒脚以上外墙外围的水平截面面积，包括房屋建筑的有效面积和结构面积。房屋建筑面积统计指标是从实物形态上反映建设规模和建设成果的重要指标，也是检查工程形象进度、计算工程造价、分析投资效果、研究施工任务与施工力量和建筑材料之间平衡情况的重要依据。

房屋施工面积　是指报告期内施工的全部房屋建筑面积，包括本期新开工的面积和上期开工跨入本期继续施工的房屋面积，以及上期已停建在本期恢复施工的房屋面积、本期竣工和本期施工后又停缓建的房屋，其建筑面积仍计入本期房屋施工面积中。

金融和财政

JINRONGHECAIZHENG

7

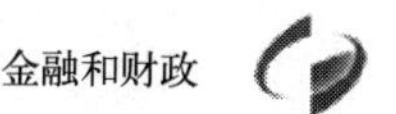

7-1 金融机构本外币信贷运行情况

单位：万元

项目名称	2013年	2013年比年初	
		增减	增减(±%)
资金来源总计	**103 476 338**	**11 748 487**	**12.81**
一、各项存款	**102 105 911**	**12 822 239**	**14.36**
(一)单位存款	62 682 109	8 543 350	15.78
1.活期存款	30 722 167	2 157 222	7.55
2.定期存款	16 803 449	4 716 801	39.02
3.通知存款	1 643 032	-542 131	-24.81
4.保证金存款	7 014 631	782 530	12.56
(二)个人存款	35 257 906	4 478 508	14.55
1.储蓄存款	33 826 857	3 851 909	12.85
2.保证金存款	86 916	-23 119	-21.01
3.结构性存款	1 344 132	649 717	93.56
(三)财政性存款	1 378 961	-516 357	-27.24
(四)临时性存款	114 828	-65 670	-36.38
(五)委托存款	452 849	307 971	212.57
(六)其他存款	2 219 259	74 437	3.47
二、金融债券	**78**		
三、中长期借款	**16 926**	**-454**	**-2.61**
四、应付及暂收款	**2 390 579**	**133 245**	**5.90**
#应付利息	1 185 542	381 489	47.45
五、同业往来(来源方)	**1 201 046**	**662 505**	**123.02**
六、系统内资金往来(来源方)	**2 481 247**	**2 481 247**	
七、外汇买卖(来源方)	**1 641 969**	**1 377 851**	**521.68**
#结售汇	1 625 781	1 378 582	557.68
八、各项准备	**2 006 203**	**175 417**	**9.58**
#贷款损失准备金	1 966 600	152 790	8.42
九、所有者权益	**4 017 431**	**1 091 404**	**37.30**
#实收资本	996 659	270 053	37.17
十、其他	**-12 385 052**	**-6 994 967**	**129.77**

7-1 续表

单位：万元

项目名称	2013年	2013年比年初	
		增减	增减(±%)
资金运用总计	**103 476 338**	**11 748 487**	**12.81**
一、各项贷款	**94 944 462**	**10 051 952**	**11.84**
(一)境内贷款	92 960 784	9 550 400	11.45
1.短期贷款	27 318 468	4 666 786	20.60
(1)个人贷款及透支	5 543 443	1 620 000	41.29
#个人消费贷款	1 342 782	346 491	34.78
(2)单位普通贷款及透支	18 835 158	2 980 780	18.80
#经营贷款	18 739 812	2 983 950	18.94
固定资产贷款	89 538	-2 265	-2.47
(3)普通并购贷款		-12 012	-100.00
(4)银团贷款			
(5)贸易融资	2 939 867	78 018	2.73
(6)境外筹资转贷款			
2.中长期贷款	63 529 290	4 613 342	7.83
(1)个人贷款	12 034 454	1 781 878	17.38
#个人消费贷款	9 731 223	1 511 291	18.39
(2)单位普通贷款	46 770 313	1 741 616	3.87
#经营贷款	6 693 519	253 190	3.93
固定资产贷款	40 076 795	1 488 426	3.86
(3)普通并购贷款	239 450	56 992	31.24
(4)银团贷款	3 988 233	913 301	29.70
(5)贸易融资	418 776	120 058	40.19
(6)境外筹资转贷款	78 064	-503	-0.64
3.融资租赁	11 266	11 266	
4.票据融资	2 002 613	307 546	18.14
#贴现	2 002 612	307 546	18.14
5.各项垫款	99 148	-48 540	-32.87
(二)境外贷款	1 983 678	501 552	33.84
二、有价证券	**938 130**	**53 149**	**6.01**
三、股权及其他投资	**2 389 525**	**2 279 416**	**2 070.14**
四、应收及预付款	**1160 088**	**217 755**	**23.11**
#应收利息	406 898	127 798	45.79
五、同业往来(运用方)	**822 656**	**395 114**	**92.42**
六、系统内资金往来(运用方)		**-2 803 380**	**-100.00**
七、金银占款			
八、外汇买卖(运用方)	**1 639 671**	**1 377 373**	**525.12**
#结售汇	1 623 654	1 378 240	561.60
九、固定资产	**1 054 850**	**138 266**	**15.08**
十、库存现金	**526 956**	**42 372**	**8.74**
十一、投资性房地产		**-3 528**	**-100.00**

7-2 金融机构人民币信贷运行情况

单位：万元

项目名称	2013年	2013年比年初	
		增减	增减(±%)
资金来源总计	**99 026 444**	**8 956 327**	**9.94**
一、各项存款	100 853 599	12 409 916	14.03
(一)单位存款	61 775 215	8 164 405	15.23
1.活期存款	30 457 211	2 128 628	7.51
2.定期存款	16 672 463	4 638 692	38.55
3.通知存款	1 554 093	-623 903	-28.65
4.保证金存款	6 623 611	613 615	10.21
(二)个人存款	34 932 768	4 428 975	14.52
1.储蓄存款	33 552 805	3 827 795	12.88
2.保证金存款	86 660	-23 138	-21.07
3.结构性存款	1 293 303	624 318	93.32
(三)财政性存款	1 378 957	-516 356	-27.24
(四)临时性存款	107 485	-60 235	-35.91
(五)委托存款	452 454	307 732	212.64
(六)其他存款	2 206 720	85 395	4.03
二、金融债券	**78**		
三、中长期借款			
四、应付及暂收款	**2 247 653**	**280 754**	**14.27**
#应付利息	1 174 265	374 775	46.88
五、同业往来(来源方)	**849 444**	**451 016**	**113.20**
六、系统内资金往来(来源方)	**751 764**	**751 764**	
七、外汇买卖(来源方)	**825 221**	**692 702**	**522.72**
#结售汇	820 514	690 744	532.28
八、各项准备	**1 939 306**	**164 747**	**9.28**
#贷款损失准备金	1 899 715	142 128	8.09
九、所有者权益	**4 007 513**	**1 070 658**	**36.46**
#实收资本	986 275	270 052	37.71
十、其他	**-12 448 135**	**-6 865 230**	**122.97**

7-2 续表

单位：万元

项目名称	2013年	2013年比年初	
		增减	增减(±%)
资金运用总计	**99 026 444**	**8 956 327**	**9.94**
一、各项贷款	**91 486 301**	**9 782 746**	**11.97**
(一)境内贷款	90 858 622	9 678 738	11.92
1.短期贷款	25 824 491	4 835 998	23.04
(1)个人贷款及透支	5 542 278	1 619 974	41.30
#个人消费贷款	1 341 618	346 453	34.81
(2)单位普通贷款及透支	18 266 601	3 043 552	19.99
#经营贷款	18 171 864	3 037 331	20.07
固定资产贷款	89 538	7 735	9.46
(3)普通并购贷款		-12 012	-100.00
(4)银团贷款			
(5)贸易融资	2 015 612	184 485	10.07
(6)境外筹资转贷款			
2.中长期贷款	62 943 358	4 593 214	7.87
(1)个人贷款	12 033 975	1 781 400	17.38
#个人消费贷款	9 730 745	1 510 813	18.38
(2)单位普通贷款	46 294 838	1 704 119	3.82
#经营贷款	6 564 685	242 521	3.84
固定资产贷款	39 730 153	1 461 598	3.82
(3)普通并购贷款	239 450	56 992	31.24
(4)银团贷款	3 988 233	929 501	30.39
(5)贸易融资	386 862	121 202	45.62
(6)境外筹资转贷款			
3.融资租赁	11 266	11 266	
4.票据融资	1 980 360	286 800	16.93
#贴现	1 980 360	286 800	16.93
5.各项垫款	99 148	-48 540	-32.87
(二)境外贷款	627 679	104 009	19.86
二、有价证券	**938 130**	**53 149**	**6.01**
三、股权及其他投资	**2 389 525**	**2 282 552**	**2 133.77**
四、应收及预付款	**1 016 906**	**320 429**	**46.01**
#应收利息	383 412	122 467	46.93
五、同业往来(运用方)	**805 467**	**385 944**	**92.00**
六、系统内资金往来(运用方)		**-4 737 845**	**-100.00**
七、金银占款			
八、外汇买卖(运用方)	**823 518**	**692 120**	**526.74**
#结售汇	822 809	691 837	528.23
九、固定资产	**1 054 295**	**138 279**	**15.10**
十、库存现金	**512 302**	**42 480**	**9.04**
十一、投资性房地产		**-3 528**	**-100.00**

7-3 公共财政收入

单位：万元

指　　标	2012年	2013年
一、公共财政收入	**3 783 951**	**4 507 534**
1.税收收入	3 388 740	3 959 120
增值税	463 100	552 163
营业税	1277 162	1 610 614
企业所得税	199 819	214 480
2.非税收入	395 211	548 414
专项收入	139 682	242 990
行政事业性收费收入	92 958	96 962
罚没收入	94 189	96 267
国有资本经营收入	-3 000	7 783
国有资源(资产)有偿使用收入	60 605	74 135
其他收入	10 777	30 277
二、政府性基金收入	**3 873 411**	**5 755 205**

7-4 公共财政支出

单位：万元

指　　标	2012年	2013年
一、公共财政支出	**5 255 023**	**5 857 610**
#一般公共服务	530 237	646 943
外交		
国防	7 798	9 554
公共安全	346 459	388 233
教育	916 046	948 740
科学技术	98 435	121 709
文化体育与传媒	54 499	65 841
社会保障和就业	549 399	573 172
医疗卫生	277 357	340 446
节能环保	297 842	308 162
城乡社区事务	584 363	751 070
农林水事务	368 382	413 507
交通运输	327 214	286 275
其他支出	161 781	235 935
二、政府性基金支出	**3 578 895**	**5 349 389**

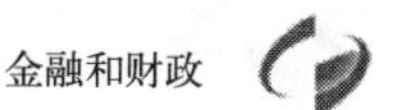

7-5 分县(市)区公共财政收入

单位：万元

指　　标	2012年	2013年
总计	**3 783 951**	**4 507 534**
市级	**1 720 137**	**2 044 407**
县、市、区小计	**2 063 814**	**2 463 127**
五华区	304 928	363 111
盘龙区	272 000	332 505
西山区	266 368	325 128
官渡区	377 831	450 025
东川区	67 906	69 304
呈贡区	90 719	110 739
晋宁县	110 059	134 325
安宁市	240 296	269 850
富民县	34 345	42 716
宜良县	56 017	68 434
石林县	61 538	74 517
嵩明县	73 868	90 279
禄劝县	48 688	59 818
寻甸县	59 251	72 376

7-6 分县(市)区公共财政支出

单位：万元

指　　标	2012年	2013年
总计	**5 255 023**	**5 857 610**
市级	**2 166 807**	**2 349 737**
县、市、区小计	**3 088 216**	**3 507 873**
五华区	295 976	327 723
盘龙区	311 372	371 131
西山区	290 989	369 374
官渡区	404 080	470 544
东川区	232 306	222 092
呈贡区	122 690	147 486
晋宁县	203 423	244 508
安宁市	278 813	310 279
富民县	84 013	98 337
宜良县	173 604	176 812
石林县	135 189	143 021
嵩明县	174 993	170 076
禄劝县	185 106	227 492
寻甸县	195 662	228 998

主要统计指标解释

财政收入　是指国家凭借政治权力，以社会管理者、国有资产所有者身份筹集到的归国家支配的资金，是国家参与国民收入分配的主要形式，是政府履行职能的财力保障。

按照现行政府预算体系，财政收入分为：公共财政收入、政府性基金收入、国有资本经营收入和社会保险基金收入。公共财政收入的主体为税收收入，是国家凭借政治权力向纳税人征收的收入；非税收入是公共财政收入的补充形式，反映各级政府行政机关、事业单位、代行政府职能的社会团体及其他组织依法利用政府权力、政府信誉、国家资源、国有资产或通过提供特定公共服务而参与国民收入分配活动。政府性基金收入是国家通过向社会征收基金、收费，以及出让土地、发行彩票等方式取得的收入。国有资本经营收入是国家以所有者身份依法取得的国有投资收益，包括利润收入、国有股股利、国有产权转让收入等。社会保险基金收入是根据国家社会保险和预算管理法律法规，政府依法通过社会保险缴费、公共财政预算安排的补助等方式取得的，并专项用于社会保险支出的收入。

财政支出　是指政府为提供公共产品和服务，满足社会公共需要而安排财政资金的支付，反映政府配置资源的范围和规模。

按照现行政府预算体系，财政支出分为公共财政支出、政府性基金支出、国有资本经营支出和社会保险基金支出。公共财政支出主要用于：保证国家机构正常运转、维护国家安全、巩固各级政府政权建设的支出；维护社会稳定、改善和保障民生、发展社会公共事业的支出；有利于经济环境和生态环境改善，具有较强外部经济效应的公益性基础设施建设的支出；对宏观经济运行进行必要调控的支出等。政府性基金支出是有特定用途的支出，专项用于支持特定基础设施建设和社会事业发展。国有资本经营支出主要用于支持国有经济和产业结构调整、经济发展方式转变，以及弥补国有企业的改革成本等。社会保险基金支出是指按照国家法律、法规，专门用于支付保险对象的社会保险待遇以及其他规定用途所形成的支出，主要用于包括养老、医疗、工伤、失业、生育等社会保险的支出。

物 价

WUJIA

8

牧业、渔业生产情况

呈贡区	晋宁县	富民县	宜良县	石林县	嵩明县	禄劝县	寻甸县	安宁市
3 785	124 471	151 310	304 053	184 328	177 504	421 621	508 946	223 434
3 860	270 628	196 664	642 587	255 747	323 715	665 378	752 256	425 599
1 111	25 055	22 291	56 446	47 035	29 530	133 819	199 102	11 136
151	8 591	7 018	20 690	17 180	17 833	75 416	118 764	7 917
3 643	36 425	55 289	113 239	185 175	27 917	337 792	266 182	34 026
1 373	20 434	19 407	70 077	101 895	24 770	280 225	200 528	27 453
6	835	4 370	6 391	9 176	12 674	10 161	35 376	767
	6	536	184	2 394		25	274	43
2	49	5 388	8 845	5 175	1 938	19 605	16 481	97
	3	334	99	210		833	67	3
7	225	4 022	2 049	117	121	8 191	309	81
	10	300	457			952	32	18
256 655	2 600 581	822 831	5 611 036	6 501 065	1 043 524	943 132	2 059 950	6 544 159
305 770	4 034 146	764 114	21 915 929	18 803 809	1 439 411	1 966 562	2 224 343	13 852 456

10-14 续表

（2013年）

指　　标	单位	全市	五华区	盘龙区	官渡区	西山区	东川区
七、产量							
(一)肉类总产量	吨	573 724.9	11 018.9	5 688.5	9 012.0	13 667.4	47 971.6
1.猪肉	吨	393 860.3	10 094.7	4 842.8	7 819.0	11 768.6	40 217.5
2.牛肉	吨	36 044.5	251.4	298.2	60.0	453.4	1 574.0
3.羊肉	吨	19 331.6	150.1	252.8	96.0	407.0	1 919.8
4.马肉	吨	424.8					
5.驴肉	吨	194.1	0.8				
6.骡肉	吨	295.6					
7.禽肉	吨	123 289.1	517.4	294.7	1 032.0	1 008.9	4 260.3
8.兔肉	吨	132.6					
(二)禽蛋产量	吨	88 734.9	509.8	1 255.2	13 943.0	852.0	1 403.4
(三)奶类产量	吨	118 292.7		111.5		116.0	72.0
#牛奶	吨	107 105.1		111.5		116.0	72.0
八、渔业生产							
(一)淡水养殖面积	公顷	7 189.2	15.3	48.0	177.9	92.9	113.5
(二)淡水产品产量总计	吨	39 235.0	150.0	800.0	1 857.0	1 907.0	1 252.0
1.鱼类	吨	38 297.0	135.0	800.0	1 762.0	1 713.0	1 163.0
2.虾蟹类	吨	815.0	10.0		95.0	194.0	
3.贝类	吨						

呈贡区	晋宁县	富民县	宜良县	石林县	嵩明县	禄劝县	寻甸县	安宁市
966.6	34 341.6	23 519.2	100 317.7	62 214.9	36 427.0	72 031.8	92 183.7	64 364.0
290.0	24 712.4	19 808.8	58 360.0	23 098.3	30 158.4	54 504.7	72 088.9	36 096.2
22.6	1 462.2	950.3	4 403.0	2 440.0	2 424.9	7 647.4	12 916.5	1 140.6
23.2	489.9	760.4	1 806.3	2 786.2	693.4	5 909.4	3 282.7	754.4
	0.7	58.0	22.3	313.9		2.5	24.2	3.2
	0.4	29.7	38.9			120.6	2.6	1.1
	0.4	35.6	11.0	26.3		215.2	6.7	0.4
611.4	7 672.6	1 872.9	35 560.7	33 492.7	3 148.2	3 630.0	3 859.3	26 328.0
	2.4	3.5	79.0	44.3				3.4
3 132.7	17 025.9	5 485.8	5 921.4	3 278.1	5 518.0	1 151.4	7 025.3	22 232.9
1 644.9	32 545.1	39.7	46 735.0	18 757.6	17 560.0			710.9
1 571.2	32 545.1	5.1	46 101.0	8 314.0	17 560.0			709.2
121.8	136.3	117.0	2 133.3	626.3	1 369.5	604.9	1 038.8	593.2
1 340.0	3 350.0	466.0	11 168.0	1 613.0	7 578.0	764.0	5 370.0	1 620.0
1 340.0	2 834.0	466.0	11 168.0	1 584.0	7 578.0	764.0	5 370.0	1 620.0
	516.0							

10-15 分县(市)区

（2013年）

指　　标	单位	全市	五华区	盘龙区	官渡区	西山区	东川区
一、林产品产量							
1.生漆	吨						
2.油桐籽	吨	19.0					
3.油茶籽	吨	3.8					
4.乌桕籽	吨						
5.棕片	吨	104.9		0.4		13.5	
6.松脂	吨	88.0					
7.竹笋干	吨	0.3					
8.核桃	吨	4 542.9	80.5	33.8	71.0	155.5	203.1
9.板栗	吨	17 874.2	172.5	217.0	151.0	19.0	69.2
二、全社会竹木采伐量							
1.木材	m3	120 212.0	859.0	1 579.0	5 046.0	4 688.0	9 862.0
2.竹材	万根	6 039.5		2.0	20.0	1 033.6	

林业生产情况

呈贡区	晋宁县	富民县	宜良县	石林县	嵩明县	禄劝县	寻甸县	安宁市
						19.0		
								3.8
	2.2	1.5	3.0			80.8	1.6	1.9
		0.1	37.5	42.4		8.0		
					0.3			
0.1	253.8	747.1	251.9	319.2	132.5	1 487.7	724.6	82.1
31.6	202.9	2 829.7	4 304.0	1 689.1	163.3	4 702.2	2 983.5	339.2
1 622.0	7 280.0	4 827.0	26 451.0	21 950.0	7 283.0	7 078.0	5 093.0	16 594.0
100.0	10.7	559.2	1 657.0	277.8	848.0	507.5	505.0	518.7

10-16 分县(市)区灌溉面积情况

（2013年）　　单位：千公顷

地区	灌溉面积	耕地灌溉面积	林地灌溉面积	园地灌溉面积	牧草地灌溉面积
全市合计	**134.10**	**121.23**	**3.07**	**5.31**	**0.32**
五华区	1.66	1.49	0.14	0.01	
盘龙区	5.42	2.63	1.33	0.37	
官渡区	2.82	2.07	0.33	0.42	
西山区	4.50	4.27	0.08	0.15	
东川区	8.45	7.32	0.09	1.04	
呈贡区	2.12	1.82		0.30	
晋宁县	10.12	9.92		0.03	
富民县	4.87	4.77		0.10	
宜良县	19.27	19.20	0.03	0.04	
石林县	18.58	18.05	0.01	0.44	
嵩明县	21.28	18.25	0.28	0.17	
禄劝县	14.61	11.76	0.63	1.77	0.32
寻甸县	14.58	14.44	0.02	0.12	
安宁市	5.82	5.24	0.13	0.35	

10-17 分县(市)区蓄水工程水库数量

(2013年)

地区	水库数量(座)	大(2)型	中型	小(1)型	小(2)型	坝塘数量(座)
昆明市	**818**	**4**	**21**	**136**	**657**	**2 767**
五华区	20			7	13	150
盘龙区	37	1		6	30	123
官渡区	13		1	3	9	4
西山区	25			2	23	142
东川区	4		1	1	2	33
呈贡区	31		3	7	21	38
晋宁县	75		3	13	59	231
富民县	29			7	22	208
宜良县	144	1		13	130	697
石林县	102		2	18	82	217
嵩明县	64		3	13	48	136
禄劝县	54	1	5	13	35	361
寻甸县	88	1	1	15	71	224
安宁市	132		2	18	112	203

10-18 全市农业机械拥有量及农机化作业程度

指　　标	单位	2012年	2013年
农业机械总动力	**千瓦特**	**2 957 951**	**3 010 470**
一、柴油发动机动力	千瓦特	2 045 178	2 093 580
二、汽油发动机动力	千瓦特	270 437	270 555
三、电动机动力	千瓦特	642 186	646 184
四、其它机械动力	千瓦特	150	150
农机化作业总体情况			
一、机耕面积	公顷	252 485	252 796
二、机播面积	公顷	312	678
三、机电灌溉面积	公顷	109 552	103 810
四、机械植保面积	公顷	115 584	113 284
五、机收面积	公顷	26 112	18 560
机收小麦面积	公顷	3 654	4 754
机收水稻面积	公顷	8 059	7 883
机收玉米面积	公顷	93	150
六、单项农机化作业情况			
机械深耕面积	公顷	10 915	23 371
机械深松面积	公顷	20 295	25 463
农机跨区作业面积	公顷	30 470	12 937
农田机械节水灌溉面积	公顷	14 123	16 869

主要统计指标解释

农林牧渔业总产值　指以货币表现的农林牧渔业全部产品总量和对农林牧渔业生产活动进行的各种支持性服务活动的价值。它用价值量形式综合反映一定时期内农林牧渔业生产的总成果和总规模。

农、林、牧、渔业的核算范围是：

(1)农业产值：包括种植业和其他农业。种植业包括谷物、豆类、油料、棉花、麻类、糖料、烟叶、药材、薯类、蔬菜、瓜类、花卉、盆景、园艺、饲料作物等种植业，茶、桑、果、中草药种植业。

其他农业包括野生植物的果实、纤维、油料和野生药材、菌类、柴草等的采集。

(2)林业产值：包括人工植树造林、森林抚育、迹地更新，村及村以下竹、木材采伐。油桐籽、油茶籽等林产品的采集。

(3)牧业产值：包括猪、牛、羊等的饲养和放牧业，鸡、鸭、鹅等的家畜养殖业以及兔、蚕、蜂多种小动物饲养，野生动物的狩猎、诱捕、猎物饲养，野生动物产品的采集。

(4)渔业产值：包括利用海水进行鱼、虾、贝、藻类等水生动、植物的养殖和对海洋水生动、植物的捕捞；还包括在内陆水域进行鱼、虾、蟹、贝类、珍珠等水生动物的养殖和捕捞。

(5)农林牧渔服务业产值：农林牧渔服务业现价产值等于农林牧渔服务业营业收入。

农业林牧渔业总产值的计算方法，一般采用“产品法”进行计算，即凡是有产品产量的，都按产品产量乘以其产品单价求得每一种农产品的产值。

粮食产量　指全社会的产量。粮食包括稻谷、小麦、玉米、高粱、谷子、薯类和豆类。其产量计算方法，豆类按去豆荚后的干豆计算，薯类按 5 公斤鲜薯折 1 公斤粮食计算，其他粮食一律按脱粒后的原粮计算。

猪、牛、羊肉产量　指当年出栏并已屠宰的猪、牛、羊的肉产量。即屠宰后除去头蹄下水后带骨的(即胴体重)重量。

水产品产量　指本年度内捕捞的水产品产量(包括人工养殖和天然生长)。它可分为海水产品和淡水产品两大类。海水产品包括海水的鱼类、虾蟹类、贝类和藻类；淡水产品包括淡水的鱼类、虾蟹类和贝类，不包括淡水水生植物。

有效灌溉面积　指具有一定的水源，地块比较平整，灌溉工程或设备已经配套，在一般年景下当年能够进行正常灌溉的耕地面积。

农业机械总动力　指主要用于农、林、牧、副、渔业的耕作机械、排灌机械、收获机械、农产品加工机械、运输机械、植保机械、林业机械、渔业机械和其他农业机械等各种动力机械的动力总和。电动机动力按千瓦计算，内燃机动力按引擎马力折成千瓦计算。

农用化肥施用量　指在本年度内实际用于农业生产的化肥数量。包括氮肥、磷肥、钾肥及复合肥。

施用量按标准量及折纯量两种方法计算。按折纯量计算化肥数量，即把氮肥、磷肥、钾肥分别按含氮、含五氧化二磷、含氧化钾百分之百计算。

农村用电量　指本年度内扣除在农村中的全民所有制工业、交通、基建单位的用电量以后的农村生产上和生活上的全年用电总度数(全年累计数)，包括国家电网的供电量，也包括农村自办电站的供电量。

工　　业

GONGYE

11

11-1 年主营业务收入2000万元及以上独立核算工业企业工业增加值

(2013年) 单位：千元

指　　标	工业增加值(现价)	增速±%(可比价)
总计	**90 650 686.8**	**11.0**
一、按登记注册类型分		
国有企业	12 076 309.0	20.5
集体企业	309 077.5	-1.3
股份合作企业	79 687.9	1.5
股份制企业	69 540 350.4	10.0
外商及港澳台商投资企业	6 968 161.1	8.7
其他经济类型企业	1 677 100.9	7.1
二、在总计中：国有控股企业	**63 540 489.4**	**11.6**
三、在总计中：大中型工业企业	**66 351 701.6**	**7.2**
其中：国有企业	9 483 566.7	13.7
四、按轻重工业分		
轻工业	40 288 633.3	8.4
重工业	50 362 053.5	13.1
五、按国民经济工业行业分		
煤炭开采和洗选业	1 080 006.3	3.9
黑色金属矿采选业	430 294.9	8.7
有色金属矿采选业	1 128 303.8	-30.3
非金属矿采选业	4 428 119.6	9.2
农副食品加工业	1 785 112.5	18.3
食品制造业	1 177 534.6	9.8
酒、饮料和精制茶制造业	1 563 472.6	12.3
烟草制品业	26 175 371.6	6.6
纺织业	33 617.2	0.6
纺织服装、服饰业	78 002.5	5.6
皮革、毛皮、羽毛及其制品和制鞋业	7 578.9	-
木材加工和木、竹、藤、棕、草制品业	114 676.5	27.4
家具制造业	11 206.0	-52.9
造纸和纸制品业	239 023.7	-0.7
印刷和记录媒介复制业	1 268 351.1	10.4
文教、工美、体育和娱乐用品制造业	76 499.0	30.5
石油加工、炼焦和核燃料加工业	517 376.5	-12.4
化学原料和化学制品制造业	9 540 327.2	-1.0
医药制造业	5 020 429.3	12.2

11-1 续表

(2013年) 单位：千元

指　　标	工业增加值(现价)	增速±%(可比价)
化学纤维制造业	524 806.9	12.3
橡胶和塑料制品业	1 394 389.0	80.9
非金属矿物制品业	3 452 321.1	17.0
黑色金属冶炼和压延加工业	3 337 073.0	25.5
有色金属冶炼和压延加工业	11 689 113.1	26.7
金属制品业	1 285 002.0	15.4
通用设备制造业	1 746 584.0	6.2
专用设备制造业	1 515 073.7	31.1
汽车制造业	733 887.0	13.1
铁路、船舶、航空航天和其他运输设备制造业	918 543.4	3.9
电气机械和器材制造业	1 046 727.3	14.4
计算机、通信和其他电子设备制造业	394 178.6	-13.3
仪器仪表制造业	470 637.7	4.3
其他制造业	41 597.5	-16.2
废弃资源综合利用业	9 437.5	40.3
金属制品、机械和设备修理业	2 073.8	
电力、热力生产和供应业	6 220 588.9	20.1
燃气生产和供应业	632 141.8	-8.5
水的生产和供应业	561 206.7	3.4
六、按企业所在地分		
五华区	32 716 533.4	5.0
盘龙区	8 431 995.7	30.1
官渡区	13 724 894.6	17.8
西山区	3 793 684.4	1.8
东川区	2 498 053.4	-8.7
呈贡区	5 053 164.6	14.8
晋宁县	4 158 959.9	11.2
富民县	1 218 733.6	20.1
宜良县	2 242 670.6	25.0
石林彝族自治县	1 167 855.5	26.1
嵩明县	2 821 531.6	20.6
禄劝彝族苗族自治县	600 308.6	27.0
寻甸回族彝族自治县	1 662 722.0	23.1
安宁市	10 559 578.9	14.5

11-2 年主营业务收入2000万元及以上独立核算工业企业经济效益综合指数

指　　标	单位	2013年
经济效益综合指数	%	365.95
总资产贡献率	%	26.94
资本保值增值率	%	109.48
资产负债率	%	59.99
流动资产周转率	%	3.41
成本费用利润率	%	5.26
全员劳动生产率	元/人	366 824.16
产品销售率	%	97.57

注：2013年为经济普查年度，以上数据为快报数。

11-3 年主营业务收入2000万元及以上

(2013年)

指　　标	企业单位数(个)	亏损企业	
		2013年	2012年
总计	**925**	**224**	**185**
一、按登记注册类型分组			
国有企业	64	14	7
集体企业	20	6	5
股份合作制企业	9	6	6
股份制企业	666	160	125
外商及港澳台投资企业	95	17	20
其它企业	71	21	22
二、在总计中:亏损企业	**224**	**224**	**185**
三、在总计中:新建企业	**55**	**19**	**2**
四、在总计中:大中型工业	**172**	**36**	**32**
其中:国有控股企业	80	17	17
其中:亏损企业	17	17	17
五、按经济组织类型分组			
国有控股	177	48	39
其中:亏损企业	48	48	39
其中:中央企业	12	12	9
集体控股	52	15	15
私人控股	596	135	110
港澳台商控股	24	3	5
外商控股	40	9	10
其他	36	14	6
六、按轻重工业分组			
轻工业	269	57	45
重工业	656	167	140
七、按国民经济工业行业分组			
煤炭开采和洗选业	15	3	2
石油和天然气开采业			
黑色金属矿采选业	9	3	4
有色金属矿采选业	25	12	6
非金属矿采选业	25	6	2
开采辅助活动			
其他采矿业			
农副食品加工业	81	19	12

注：2013年为经济普查年度，以上数据为快报数。

独立核算工业企业主要经济指标

单位：千元

	年初存货			资产合计		
同比增减(%)	2013年	2012年	同比增减(%)	2013年	2012年	同比增减(%)
21.1	**65 021 130**	**54 522 848**	**19.3**	**383 087 583**	**347 810 510**	**10.1**
100.0	7 659 201	5 681 384	34.8	58 250 105	48 374 685	20.4
20.0	174 351	115 703	50.7	972 003	962 298	1.0
	173 598	167 047	3.9	588 997	579 909	1.6
28.0	52 002 456	44 780 220	16.1	287 305 435	264 189 007	8.7
-15.0	4 295 554	3 317 170	29.5	31 551 178	29 421 208	7.2
-4.5	715 970	461 324	55.2	4 419 865	4 283 403	3.2
21.1	**22 615 625**	**15 944 042**	**41.8**	**106 382 693**	**76 885 271**	**38.4**
850.0	**182 623**	**6 235**	**2 829.0**	**5 406 004**	**377 460**	**1 332.2**
12.5	**52 413 081**	**46 017 726**	**13.9**	**287 797 711**	**271 203 357**	**6.1**
	46 172 441	41 361 130	11.6	235 036 923	222 467 932	5.6
	18 028 793	13 309 283	35.5	68 240 595	53 477 470	27.6
23.1	49 215 239	43 277 565	13.7	262 239 303	243 178 062	7.8
23.1	19 487 822	13 915 228	40.0	78 175 440	56 323 662	38.8
33.3	3 279 985	775 727	322.8	28 780 597	8 744 980	229.1
	1 066 023	811 199	31.4	15 435 340	13 519 944	14.2
22.7	11 621 189	8 121 914	43.1	83 425 896	71 069 931	17.4
-40.0	783 233	704 991	11.1	7 074 771	5 717 575	23.7
-10.0	1 005 821	915 733	9.8	9 309 715	9 028 780	3.1
133.3	1 329 625	691 446	92.3	5 602 558	5 296 218	5.8
26.7	23 847 818	20 799 648	14.7	101 127 961	85 751 379	17.9
19.3	41 173 312	33 723 200	22.1	281 959 622	262 059 131	7.6
50.0	67 208	70 929	-5.2	2 246 188	1 854 679	21.1
-25.0	406 914	310 878	30.9	17 295 709	16 294 680	6.1
100.0	177 293	111 900	58.4	4 021 892	3 628 337	10.8
200.0	1 758 930	1 476 153	19.2	18 385 042	15 108 968	21.7
58.3	930 820	741 986	25.4	6 470 713	5 198 200	24.5

11-3 续表 1

（2013年）

指　　标	企业单位数(个)	亏损企业	
		2013年	2012年
食品制造业	31	8	4
酒、饮料和精制茶制造业	24	5	7
烟草制品业	5		
纺织业	3	1	1
纺织服装、服饰业	3		
皮革、毛皮、羽毛及其制品和制鞋业	1	1	
木材加工和木、竹、藤、棕、草制品业	9	2	2
家具制造业	2	1	1
造纸和纸制品业	14	2	3
印刷和记录媒介复制业	25	5	3
文教、工美、体育和娱乐用品制造业	4		
石油加工、炼焦和核燃料加工业	5	1	1
化学原料和化学制品制造业	111	29	18
医药制造业	43	7	7
化学纤维制造业	2		
橡胶和塑料制品业	49	10	6
非金属矿物制品业	104	20	23
黑色金属冶炼和压延加工业	35	13	11
有色金属冶炼和压延加工业	53	20	18
金属制品业	48	13	10
通用设备制造业	39	9	9
专用设备制造业	31	10	11
汽车制造业	15	2	4
铁路、船舶、航空航天和其他运输设备制造业	4	1	1
电气机械和器材制造业	44	4	4
计算机、通信和其他电子设备制造业	10	1	1
仪器仪表制造业	14	1	
其他制造业	4	2	1
废弃资源综合利用业	1		1
金属制品、机械和设备修理业			
电力、热力生产和供应业	30	11	9
燃气生产和供应业	4		2
水的生产和供应业	3	2	1

单位：千元

	年初存货			资产合计		
同比增减(%)	2013年	2012年	同比增减(%)	2013年	2012年	同比增减(%)
100.0	530 637	453 416	17.0	4 200 943	3 263 073	28.7
-28.6	535 543	557 492	-3.9	4 632 335	4 152 817	11.5
	17 059 181	15 101 104	13.0	40 845 940	37 862 701	7.9
	53 575	69 910	-23.4	1 767 351	1 581 442	11.8
	92 473	85 780	7.8	706 952	734 911	-3.8
				18 573		
	140 551	104 324	34.7	607 502	615 156	-1.2
	11 344	13 258	-14.4	61 693	63 308	-2.6
-33.3	177 867	132 346	34.4	892 412	920 620	-3.1
66.7	569 428	562 611	1.2	3 552 900	3 417 007	4.0
	132 843	44 661	197.4	234 786	525 998	-55.4
	259 665	131 186	97.9	2 874 259	2 853 477	0.7
61.1	5 743 571	4 543 074	26.4	46 836 842	41 610 750	12.6
	2 988 415	2 324 931	28.5	23 404 626	18 822 206	24.3
	180 108	185 599	-3.0	1 043 075	957 744	8.9
66.7	651 944	455 636	43.1	3 961 663	3 056 987	29.6
-13.0	1 682 060	1 131 962	48.6	17 614 784	15 127 990	16.4
18.2	3 905 508	2 653 546	47.2	29 378 043	31 338 737	-6.3
11.1	15 581 529	14 174 711	9.9	54 186 028	55 615 198	-2.6
30.0	1 139 772	730 563	56.0	7 293 625	5 835 952	25.0
	1 876 812	1 758 303	6.7	6 910 206	6 033 898	14.5
-9.1	1 693 768	1 249 752	35.5	6 813 293	6 038 589	12.8
-50.0	774 311	791 328	-2.2	7 717 742	7 550 608	2.2
	1 916 599	1 600 311	19.8	6 235 547	5 085 765	22.6
	2 253 548	1 668 929	35.0	8 936 682	8 075 950	10.7
	473 432	340 697	39.0	4 370 366	3 749 905	16.5
	451 190	416 273	8.4	2 287 975	2 367 144	-3.3
100.0	22 413	14 010	60.0	116 949	109 424	6.9
-100.0	75			24 251	23 541	3.0
22.2	304 884	160 867	89.5	34 732 247	30 594 514	13.5
-100.0	471 554	349 239	35.0	4 497 088	4 121 186	9.1
100.0	5 365	5 183	3.5	7 911 361	3 619 048	118.6

11-3 续表 2

（2013年）

指标	资产合计			
	流动资产合计			应收帐款
	2013年	2012年	同比增减(%)	2013年
总计	**201 401 485**	**183 555 553**	**9.7**	**32 833 805**
一、按登记注册类型分组				
国有企业	24 750 700	20 690 109	19.6	3 309 388
集体企业	592 121	569 181	4.0	223 279
股份合作制企业	279 382	331 382	-15.7	76 124
股份制企业	156 531 277	144 398 741	8.4	24 683 528
外商及港澳台投资企业	16 245 424	14 839 618	9.5	3 547 265
其它企业	3 002 581	2 726 522	10.1	994 221
二、在总计中:亏损企业	**44 858 812**	**37 902 129**	**18.4**	**6 553 218**
三、在总计中:新建企业	**2 444 343**	**131 581**	**1 757.7**	**599 872**
四、在总计中:大中型工业	**149 500 255**	**141 496 995**	**5.7**	**22 171 580**
其中:国有控股企业	118 749 410	112 142 736	5.9	17 332 892
其中:亏损企业	26 113 388	27 555 052	-5.2	3 889 737
五、按经济组织类型分组				
国有控股	129 208 672	121 340 687	6.5	19 734 748
其中:亏损企业	29 710 493	29 006 358	2.4	4 463 854
其中:中央企业	7 003 040	2 983 829	134.7	1 802 216
集体控股	7 913 592	6 438 122	22.9	1 068 375
私人控股	52 147 675	45 018 672	15.8	9 826 734
港澳台商控股	4 574 689	3 580 097	27.8	1 014 602
外商控股	4 142 260	3 787 666	9.4	645 114
其他	3 414 597	3 390 309	0.7	544 232
六、按轻重工业分组				
轻工业	64 200 936	56 015 572	14.6	8 951 127
重工业	137 200 549	127 539 981	7.6	23 882 678
七、按国民经济工业行业分组				
煤炭开采和洗选业	971 689	659 519	47.3	206 301
石油和天然气开采业				
黑色金属矿采选业	7 585 368	6 619 535	14.6	680 547
有色金属矿采选业	1 368 890	1 206 676	13.4	146 064
非金属矿采选业	7 099 512	5 195 982	36.6	1 626 608
开采辅助活动				
其他采矿业				
农副食品加工业	3 579 959	3 086 936	16.0	698 009

单位：千元

		存货			产成品		
2012年	同比增减(%)	2013年	2012年	同比增减(%)	2013年	2012年	同比增减(%)
27 359 210	**20.0**	**63 338 170**	**64 822 170**	**-2.3**	**17 232 356**	**19 732 147**	**-12.7**
1 966 925	68.3	7 321 294	8 035 878	-8.9	3 593 384	4 315 927	-16.7
149 786	49.1	147 033	188 055	-21.8	54 723	50 817	7.7
67 729	12.4	95 655	154 609	-38.1	71 912	96 557	-25.5
21 743 377	13.5	50 942 518	51 553 061	-1.2	11 278 047	13 573 021	-16.9
2 540 629	39.6	3 954 749	4 133 515	-4.3	1 804 518	1 331 549	35.5
890 764	11.6	876 921	757 052	15.8	429 772	364 276	18.0
5 338 469	**22.8**	**16 979 462**	**17 766 756**	**-4.4**	**4 779 806**	**6 000 368**	**-20.3**
43 329	**1 284.5**	**538 173**	**26 524**	**1 929.0**	**274 911**	**22 076**	**1 145.3**
18 712 154	**18.5**	**50 543 950**	**52 371 315**	**-3.5**	**11 679 717**	**15 020 961**	**-22.2**
13 580 516	27.6	44 101 016	46 592 068	-5.3	8 718 193	12 135 043	-28.2
3 183 727	22.2	12 593 615	14 575 644	-13.6	2 772 927	4 419 837	-37.3
15 984 884	23.5	47 142 365	49 674 493	-5.1	9 865 988	12 989 245	-24.0
3 411 138	30.9	13 658 202	15 272 381	-10.6	3 138 625	4 705 511	-33.3
1 259 232	43.1	2 990 364	1 134 676	163.5	450 589	302 712	48.9
1 097 397	-2.6	877 451	1 139 345	-23.0	332 794	383 519	-13.2
8 360 785	17.5	12 330 441	10 906 162	13.1	5 817 088	5 273 072	10.3
850 250	19.3	956 439	780 729	22.5	368 986	335 183	10.1
605 771	6.5	925 483	1 001 094	-7.6	386 256	344 726	12.0
460 123	18.3	1 105 991	1 320 347	-16.2	461 244	406 402	13.5
8 626 051	3.8	26 428 566	24 001 085	10.1	4 778 201	5 574 767	-14.3
18 733 159	27.5	36 909 604	40 821 085	-9.6	12 454 155	14 157 380	-12.0
159 097	29.7	60 377	65 170	-7.4	43 071	49 344	-12.7
711 487	-4.3	389 861	406 835	-4.2	253 291	301 479	-16.0
190 430	-23.3	242 777	175 059	38.7	86 146	76 525	12.6
777 768	109.1	2 464 475	1 821 784	35.3	836 629	454 088	84.2
712 037	-2.0	922 009	921 714		281 647	371 298	-24.1

11-3 续表 3

（2013年）

指　　标	资产合计			
	流动资产合计			应收帐款
	2013年	2012年	同比增减(%)	2013年
食品制造业	2 473 378	1 731 541	42.8	356 595
酒、饮料和精制茶制造业	2 164 515	1 877 310	15.3	238 588
烟草制品业	30 715 725	28 310 519	8.5	3 480 617
纺织业	492 009	267 853	83.7	31 083
纺织服装、服饰业	567 243	578 775	-2.0	29 817
皮革、毛皮、羽毛及其制品和制鞋业	11 626			976
木材加工和木、竹、藤、棕、草制品业	336 809	374 630	-10.1	51 972
家具制造业	36 624	35 882	2.1	1 045
造纸和纸制品业	577 167	572 980	0.7	162 599
印刷和记录媒介复制业	2 352 023	2 279 258	3.2	565 400
文教、工美、体育和娱乐用品制造业	168 082	190 500	-11.8	24 788
石油加工、炼焦和核燃料加工业	2 428 578	2 438 042	-0.4	175 552
化学原料和化学制品制造业	26 083 026	20 624 540	26.5	3 735 385
医药制造业	15 069 350	12 053 171	25.0	2 512 480
化学纤维制造业	865 922	773 475	12.0	40 084
橡胶和塑料制品业	2 774 282	2 118 578	31.0	713 157
非金属矿物制品业	9 402 675	7 480 399	25.7	2 457 955
黑色金属冶炼和压延加工业	9 980 503	14 496 648	-31.2	1 424 979
有色金属冶炼和压延加工业	32 720 541	35 243 198	-7.2	2 094 265
金属制品业	4 213 467	3 326 127	26.7	1 596 029
通用设备制造业	4 641 292	4 068 952	14.1	1 486 058
专用设备制造业	4 948 079	4 337 017	14.1	2 132 383
汽车制造业	4 302 335	3 625 865	18.7	734 098
铁路、船舶、航空航天和其他运输设备制造业	4 360 051	3 246 918	34.3	534 350
电气机械和器材制造业	6 399 283	6 168 235	3.7	2 022 833
计算机、通信和其他电子设备制造业	2 990 440	2 427 217	23.2	850 480
仪器仪表制造业	1 695 598	1 774 757	-4.5	1 074 618
其他制造业	101 334	90 126	12.4	24 724
废弃资源综合利用业	13 340	10 514	26.9	715
金属制品、机械和设备修理业				
电力、热力生产和供应业	5 179 433	3 774 036	37.2	596 243
燃气生产和供应业	1 603 325	1 598 701	0.3	247 671
水的生产和供应业	1 128 012	891 141	26.6	78 737

单位：千元

		存货					
					产成品		
2012年	同比增减(%)	2013年	2012年	同比增减(%)	2013年	2012年	同比增减(%)
238 042	49.8	557 272	539 258	3.3	273 893	217 956	25.7
251 233	-5.0	654 872	547 225	19.7	233 047	180 487	29.1
3 666 967	-5.1	18 883 138	17 055 562	10.7	2 402 932	3 322 673	-27.7
36 252	-14.3	41 052	54 877	-25.2	31 208	42 189	-26.0
30 205	-1.3	83 555	93 133	-10.3	77 930	84 378	-7.6
		4 843					
72 516	-28.3	135 652	140 999	-3.8	86 130	89 025	-3.3
1 956	-46.6	13 894	11 344	22.5	4 473	3 297	35.7
145 508	11.7	165 521	191 774	-13.7	33 261	44 732	-25.6
484 702	16.6	528 680	571 341	-7.5	224 935	231 881	-3.0
18 757	32.2	57 127	134 422	-57.5	23 497	31 545	-25.5
92 183	90.4	165 191	259 658	-36.4	15 536	30 457	-49.0
2 487 902	50.1	6 412 097	5 669 819	13.1	2 401 125	2 230 873	7.6
2 045 288	22.8	3 708 895	3 104 600	19.5	892 774	773 794	15.4
6 110	556.0	192 958	180 108	7.1	44 621	47 371	-5.8
691 175	3.2	783 194	692 830	13.0	445 614	422 699	5.4
1 722 987	42.7	1 817 088	1 528 707	18.9	825 906	620 821	33.0
1 152 877	23.6	3 995 323	3 809 164	4.9	1 229 807	1 053 689	16.7
2 576 438	-18.7	10 544 770	15 711 412	-32.9	1 892 463	4 328 687	-56.3
940 718	69.7	1 063 533	1 038 476	2.4	472 924	482 222	-1.9
1 027 943	44.6	1 642 915	1 839 449	-10.7	1 105 173	874 604	26.4
1 446 115	47.5	1 552 598	1 673 723	-7.2	522 473	577 870	-9.6
594 809	23.4	779 550	837 160	-6.9	430 654	506 784	-15.0
616 509	-13.3	1 853 384	1 916 816	-3.3	674 745	730 035	-7.6
1 761 086	14.9	1 919 287	2 113 116	-9.2	1 045 813	1 211 695	-13.7
881 919	-3.6	592 556	473 893	25.0	180 378	126 111	43.0
970 382	10.7	282 971	440 799	-35.8	104 672	114 209	-8.4
22 462	10.1	23 574	21 806	8.1			
456	56.8						
578 489	3.1	324 462	303 218	7.0			
167 169	48.2	472 224	471 554	0.1	55 588	99 329	-44.0
79 236	-0.6	6 495	5 365	21.1			

11-3 续表 4

（2013年）

指　　标	负债合计		
	2013年	2012年	同比增减(%)
总计	**229 825 430**	**207 816 189**	**10.6**
一、按登记注册类型分组			
国有企业	41 667 154	31 155 245	33.7
集体企业	603 158	577 227	4.5
股份合作制企业	473 006	440 132	7.5
股份制企业	167 144 400	157 608 972	6.1
外商及港澳台投资企业	16 852 075	15 104 703	11.6
其它企业	3 085 637	2 929 910	5.3
二、在总计中:亏损企业	**84 119 153**	**59 707 691**	**40.9**
三、在总计中:新建企业	**3 372 560**	**174 611**	**1 831.5**
四、在总计中:大中型工业	**167 353 111**	**159 338 910**	**5.0**
其中:国有控股企业	133 302 623	126 904 529	5.0
其中:亏损企业	50 607 841	40 210 834	25.9
五、按经济组织类型分组			
国有控股	151 429 662	139 180 384	8.8
其中:亏损企业	59 980 800	42 839 544	40.0
其中:中央企业	20 880 980	7 188 683	190.5
集体控股	12 067 419	10 565 518	14.2
私人控股	53 853 552	46 992 432	14.6
港澳台商控股	3 981 306	3 074 766	29.5
外商控股	5 276 035	4 897 432	7.7
其他	3 217 456	3 105 657	3.6
六、按轻重工业分组			
轻工业	43 577 571	38 027 843	14.6
重工业	186 247 859	169 788 346	9.7
七、按国民经济工业行业分组			
煤炭开采和洗选业	1 228 287	946 279	29.8
石油和天然气开采业			
黑色金属矿采选业	7 698 954	7 140 151	7.8
有色金属矿采选业	2 468 945	2 030 147	21.6
非金属矿采选业	12 085 035	9 412 304	28.4
开采辅助活动			
其他采矿业			
农副食品加工业	3 967 413	3 151 452	25.9

单位：千元

营业收入			主营业务收入		
2013年	2012年	同比增减(%)	2013年	2012年	同比增减(%)
343 170 959	**311 647 249**	**10.1**	**332 438 776**	**303 009 302**	**9.7**
55 401 767	44 158 825	25.5	52 947 580	42 785 116	23.8
1 289 949	1 327 599	-2.8	1 187 746	1 297 167	-8.4
259 668	302 756	-14.2	252 052	288 797	-12.7
254 714 113	236 998 340	7.5	247 261 212	230 720 202	7.2
25 380 399	22 661 677	12.0	24 694 967	21 815 938	13.2
6 125 063	6 198 052	-1.2	6 095 219	6 102 082	-0.1
100 221 085	**62 869 601**	**59.4**	**98 318 036**	**62 034 800**	**58.5**
3 862 088	**254 056**	**1 420.2**	**3 834 812**	**254 056**	**1 409.4**
242 800 587	**227 195 655**	**6.9**	**234 089 240**	**219 657 101**	**6.6**
193 091 159	175 147 706	10.2	185 343 393	168 523 711	10.0
67 752 815	48 048 534	41.0	66 334 155	47 553 678	39.5
226 568 113	201 260 123	12.6	217 458 184	194 289 629	11.9
84 316 572	51 521 331	63.7	82 751 924	50 927 702	62.5
31 833 351	3 469 176	817.6	31 489 027	3 321 561	848.0
6 696 130	7 158 115	-6.5	6 289 270	6 943 987	-9.4
89 740 258	85 721 180	4.7	89 148 902	84 984 518	4.9
5 163 018	4 755 656	8.6	5 084 460	4 647 946	9.4
8 768 832	7 965 851	10.1	8 372 358	7 522 571	11.3
6 234 608	4 786 324	30.3	6 085 602	4 620 651	31.7
87 371 265	78 221 195	11.7	82 661 015	74 197 241	11.4
255 799 694	233 426 054	9.6	249 777 761	228 812 061	9.2
2 181 597	2 129 030	2.5	2 074 999	2 078 254	-0.2
4 216 751	4 296 025	-1.8	3 961 157	4 115 395	-3.7
2 794 456	4 081 134	-31.5	2 596 632	4 074 560	-36.3
9 002 537	7 915 577	13.7	8 547 141	7 626 372	12.1
10 810 438	8 945 943	20.8	10 717 098	8 865 142	20.9

11-3 续表 5

（2013年）

指　　标	负债合计		
	2013年	2012年	同比增减(%)
食品制造业	2 019 590	1 629 670	23.9
酒、饮料和精制茶制造业	2 587 827	2 390 280	8.3
烟草制品业	10 269 731	12 654 383	-18.8
纺织业	1 033 047	1 051 169	-1.7
纺织服装、服饰业	351 631	388 024	-9.4
皮革、毛皮、羽毛及其制品和制鞋业	18 244		
木材加工和木、竹、藤、棕、草制品业	394 150	407 011	-3.2
家具制造业	33 503	34 519	-2.9
造纸和纸制品业	538 901	573 801	-6.1
印刷和记录媒介复制业	1 539 612	1 638 237	-6.0
文教、工美、体育和娱乐用品制造业	82 622	217 268	-62.0
石油加工、炼焦和核燃料加工业	1 067 853	1 196 862	-10.8
化学原料和化学制品制造业	30 049 746	23 410 238	28.4
医药制造业	10 949 796	8 587 582	27.5
化学纤维制造业	189 972	161 846	17.4
橡胶和塑料制品业	2 298 802	1 628 727	41.1
非金属矿物制品业	12 598 479	10 732 121	17.4
黑色金属冶炼和压延加工业	21 244 431	23 486 941	-9.5
有色金属冶炼和压延加工业	37 472 617	39 320 749	-4.7
金属制品业	5 338 231	4 083 377	30.7
通用设备制造业	4 045 738	3 314 898	22.0
专用设备制造业	5 096 597	4 577 343	11.3
汽车制造业	3 568 775	3 809 205	-6.3
铁路、船舶、航空航天和其他运输设备制造业	3 478 540	2 933 253	18.6
电气机械和器材制造业	5 958 768	5 220 206	14.1
计算机、通信和其他电子设备制造业	1 689 904	1 294 816	30.5
仪器仪表制造业	566 742	671 978	-15.7
其他制造业	65 016	56 292	15.5
废弃资源综合利用业	27 688	28 779	-3.8
金属制品、机械和设备修理业			
电力、热力生产和供应业	28 932 935	25 549 301	13.2
燃气生产和供应业	2 492 207	2 194 764	13.6
水的生产和供应业	6 375 101	1 892 216	236.9

单位：千元

营业收入			主营业务收入		
2013年	2012年	同比增减(%)	2013年	2012年	同比增减(%)
5 059 734	4 447 248	13.8	4 962 801	4 388 836	13.1
4 784 347	4 433 177	7.9	4 439 757	4 045 184	9.8
39 953 523	35 772 176	11.7	36 274 042	32 688 399	11.0
442 736	384 796	15.1	440 395	364 671	20.8
216 958	182 889	18.6	205 046	182 829	12.2
24 237			24 237		
631 706	520 654	21.3	628 794	517 717	21.5
45 026	40 244	11.9	45 026	40 244	11.9
1 057 951	1 118 003	-5.4	1 028 141	1 105 446	-7.0
3 295 275	3 201 298	2.9	3 191 294	3 113 883	2.5
258 055	170 441	51.4	258 020	170 308	51.5
2 806 718	3 504 846	-19.9	2 755 692	3 310 016	-16.7
39 558 745	40 523 141	-2.4	37 999 021	38 978 311	-2.5
14 096 431	12 332 079	14.3	14 086 694	12 316 810	14.4
1 496 384	1 333 270	12.2	1 496 384	1 333 270	12.2
8 437 179	8 133 999	3.7	8 418 573	8 117 823	3.7
12 337 082	10 837 422	13.8	12 219 331	10 702 735	14.2
34 114 780	31 120 893	9.6	32 633 322	30 840 868	5.8
83 759 542	73 336 800	14.2	83 200 191	72 490 117	14.8
4 925 741	4 222 272	16.7	4 886 634	4 162 917	17.4
5 222 490	4 794 966	8.9	4 876 797	4 508 640	8.2
4 703 336	3 590 307	31.0	4 571 804	3 393 281	34.7
4 335 363	4 001 749	8.3	3 940 853	3 825 983	3.0
3 472 329	3 338 714	4.0	3 431 043	3 304 371	3.8
6 781 246	5 970 742	13.6	6 689 485	5 864 919	14.1
2 351 764	2 112 034	11.4	2 344 654	2 097 122	11.8
1 540 444	1 127 943	36.6	1 491 967	1 053 755	41.6
213 688	234 369	-8.8	213 688	234 369	-8.8
33 514	23 894	40.3	33 125	23 675	39.9
23 606 403	19 237 444	22.7	23 529 261	19 118 946	23.1
3 592 726	3 311 443	8.5	3 369 821	3 151 393	6.9
1 009 727	920 287	9.7	855 856	802 741	6.6

11-3 续表 6

（2013年）

指标	营业成本			主营业务成本
	2013年	2012年	同比增减(%)	2013年
总计	**282 884 259**	**253 217 587**	**11.7**	**273 637 926**
一、按登记注册类型分组				
国有企业	49 999 795	38 884 015	28.6	47 709 109
集体企业	1 077 366	1 124 787	-4.2	994 374
股份合作制企业	218 959	248 378	-11.8	213 852
股份制企业	206 425 639	190 184 624	8.5	200 128 118
外商及港澳台投资企业	19 538 397	17 135 688	14.0	18 988 053
其它企业	5 624 103	5 640 095	-0.3	5 604 420
二、在总计中:亏损企业	**96 815 690**	**60 393 154**	**60.3**	**95 190 297**
三、在总计中:新建企业	**3 338 566**	**213 691**	**1 462.3**	**3 237 159**
四、在总计中:大中型工业	**193 331 733**	**178 587 197**	**8.3**	**185 969 700**
其中:国有控股企业	153 377 512	136 742 197	12.2	146 783 005
其中:亏损企业	65 696 440	46 544 349	41.1	64 547 263
五、按经济组织类型分组				
国有控股	184 330 977	160 202 494	15.1	176 414 694
其中:亏损企业	82 060 509	49 950 391	64.3	80 765 603
其中:中央企业	30 395 914	3 488 286	771.4	30 059 707
集体控股	5 427 310	5 730 295	-5.3	5 149 885
私人控股	77 655 501	73 970 243	5.0	77 166 070
港澳台商控股	3 610 412	3 411 290	5.8	3 527 285
外商控股	6 558 594	5 892 425	11.3	6 176 581
其他	5 301 465	4 010 840	32.2	5 203 411
六、按轻重工业分组				
轻工业	48 286 209	42 933 665	12.5	44 100 518
重工业	234 598 050	210 283 922	11.6	229 537 408
七、按国民经济工业行业分组				
煤炭开采和洗选业	1 774 105	1 767 260	0.4	1 664 929
石油和天然气开采业				
黑色金属矿采选业	3 849 338	3 760 526	2.4	3 584 868
有色金属矿采选业	2 287 050	3 327 626	-31.3	2 145 916
非金属矿采选业	5 862 217	4 903 024	19.6	5 511 202
开采辅助活动				
其他采矿业				
农副食品加工业	9 853 641	7 939 043	24.1	9 814 872

单位：千元

		营业税金及附加			主营业务税金及附加		
2012年	同比增减(%)	2013年	2012年	同比增减(%)	2013年	2012年	同比增减(%)
246 725 988	**10.9**	**17 609 844**	**16 074 725**	**9.5**	**17 515 902**	**16 035 042**	**9.2**
37 756 362	26.4	238 330	213 146	11.8	227 582	200 637	13.4
1 086 938	-8.5	13 877	14 962	-7.3	13 877	14 962	-7.3
240 221	-11.0	3 307	3 183	3.9	3 307	3 183	3.9
185 469 113	7.9	16 962 179	15 461 267	9.7	16 882 855	15 441 558	9.3
16 575 900	14.6	352 460	334 819	5.3	348 788	328 251	6.3
5 597 454	0.1	39 691	47 348	-16.2	39 493	46 451	-15.0
59 754 300	**59.3**	**182 950**	**193 291**	**-5.3**	**175 239**	**189 095**	**-7.3**
213 691	**1 414.9**	**16 791**	**5 101**	**229.2**	**16 784**	**5 101**	**229.0**
172 882 464	**7.6**	**17 169 122**	**15 673 525**	**9.5**	**17 139 869**	**15 647 209**	**9.5**
131 627 195	11.5	16 821 503	15 280 052	10.1	16 794 272	15 253 813	10.1
46 217 718	39.7	100 699	91 960	9.5	94 218	87 870	7.2
154 849 894	13.9	16 948 978	15 399 941	10.1	16 918 795	15 372 086	10.1
49 533 014	63.1	111 705	99 596	12.2	104 342	95 435	9.3
3 402 372	783.5	32 823	13 320	146.4	31 884	12 398	157.2
5 583 481	-7.8	50 851	65 737	-22.6	49 772	65 737	-24.3
73 503 967	5.0	430 327	456 480	-5.7	367 683	448 930	-18.1
3 313 382	6.5	65 212	59 329	9.9	65 190	58 131	12.1
5 530 330	11.7	37 810	33 876	11.6	37 806	31 446	20.2
3 944 934	31.9	76 666	59 362	29.1	76 656	58 712	30.6
39 511 272	11.6	16 461 494	14 930 289	10.3	16 456 075	14 926 382	10.2
207 214 716	10.8	1 148 350	1 144 436	0.3	1 059 827	1 108 660	-4.4
1 735 939	-4.1	36 802	43 618	-15.6	36 624	43 004	-14.8
3 553 525	0.9	38 993	51 271	-23.9	37 952	50 030	-24.1
3 284 576	-34.7	52 572	67 942	-22.6	52 489	67 942	-22.7
4 682 211	17.7	367 383	376 034	-2.3	365 677	373 967	-2.2
7 885 077	24.5	12 735	13 817	-7.8	11 806	13 478	-12.4

11-3 续表 7

（2013年）

指　　标	营业成本			主营业务成本
	2013年	2012年	同比增减(%)	2013年
食品制造业	3 922 040	3 367 671	16.5	3 838 294
酒、饮料和精制茶制造业	3 388 046	3 146 060	7.7	3 032 682
烟草制品业	15 282 745	13 592 955	12.4	11 920 651
纺织业	270 055	258 790	4.4	268 718
纺织服装、服饰业	162 488	130 451	24.6	152 541
皮革、毛皮、羽毛及其制品和制鞋业	23 286			23 286
木材加工和木、竹、藤、棕、草制品业	554 229	457 297	21.2	552 758
家具制造业	34 136	30 227	12.9	34 136
造纸和纸制品业	917 305	960 042	-4.5	897 307
印刷和记录媒介复制业	2 335 992	2 345 188	-0.4	2 250 569
文教、工美、体育和娱乐用品制造业	214 287	140 737	52.3	214 287
石油加工、炼焦和核燃料加工业	2 559 873	3 212 012	-20.3	2 501 497
化学原料和化学制品制造业	33 518 441	33 694 708	-0.5	32 160 788
医药制造业	7 280 857	6 400 835	13.7	7 263 842
化学纤维制造业	1 037 305	936 473	10.8	1 037 215
橡胶和塑料制品业	7 753 769	7 504 419	3.3	7 713 126
非金属矿物制品业	10 569 310	9 439 433	12.0	10 430 698
黑色金属冶炼和压延加工业	32 462 268	29 681 363	9.4	31 011 911
有色金属冶炼和压延加工业	82 672 703	70 247 504	17.7	82 184 752
金属制品业	4 229 809	3 600 475	17.5	4 211 232
通用设备制造业	4 587 470	3 920 945	17.0	4 343 129
专用设备制造业	3 861 070	2 944 442	31.1	3 781 202
汽车制造业	3 624 071	3 422 597	5.9	3 418 882
铁路、船舶、航空航天和其他运输设备制造业	2 623 691	2 568 054	2.2	2 594 981
电气机械和器材制造业	5 965 142	5 194 620	14.8	5 923 365
计算机、通信和其他电子设备制造业	1 997 950	1 715 164	16.5	1 995 068
仪器仪表制造业	1 361 332	918 133	48.3	1 315 033
其他制造业	193 271	214 856	-10.0	193 271
废弃资源综合利用业	30 563	27 545	11.0	30 563
金属制品、机械和设备修理业				
电力、热力生产和供应业	22 057 572	17 898 203	23.2	22 036 819
燃气生产和供应业	3 244 910	3 076 688	5.5	3 135 658
水的生产和供应业	521 922	472 221	10.5	447 878

单位：千元

		营业税金及附加			主营业务税金及附加		
2012年	同比增减(%)	2013年	2012年	同比增减(%)	2013年	2012年	同比增减(%)
3 306 573	16.1	14 735	11 331	30.0	14 716	11 331	29.9
2 803 676	8.2	112 302	98 643	13.8	112 255	98 517	13.9
10 860 988	9.8	15 882 684	14 392 449	10.4	15 882 680	14 392 449	10.4
244 115	10.1	20 350	16 920	20.3	20 350	16 920	20.3
130 407	17.0	1 701	1 703	-0.1	1 700	1 703	-0.2
		127			127		
456 967	21.0	4 634	3 787	22.4	4 632	3 787	22.3
30 227	12.9	199	239	-16.7	199	239	-16.7
953 193	-5.9	4 225	3 482	21.3	4 225	3 482	21.3
2 276 192	-1.1	20 627	21 254	-3.0	20 623	21 254	-3.0
140 737	52.3	429	698	-38.5	429	698	-38.5
2 996 759	-16.5	6 242	4 905	27.3	6 242	3 892	60.4
32 572 672	-1.3	147 059	194 120	-24.2	140 147	183 108	-23.5
6 391 528	13.6	120 911	111 096	8.8	120 911	111 096	8.8
936 473	10.8	9 376	9 079	3.3	9 376	9 079	3.3
7 490 009	3.0	22 737	17 683	28.6	22 580	17 622	28.1
9 334 505	11.7	85 798	78 843	8.8	75 082	74 105	1.3
29 404 700	5.5	25 615	27 026	-5.2	25 356	26 909	-5.8
70 014 291	17.4	131 049	98 763	32.7	75 398	98 211	-23.2
3 561 365	18.2	34 211	21 034	62.6	33 092	19 091	73.3
3 764 466	15.4	21 605	19 922	8.4	21 378	18 527	15.4
2 813 325	34.4	25 611	15 535	64.9	25 042	14 336	74.7
3 312 848	3.2	21 467	12 536	71.2	20 678	11 775	75.6
2 545 282	2.0	32 949	24 296	35.6	31 752	22 690	39.9
5 170 391	14.6	24 341	21 547	13.0	24 332	21 544	12.9
1 705 384	17.0	7 531	9 522	-20.9	7 531	9 522	-20.9
846 787	55.3	4 812	1 910	151.9	4 799	1 888	154.2
214 856	-10.0	290	200	45.0	290	200	45.0
27 545	11.0	460	363	26.7	460	363	26.7
17 887 139	23.2	85 021	82 322	3.3	84 172	79 565	5.8
2 991 950	4.8	14 834	10 034	47.8	6 797	4 847	40.2
399 310	12.2	217 427	210 801	3.1	214 003	207 871	2.9

11-3 续表 8

（2013年）

指　　标	销售费用		
	2013年	2012年	同比增减(%)
总计	**11 694 895**	**10 393 705**	**12.5**
一、按登记注册类型分组			
国有企业	959 862	646 733	48.4
集体企业	87 577	84 199	4.0
股份合作制企业	6 866	6 734	2.0
股份制企业	8 220 828	7 514 964	9.4
外商及港澳台投资企业	2 314 985	2 023 838	14.4
其它企业	104 777	117 237	-10.6
二、在总计中:亏损企业	**2 196 077**	**1 099 661**	**99.7**
三、在总计中:新建企业	**143 402**	**11 200**	**1 180.4**
四、在总计中:大中型工业	**9 371 633**	**8 465 518**	**10.7**
其中:国有控股企业	5 113 956	4 445 841	15.0
其中:亏损企业	1 348 101	517 033	160.7
五、按经济组织类型分组			
国有控股	5 464 074	4 775 202	14.4
其中:亏损企业	1 500 014	564 295	165.8
其中:中央企业	388 479	56 936	582.3
集体控股	319 490	293 075	9.0
私人控股	3 840 322	3 536 507	8.6
港澳台商控股	467 105	421 450	10.8
外商控股	1 244 532	1 124 169	10.7
其他	359 372	243 302	47.7
六、按轻重工业分组			
轻工业	6 937 508	6 390 663	8.6
重工业	4 757 387	4 003 042	18.8
七、按国民经济工业行业分组			
煤炭开采和洗选业	9 723	20 190	-51.8
石油和天然气开采业			
黑色金属矿采选业	42 070	42 818	-1.7
有色金属矿采选业	36 573	38 016	-3.8
非金属矿采选业	422 659	394 267	7.2
开采辅助活动			
其他采矿业			
农副食品加工业	286 125	258 038	10.9

单位：千元

管理费用			税金		
2013年	2012年	同比增减(%)	2013年	2012年	同比增减(%)
12 726 443	**12 343 730**	**3.1**	**640 836**	**691 343**	**-7.3**
2 187 214	2 082 844	5.0	60 333	54 352	11.0
66 247	64 795	2.2	2 425	2 528	-4.1
41 611	44 888	-7.3	1 111	902	23.2
8 985 204	8 734 473	2.9	512 374	555 939	-7.8
1 258 990	1 235 501	1.9	55 067	66 642	-17.4
187 177	181 229	3.3	9 526	10 980	-13.2
2 946 772	**1 799 027**	**63.8**	**158 089**	**106 249**	**48.8**
155 299	**10 770**	**1 342.0**	**20 814**	**279**	**7 360.2**
9 490 234	**9 523 055**	**-0.3**	**437 391**	**530 728**	**-17.6**
7 344 601	7 611 997	-3.5	351 473	428 372	-18.0
1 923 402	1 078 698	78.3	106 056	66 125	60.4
8 091 595	8 324 430	-2.8	386 474	459 831	-16.0
2 138 155	1 199 668	78.2	119 977	74 457	61.1
682 582	252 011	170.9	49 100	12 488	293.2
397 887	436 958	-8.9	16 660	16 893	-1.4
3 218 088	2 682 223	20.0	190 276	157 039	21.2
317 383	292 746	8.4	16 207	8 174	98.3
422 320	381 304	10.8	20 740	40 236	-48.5
279 170	226 069	23.5	10 479	9 170	14.3
4 517 898	4 244 952	6.4	182 160	198 949	-8.4
8 208 545	8 098 778	1.4	458 676	492 394	-6.8
90 975	110 663	-17.8	6 907	3 220	114.5
220 945	300 072	-26.4	14 608	112 527	-87.0
304 123	324 193	-6.2	7 808	10 028	-22.1
703 057	1 008 353	-30.3	57 326	49 494	15.8
272 037	225 061	20.9	11 862	27 353	-56.6

11-3 续表 9

（2013年）

指标	销售费用		
	2013年	2012年	同比增减(%)
食品制造业	666 132	566 596	17.6
酒、饮料和精制茶制造业	738 775	794 950	-7.1
烟草制品业	674 771	691 828	-2.5
纺织业	4 709	3 299	42.7
纺织服装、服饰业	12 027	7 602	58.2
皮革、毛皮、羽毛及其制品和制鞋业	279		
木材加工和木、竹、藤、棕、草制品业	15 617	14 584	7.1
家具制造业	5 754	5 065	13.6
造纸和纸制品业	33 384	35 776	-6.7
印刷和记录媒介复制业	75 680	61 091	23.9
文教、工美、体育和娱乐用品制造业	7 700	4 371	76.2
石油加工、炼焦和核燃料加工业	12 818	11 558	10.9
化学原料和化学制品制造业	2 605 452	1 870 993	39.3
医药制造业	3 450 813	3 137 022	10.0
化学纤维制造业	4 734	3 856	22.8
橡胶和塑料制品业	151 977	131 974	15.2
非金属矿物制品业	310 993	277 347	12.1
黑色金属冶炼和压延加工业	415 910	364 887	14.0
有色金属冶炼和压延加工业	487 813	386 238	26.3
金属制品业	104 424	69 650	49.9
通用设备制造业	199 520	241 767	-17.5
专用设备制造业	134 988	140 585	-4.0
汽车制造业	127 692	197 635	-35.4
铁路、船舶、航空航天和其他运输设备制造业	57 358	66 546	-13.8
电气机械和器材制造业	210 477	227 115	-7.3
计算机、通信和其他电子设备制造业	74 734	80 757	-7.5
仪器仪表制造业	13 261	15 036	-11.8
其他制造业	5 074	4 876	4.1
废弃资源综合利用业			
金属制品、机械和设备修理业			
电力、热力生产和供应业	52		
燃气生产和供应业	93 879	86 145	9.0
水的生产和供应业	200 948	141 227	42.3

单位：千元

管理费用			税金		
2013年	2012年	同比增减(%)	2013年	2012年	同比增减(%)
243 895	207 461	17.6	5 621	10 374	-45.8
201 271	177 636	13.3	11 600	13 866	-16.3
1 794 241	1 827 534	-1.8	84 843	75 916	11.8
46 973	57 854	-18.8	3 932	3 999	-1.7
11 167	9 444	18.2	462	152	203.9
658			7		
37 382	32 308	15.7	2 889	2 341	23.4
3 475	3 818	-9.0	117	178	-34.3
44 719	42 823	4.4	1 694	1 448	17.0
270 613	259 485	4.3	7 955	8 896	-10.6
22 643	11 713	93.3	188	923	-79.6
57 832	63 492	-8.9	2 229	2 152	3.6
1 659 298	1 711 282	-3.0	69 554	73 551	-5.4
1 187 316	1 007 839	17.8	39 890	40 275	-1.0
71 674	69 918	2.5	1 261	1 235	2.1
216 822	174 589	24.2	12 463	7 333	70.0
593 148	458 823	29.3	32 079	26 746	19.9
762 974	601 365	26.9	48 518	29 234	66.0
961 127	841 407	14.2	78 821	62 585	25.9
279 259	213 428	30.8	10 447	9 100	14.8
399 637	437 618	-8.7	22 894	13 677	67.4
500 092	469 227	6.6	38 331	20 285	89.0
296 167	278 148	6.5	16 711	37 501	-55.4
428 718	408 040	5.1	10 533	10 467	0.6
353 990	328 123	7.9	16 397	17 756	-7.7
158 239	160 449	-1.4	5 616	3 763	49.2
118 343	156 183	-24.2	4 986	2 155	131.4
12 661	12 842	-1.4	153	130	17.7
65	66	-1.5	12	4	200.0
140 746	121 969	15.4	8 040	7 100	13.2
168 034	151 078	11.2	2 343	3 907	-40.0
92 127	79 426	16.0	1 739	1 672	4.0

11-3 续表 10

（2013年）

指　　标	财务费用		
	2013年	2012年	同比增减(%)
总计	**4 689 583**	**4 545 776**	**3.2**
一、按登记注册类型分组			
国有企业	634 857	373 709	69.9
集体企业	5 602	13 732	-59.2
股份合作制企业	17 613	5 339	229.9
股份制企业	3 785 633	3 888 443	-2.6
外商及港澳台投资企业	179 449	204 222	-12.1
其它企业	66 429	60 331	10.1
二、在总计中:亏损企业	**2 501 382**	**2 051 636**	**21.9**
三、在总计中:新建企业	**59 549**	**2 239**	**2 559.6**
四、在总计中:大中型工业	**3 189 491**	**3 490 694**	**-8.6**
其中:国有控股企业	2 438 029	2 706 596	-9.9
其中:亏损企业	1 620 832	1 568 415	3.3
五、按经济组织类型分组			
国有控股	3 029 041	2 969 261	2.0
其中:亏损企业	1 976 876	1 631 288	21.2
其中:中央企业	759 205	296 155	156.4
集体控股	295 117	259 523	13.7
私人控股	1 153 200	1 090 907	5.7
港澳台商控股	40 841	57 127	-28.5
外商控股	132 873	135 988	-2.3
其他	38 511	32 970	16.8
六、按轻重工业分组			
轻工业	470 493	260 424	80.7
重工业	4 219 090	4 285 352	-1.5
七、按国民经济工业行业分组			
煤炭开采和洗选业	7 527	13 767	-45.3
石油和天然气开采业			
黑色金属矿采选业	95 178	245 561	-61.2
有色金属矿采选业	58 266	22 956	153.8
非金属矿采选业	452 471	320 595	41.1
开采辅助活动			
其他采矿业			
农副食品加工业	100 293	86 551	15.9

单位：千元

利息收入			利息支出		
2013年	2012年	同比增减(%)	2013年	2012年	同比增减(%)
844 441	**888 003**	**-4.9**	**5 558 187**	**4 945 839**	**12.4**
60 605	66 633	-9.0	686 663	404 763	69.6
3 791	1 310	189.4	9 471	12 323	-23.1
43	43		14 411	1 169	1 132.8
704 496	752 418	-6.4	4 550 630	4 219 155	7.9
73 129	65 296	12.0	248 478	251 032	-1.0
2 377	2 303	3.2	48 534	57 397	-15.4
176 204	**114 693**	**53.6**	**2 838 993**	**2 053 019**	**38.3**
5 323	**19**	**27 915.8**	**61 784**	**2 340**	**2 540.3**
767 647	**796 495**	**-3.6**	**4 036 040**	**3 911 624**	**3.2**
687 753	720 091	-4.5	3 281 228	3 154 272	4.0
148 457	85 832	73.0	1 964 683	1 605 069	22.4
708 949	746 866	-5.1	3 887 773	3 440 502	13.0
156 250	93 133	67.8	2 325 257	1 674 583	38.9
109 412	38 985	180.7	885 538	331 018	167.5
9 889	7 213	37.1	286 926	258 523	11.0
80 550	91 378	-11.8	1 129 262	997 804	13.2
10 149	7 643	32.8	51 270	58 158	-11.8
22 320	24 268	-8.0	154 494	152 124	1.6
12 584	10 635	18.3	48 462	38 728	25.1
295 656	269 572	9.7	719 415	462 393	55.6
548 785	618 431	-11.3	4 838 772	4 483 446	7.9
1 382	2 721	-49.2	8 719	16 771	-48.0
28 405	64 850	-56.2	102 292	181 843	-43.7
973	1 553	-37.3	60 071	24 392	146.3
9 241	8 908	3.7	448 741	321 161	39.7
5 669	5 627	0.7	78 956	76 470	3.3

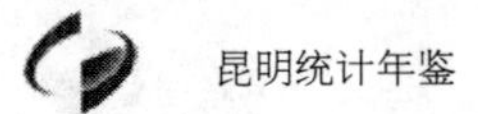

11-3 续表 11

（2013年）

指　　标	财务费用		
	2013年	2012年	同比增减(%)
食品制造业	60 902	39 042	56.0
酒、饮料和精制茶制造业	17 181	29 688	-42.1
烟草制品业	-176 589	-153 740	-14.9
纺织业	43 542	23 674	83.9
纺织服装、服饰业	4 115	8 790	-53.2
皮革、毛皮、羽毛及其制品和制鞋业	379		
木材加工和木、竹、藤、棕、草制品业	15 703	8 539	83.9
家具制造业	267	443	-39.7
造纸和纸制品业	11 650	14 021	-16.9
印刷和记录媒介复制业	21 061	18 306	15.0
文教、工美、体育和娱乐用品制造业	5 047	1 774	184.5
石油加工、炼焦和核燃料加工业	12 651	20 833	-39.3
化学原料和化学制品制造业	754 102	704 771	7.0
医药制造业	128 880	89 612	43.8
化学纤维制造业	-15 348	-13 707	-12.0
橡胶和塑料制品业	95 520	64 200	48.8
非金属矿物制品业	285 760	274 916	3.9
黑色金属冶炼和压延加工业	541 270	400 773	35.1
有色金属冶炼和压延加工业	916 925	1 411 910	-35.1
金属制品业	64 309	57 462	11.9
通用设备制造业	63 439	45 293	40.1
专用设备制造业	83 587	85 280	-2.0
汽车制造业	112 337	26 305	327.1
铁路、船舶、航空航天和其他运输设备制造业	44 643	57 614	-22.5
电气机械和器材制造业	121 656	154 829	-21.4
计算机、通信和其他电子设备制造业	26 589	28 756	-7.5
仪器仪表制造业	4 654	7 829	-40.6
其他制造业	197	482	-59.1
废弃资源综合利用业	-31	-10	-210.0
金属制品、机械和设备修理业			
电力、热力生产和供应业	597 092	471 793	26.6
燃气生产和供应业	-15 829	-13 903	-13.9
水的生产和供应业	150 187	-9 229	1 727.3

单位：千元

利息收入			利息支出		
2013年	2012年	同比增减(%)	2013年	2012年	同比增减(%)
4 118	6 754	-39.0	65 964	39 652	66.4
12 459	9 280	34.3	28 765	35 380	-18.7
185 592	177 373	4.6	22 909	9 084	152.2
664	423	57.0	43 401	21 478	102.1
994	945	5.2	5 078	9 699	-47.6
14			393		
461	53	769.8	15 438	7 522	105.2
11	28	-60.7	256	408	-37.3
1 317	1 229	7.2	12 743	14 648	-13.0
7 958	8 052	-1.2	24 536	21 861	12.2
348	152	128.9	5 099	1 834	178.0
1 179	8 015	-85.3	13 175	20 015	-34.2
48 219	66 794	-27.8	765 748	733 880	4.3
42 253	30 922	36.6	155 080	101 755	52.4
15 342	14 003	9.6	30	274	-89.1
5 941	1 073	453.7	98 559	47 707	106.6
10 368	13 739	-24.5	277 994	250 282	11.1
108 110	120 774	-10.5	663 251	500 642	32.5
280 191	202 081	38.7	1 380 302	1 526 391	-9.6
6 240	6 769	-7.8	68 559	45 413	51.0
3 268	4 404	-25.8	50 556	45 433	11.3
6 888	5 590	23.2	85 330	88 510	-3.6
7 304	44 939	-83.7	113 319	71 356	58.8
6 784	3 289	106.3	48 248	57 487	-16.1
6 690	6 565	1.9	124 060	146 641	-15.4
7 362	2 539	190.0	31 994	28 012	14.2
815	1 003	-18.7	2 988	5 677	-47.4
55	60	-8.3	252	542	-53.5
35	11	218.2	4	1	300.0
5 426	49 708	-89.1	599 355	497 316	20.5
8 785	10 866	-19.2	-7 729	-3 698	-109.0
13 580	6 911	96.5	163 751		

11-3 续表 12

（2013年）

指标	投资收益		
	2013年	2012年	同比增减(%)
总计	**1 671 454**	**723 232**	**131.1**
一、按登记注册类型分组			
国有企业	102 549	95 573	7.3
集体企业	71	91	-22.0
股份合作制企业		14	-100.0
股份制企业	1 566 556	592 200	164.5
外商及港澳台投资企业	1 795	34 968	-94.9
其它企业	483	386	25.1
二、在总计中:亏损企业	**135 042**	**108 966**	**23.9**
三、在总计中:新建企业			
四、在总计中:大中型工业	**1 498 031**	**491 511**	**204.8**
其中:国有控股企业	1 425 110	449 531	217.0
其中:亏损企业	144 354	104 331	38.4
五、按经济组织类型分组			
国有控股	1 486 217	552 096	169.2
其中:亏损企业	126 386	105 982	19.3
其中:中央企业	9 268	22 058	-58.0
集体控股	2 578	2 130	21.0
私人控股	179 123	157 773	13.5
港澳台商控股	3 351	9 616	-65.2
外商控股	-367	1 544	-123.8
其他	552	73	656.2
六、按轻重工业分组			
轻工业	1 190 906	268 862	342.9
重工业	480 548	454 370	5.8
七、按国民经济工业行业分组			
煤炭开采和洗选业			
石油和天然气开采业			
黑色金属矿采选业	292	7	4071.4
有色金属矿采选业	2 976	2 069	43.8
非金属矿采选业	983	5 205	-81.1
开采辅助活动			
其他采矿业			
农副食品加工业	72 493	81 937	-11.5

单位：千元

营业利润			利润总额		
2013年	2012年	同比增减(%)	2013年	2012年	同比增减(%)
14 826 792	**14 927 141**	**-0.7**	**16 404 432**	**16 094 178**	**1.9**
1 462 834	1 916 656	-23.7	1 638 125	2 119 603	-22.7
40 890	11 507	255.3	40 013	40 928	-2.2
-27 376	-9 388	-191.6	-28 661	-6 712	-327.0
11 559 627	11 232 976	2.9	12 817 347	12 044 777	6.4
1 693 136	1 640 676	3.2	1 826 641	1 760 124	3.8
97 681	134 714	-27.5	110 967	135 458	-18.1
-4 394 872	**-2 803 613**	**-56.8**	**-3 959 437**	**-2 550 734**	**-55.2**
142 170	**9 108**	**1 460.9**	**146 815**	**9 002**	**1 530.9**
11 376 001	**11 275 775**	**0.9**	**12 758 256**	**12 169 434**	**4.8**
9 071 969	8 258 192	9.9	10 176 404	8 982 952	13.3
-2 908 629	-1 868 954	-55.6	-2 541 776	-1 689 301	-50.5
9 839 066	9 528 329	3.3	10 992 418	10 331 208	6.4
-3 474 598	-2 040 059	-70.3	-3 085 938	-1 844 037	-67.3
-444 115	-621 475	28.5	-239 688	-540 462	55.7
217 417	347 596	-37.5	228 743	362 319	-36.9
3 575 747	4 090 614	-12.6	3 947 632	4 405 983	-10.4
651 567	479 115	36.0	665 350	487 876	36.4
365 953	325 680	12.4	371 054	326 287	13.7
177 042	155 807	13.6	199 235	180 505	10.4
11 627 986	9 533 716	22.0	11 940 712	9 799 022	21.9
3 198 806	5 393 425	-40.7	4 463 720	6 295 156	-29.1
245 674	168 147	46.1	244 701	82 451	196.8
-37 407	-121 993	69.3	-37 527	-40 481	7.3
58 822	267 990	-78.1	60 708	259 215	-76.6
1 206 103	896 058	34.6	1 252 728	949 555	31.9
353 824	393 936	-10.2	380 185	407 215	-6.6

11-3 续表 13

（2013年）

指标	投资收益		
	2013年	2012年	同比增减(%)
食品制造业	-250	452	-155.3
酒、饮料和精制茶制造业	-19		
烟草制品业	198 445	139 771	42.0
纺织业	10 375	22 044	-52.9
纺织服装、服饰业			
皮革、毛皮、羽毛及其制品和制鞋业			
木材加工和木、竹、藤、棕、草制品业	211	170	24.1
家具制造业			
造纸和纸制品业	41	59	-30.5
印刷和记录媒介复制业	19	409	-95.4
文教、工美、体育和娱乐用品制造业	1 600	27	5 825.9
石油加工、炼焦和核燃料加工业	204	70	191.4
化学原料和化学制品制造业	218 996	227 603	-3.8
医药制造业	894 289	24 099	3 610.9
化学纤维制造业			
橡胶和塑料制品业	182	679	-73.2
非金属矿物制品业	4 120	3 528	16.8
黑色金属冶炼和压延加工业	12 119	71 513	-83.1
有色金属冶炼和压延加工业	146 357	18 016	712.4
金属制品业	2 242	599	274.3
通用设备制造业	-760	3 264	-123.3
专用设备制造业	1 234	14 574	-91.5
汽车制造业	38 790	2 864	1 254.4
铁路、船舶、航空航天和其他运输设备制造业	4 013	3 785	6.0
电气机械和器材制造业	8 098	19 066	-57.5
计算机、通信和其他电子设备制造业	41 523	50 108	-17.1
仪器仪表制造业		26 000	-100.0
其他制造业			
废弃资源综合利用业			
金属制品、机械和设备修理业			
电力、热力生产和供应业	12 881	5 314	142.4
燃气生产和供应业			
水的生产和供应业			

单位：千元

营业利润			利润总额		
2013年	2012年	同比增减(%)	2013年	2012年	同比增减(%)
157 678	194 782	-19.0	190 470	216 505	-12.0
321 532	194 656	65.2	340 081	204 121	66.6
6 694 276	5 560 921	20.4	6 694 058	5 517 915	21.3
67 095	37 477	79.0	62 740	37 196	68.7
25 787	24 787	4.0	26 070	24 562	6.1
-492			-492		
4 164	877	374.8	10 573	11 161	-5.3
1 195	452	164.4	956	437	118.8
44 620	47 122	-5.3	51 545	51 036	1.0
572 547	468 023	22.3	582 317	478 711	21.6
8 737	11 414	-23.5	9 022	11 478	-21.4
156 945	203 073	-22.7	150 939	204 340	-26.1
1 083 887	2 777 189	-61.0	1 195 398	2 833 853	-57.8
2 575 895	1 599 735	61.0	2 718 123	1 785 098	52.3
388 580	327 651	18.6	389 694	328 845	18.5
195 668	190 022	3.0	198 414	195 379	1.6
491 656	270 938	81.5	562 029	271 597	106.9
-109 131	-23 464	-365.1	-22 840	169 108	-113.5
-1 261 406	192 165	-756.4	-699 504	395 410	-276.9
189 431	147 248	28.6	218 992	165 642	32.2
-81 580	5 800	-1 506.6	-65 397	112 878	-157.9
94 138	-33 838	378.2	138 390	-8 309	1 765.5
185 043	46 866	294.8	262 590	83 435	214.7
277 375	228 500	21.4	302 036	266 031	13.5
101 759	-29 708	442.5	186 311	48 066	287.6
124 782	158 694	-21.4	145 675	176 172	-17.3
33 384	62 006	-46.2	36 446	67 800	-46.2
2 195	1 116	96.7	3 484	2 731	27.6
2 457	-4 070	160.4	2 457	-4 070	160.4
737 060	620 449	18.8	845 299	688 230	22.8
87 382	1 165	7 400.6	90 343	15 098	498.4
-172 883	40 955	-522.1	-122 582	85 767	-242.9

11-3 续表 14

（2013年）

指　　标	亏损企业亏损总额		
	2013年	2012年	同比增减(%)
总计	**3 959 437**	**2 550 734**	**55.2**
一、按登记注册类型分组			
国有企业	365 400	39 079	835.0
集体企业	18 186	25 735	-29.3
股份合作制企业	34 948	12 092	189.0
股份制企业	3 252 615	2 157 208	50.8
外商及港澳台投资企业	223 696	217 759	2.7
其它企业	64 592	98 861	-34.7
二、在总计中:亏损企业	**3 959 437**	**2 550 734**	**55.2**
三、在总计中:新建企业	**44 462**	**197**	**22 469.5**
四、在总计中:大中型工业	**2 790 218**	**1 886 172**	**47.9**
其中:国有控股企业	2 541 776	1 689 301	50.5
其中:亏损企业	2 541 776	1 689 301	50.5
五、按经济组织类型分组			
国有控股	3 085 938	1 844 037	67.3
其中:亏损企业	3 085 938	1 844 037	67.3
其中:中央企业	239 688	540 462	-55.7
集体控股	127 276	90 416	40.8
私人控股	517 168	370 795	39.5
港澳台商控股	18 371	78 988	-76.7
外商控股	130 773	126 780	3.1
其他	79 911	39 718	101.2
六、按轻重工业分组			
轻工业	523 440	353 986	47.9
重工业	3 435 997	2 196 748	56.4
七、按国民经济工业行业分组			
煤炭开采和洗选业	1 748	1 776	-1.6
石油和天然气开采业			
黑色金属矿采选业	73 433	82 636	-11.1
有色金属矿采选业	59 646	24 146	147.0
非金属矿采选业	20 230	160 202	-87.4
开采辅助活动			
其他采矿业			
农副食品加工业	60 623	39 261	54.4

单位：千元

利税总额			本年应付职工薪酬		
2013年	2012年	同比增减(%)	2013年	2012年	同比增减(%)
46 039 352	**43 560 008**	**5.7**	**16 332 365**	**16 110 148**	**1.4**
3 403 639	3 759 698	-9.5	2 895 371	2 868 765	0.9
112 033	99 365	12.7	70 332	59 475	18.3
-18 934	3 328	-668.9	41 827	42 473	-1.5
39 173 319	36 522 259	7.3	11 440 910	11 370 972	0.6
3 123 395	2 884 495	8.3	1 621 739	1 514 636	7.1
245 900	290 863	-15.5	262 186	253 827	3.3
-2 402 756	**-1 363 232**	**-76.3**	**3 038 726**	**2 673 532**	**13.7**
229 266	**21 069**	**988.2**	**144 115**	**7 569**	**1 804.0**
39 950 270	**37 249 003**	**7.3**	**12 977 333**	**13 151 753**	**-1.3**
35 331 393	31 784 876	11.2	10 181 489	10 439 755	-2.5
-1 478 633	-915 807	-61.5	1 941 226	1 855 323	4.6
36 929 708	33 893 295	9.0	11 014 764	11 249 664	-2.1
-1 957 365	-1 039 717	-88.3	2 128 180	1 987 323	7.1
190 114	-407 738	146.6	470 576	546 164	-13.8
618 671	758 598	-18.4	459 853	453 455	1.4
6 343 187	7 098 227	-10.6	3 632 263	3 332 722	9.0
957 852	750 129	27.7	309 747	279 303	10.9
792 630	666 614	18.9	606 027	541 219	12.0
397 304	393 145	1.1	309 711	253 785	22.0
34 904 705	30 688 988	13.7	5 561 300	4 948 259	12.4
11 134 647	12 871 020	-13.5	10 771 065	11 161 889	-3.5
444 321	320 395	38.7	251 387	224 246	12.1
165 763	116 464	42.3	589 180	677 564	-13.0
346 835	678 350	-48.9	300 681	287 724	4.5
2 330 429	1 979 198	17.7	933 726	897 142	4.1
446 333	541 634	-17.6	323 400	253 432	27.6

11-3 续表 15

（2013年）

指　　标	亏损企业亏损总额		
	2013年	2012年	同比增减(%)
食品制造业	36 502	23 756	53.7
酒、饮料和精制茶制造业	9 735	41 021	-76.3
烟草制品业			
纺织业	350	552	-36.6
纺织服装、服饰业			
皮革、毛皮、羽毛及其制品和制鞋业	492		
木材加工和木、竹、藤、棕、草制品业	16 272	12 626	28.9
家具制造业	96	31	209.7
造纸和纸制品业	3 307	95	3 381.1
印刷和记录媒介复制业	11 515	5 720	101.3
文教、工美、体育和娱乐用品制造业			
石油加工、炼焦和核燃料加工业	59	15	293.3
化学原料和化学制品制造业	562 314	216 614	159.6
医药制造业	47 537	70 674	-32.7
化学纤维制造业			
橡胶和塑料制品业	52 640	11 298	365.9
非金属矿物制品业	135 023	179 699	-24.9
黑色金属冶炼和压延加工业	104 691	46 190	126.7
有色金属冶炼和压延加工业	1 848 730	711 581	159.8
金属制品业	70 042	20 446	242.6
通用设备制造业	202 230	18 269	1 007.0
专用设备制造业	70 028	220 589	-68.3
汽车制造业	5 194	56 599	-90.8
铁路、船舶、航空航天和其他运输设备制造业	12 361	8 802	40.4
电气机械和器材制造业	62 297	204 156	-69.5
计算机、通信和其他电子设备制造业	4 577	2 273	101.4
仪器仪表制造业	913		
其他制造业	456	330	38.2
废弃资源综合利用业		4 070	-100.0
金属制品、机械和设备修理业			
电力、热力生产和供应业	279 278	363 541	-23.2
燃气生产和供应业		22 916	-100.0
水的生产和供应业	207 118	850	24 266.8

单位：千元

利税总额			本年应付职工薪酬		
2013年	2012年	同比增减(%)	2013年	2012年	同比增减(%)
334 494	340 304	-1.7	420 480	330 766	27.1
645 116	468 539	37.7	415 942	413 649	0.6
27 015 447	23 927 973	12.9	2 449 144	2 161 137	13.3
88 151	60 392	46.0	43 414	42 488	2.2
32 483	31 660	2.6	9 872	4 929	100.3
-45			1 550		
33 587	29 471	14.0	38 559	29 542	30.5
2 131	1 579	35.0	3 567	3 748	-4.8
78 594	80 828	-2.8	55 724	51 350	8.5
784 501	658 713	19.1	311 263	280 654	10.9
14 434	15 196	-5.0	14 651	13 788	6.3
214 520	306 191	-29.9	100 860	113 258	-10.9
2 147 282	3 928 162	-45.3	1 710 786	1 762 493	-2.9
3 854 911	2 843 331	35.6	1 091 668	976 414	11.8
488 684	416 249	17.4	56 772	45 136	25.8
310 042	292 135	6.1	227 411	209 914	8.3
1 113 259	876 312	27.0	723 301	607 543	19.1
435 967	495 204	-12.0	345 687	1 205 543	-71.3
122 430	1 342 329	-90.9	1 360 853	1 303 824	4.4
368 937	261 909	40.9	458 075	376 575	21.6
74 735	221 389	-66.2	561 454	531 361	5.7
347 006	86 802	299.8	701 877	596 463	17.7
409 670	247 203	65.7	329 874	303 393	8.7
553 870	388 039	42.7	338 632	361 776	-6.4
357 193	186 767	91.3	360 845	345 015	4.6
223 012	271 256	-17.8	163 799	151 366	8.2
49 243	79 369	-38.0	151 123	195 029	-22.5
6 276	5 060	24.0	18 966	16 392	15.7
6 744	-823	919.4	9 533	7 287	30.8
1 888 106	1 686 283	12.0	1 103 412	995 342	10.9
166 882	42 894	289.1	249 935	248 240	0.7
138 009	333 251	-58.6	104 962	85 625	22.6

11-3 续表 16

（2013年）

指标	应交增值税		
	2013年	2012年	同比增减(%)
总计	**12 025 076**	**11 391 105**	**5.6**
一、按登记注册类型分组			
国有企业	1 527 184	1 426 949	7.0
集体企业	58 143	43 475	33.7
股份合作制企业	6 420	6 857	-6.4
股份制企业	9 393 793	9 016 215	4.2
外商及港澳台投资企业	944 294	789 552	19.6
其它企业	95 242	108 057	-11.9
二、在总计中:亏损企业	**1 373 731**	**994 211**	**38.2**
三、在总计中:新建企业	**65 660**	**6 966**	**842.6**
四、在总计中:大中型工业	**10 022 892**	**9 406 044**	**6.6**
其中:国有控股企业	8 333 486	7 521 872	10.8
其中:亏损企业	962 444	681 534	41.2
五、按经济组织类型分组			
国有控股	8 988 312	8 162 146	10.1
其中:亏损企业	1 016 868	704 724	44.3
其中:中央企业	396 979	119 404	232.5
集体控股	339 077	330 542	2.6
私人控股	1 965 228	2 235 764	-12.1
港澳台商控股	227 290	202 924	12.0
外商控股	383 766	306 451	25.2
其他	121 403	153 278	-20.8
六、按轻重工业分组			
轻工业	6 502 499	5 959 677	9.1
重工业	5 522 577	5 431 428	1.7
七、按国民经济工业行业分组			
煤炭开采和洗选业	162 818	194 326	-16.2
石油和天然气开采业			
黑色金属矿采选业	164 297	105 674	55.5
有色金属矿采选业	233 555	351 193	-33.5
非金属矿采选业	710 318	653 609	8.7
开采辅助活动			
其他采矿业			
农副食品加工业	53 413	120 602	-55.7

单位：千元

土地和固定资产支出			从业人员平均人数(人)		
2013年	2012年	同比增减(%)	2013年	2012年	同比增减(%)
16 709 786	**13 441 556**	**24.3**	**247 123**	**239 906**	**3.0**
6 709 743	2 855 787	135.0	34 797	33 854	2.8
12 725	28 081	-54.7	2 372	2 284	3.9
238	2 029	-88.3	1 433	1 409	1.7
8 745 181	8 776 213	-0.4	174 362	168 088	3.7
1 214 754	1 719 493	-29.4	25 632	27 363	-6.3
27 145	59 953	-54.7	8 527	6 908	23.4
6 855 795	**2 026 835**	**238.3**	**60 545**	**50 685**	**19.5**
786 484	**47 019**	**1 572.7**	**4 344**		
10 530 145	**11 007 577**	**-4.3**	**170 445**	**166 832**	**2.2**
8 972 455	8 857 987	1.3	110 208	106 158	3.8
2 651 476	1 559 840	70.0	31 321	28 227	11.0
13 563 190	9 460 122	43.4	121 746	117 914	3.2
6 454 631	1 572 077	310.6	35 008	31 410	11.5
2 005 581	211 360	848.9	11 901	8 454	40.8
168 051	223 648	-24.9	10 882	10 966	-0.8
2 074 819	2 743 243	-24.4	92 194	88 442	4.2
307 106	181 543	69.2	5 945	5 474	8.6
370 098	365 093	1.4	10 362	12 319	-15.9
226 522	467 907	-51.6	5 994	4 791	25.1
7 882 628	2 674 910	194.7	76 211	69 643	9.4
8 827 158	10 766 646	-18.0	170 912	170 263	0.4
259 017	27 810	831.4	3 922	3 036	29.2
142 291	186 966	-23.9	6 890	6 001	14.8
362 982	294 327	23.3	7 802	6 946	12.3
794 704	1 574 558	-49.5	11 648	11 258	3.5
122 272	75 988	60.9	9 589	7 881	21.7

11-3 续表 17

（2013年）

指标	应交增值税		
	2013年	2012年	同比增减(%)
食品制造业	129 289	112 468	15.0
酒、饮料和精制茶制造业	192 733	165 775	16.3
烟草制品业	4 438 705	4 017 609	10.5
纺织业	5 061	6 276	-19.4
纺织服装、服饰业	4 712	5 395	-12.7
皮革、毛皮、羽毛及其制品和制鞋业	320		
木材加工和木、竹、藤、棕、草制品业	18 380	14 523	26.6
家具制造业	976	903	8.1
造纸和纸制品业	22 824	26 310	-13.2
印刷和记录媒介复制业	181 557	158 748	14.4
文教、工美、体育和娱乐用品制造业	4 983	3 020	65.0
石油加工、炼焦和核燃料加工业	57 339	96 946	-40.9
化学原料和化学制品制造业	804 825	900 189	-10.6
医药制造业	1 015 877	947 137	7.3
化学纤维制造业	89 614	78 325	14.4
橡胶和塑料制品业	88 891	79 073	12.4
非金属矿物制品业	465 432	525 872	-11.5
黑色金属冶炼和压延加工业	433 192	299 070	44.8
有色金属冶炼和压延加工业	690 885	848 156	-18.5
金属制品业	115 734	75 233	53.8
通用设备制造业	118 527	88 589	33.8
专用设备制造业	183 005	79 576	130.0
汽车制造业	125 613	151 232	-16.9
铁路、船舶、航空航天和其他运输设备制造业	218 885	97 712	124.0
电气机械和器材制造业	146 541	117 154	25.1
计算机、通信和其他电子设备制造业	69 806	85 562	-18.4
仪器仪表制造业	7 985	9 659	-17.3
其他制造业	2 502	2 129	17.5
废弃资源综合利用业	3 827	2 884	32.7
金属制品、机械和设备修理业			
电力、热力生产和供应业	957 786	915 731	4.6
燃气生产和供应业	61 705	17 762	247.4
水的生产和供应业	43 164	36 683	17.7

单位：千元

土地和固定资产支出			从业人员平均人数(人)		
2013年	2012年	同比增减(%)	2013年	2012年	同比增减(%)
246 774	282 061	-12.5	11 489	9 950	15.5
386 973	385 917	0.3	7 181	7 541	-4.8
1 717 211	624 191	175.1	15 815	10 711	47.7
18 865	51 825	-63.6	1 457	1 735	-16.0
2 648	1 904	39.1	853	849	0.5
			40		
226	5 254	-95.7	894	949	-5.8
	92	-100.0	154	158	-2.5
3 890	13 261	-70.7	2 116	1 986	6.5
111 455	169 338	-34.2	4 630	4 824	-4.0
10	23	-56.5	380	2 789	-86.4
21 147	11 868	78.2	1 209	1 343	-10.0
1 195 368	1 233 024	-3.1	29 417	26 388	11.5
1 204 921	605 570	99.0	16 201	14 961	8.3
10 393	5 672	83.2	399	377	5.8
63 950	87 337	-26.8	6 336	5 944	6.6
269 549	202 557	33.1	17 797	15 760	12.9
1 810 336	2 018 642	-10.3	15 958	15 506	2.9
276 969	1 034 074	-73.2	15 671	17 736	-11.6
538 141	518 300	3.8	9 474	11 224	-15.6
152 486	116 380	31.0	8 939	10 694	-16.4
172 200	24 526	602.1	7 896	9 749	-19.0
248 550	267 614	-7.1	6 137	5 912	3.8
128 076	294 155	-56.5	2 154	2 179	-1.1
133 986	247 723	-45.9	6 411	7 800	-17.8
101 651	103 618	-1.9	1 822	1 889	-3.5
9 146	5 866	55.9	2 697	2 512	7.4
	106	-100.0	355	358	-0.8
			114		
2 139 546	2 157 027	-0.8	9 027	8 855	1.9
124 928	437 552	-71.4	2 775	2 679	3.6
3 939 125	376 430	946.4	1 474	1 426	3.4

主要统计指标解释

工业　指从事自然资源的开采，对采掘品和农产品进行加工和再加工的物质生产部门。具体包括：(1)对自然资源的开采，如采矿、晒盐、森林采伐等(但不包括禽兽捕猎和水产捕捞)；(2)对农副产品的加工、再加工，如粮油加工、食品加工、轧花、缫丝、纺织、制革等；(3)对采掘品的加工、再加工，如炼铁、炼钢、化工生产、石油加工、机器制造、木材加工等，以及电力、自来水、煤气的生产和供应等；(4)对工业品的修理、翻新，如机器设备的修理、交通运输工具(包括小卧车)的修理等。

国有企业　是指企业全部资产归国家所有，并按《中华人民共和国企业法人登记管理条例》规定登记注册的非公司制的经济组织。包括国有企业、国有独资公司和国有联营企业。

集体企业　指企业资产归集体所有，并按《中华人民共和国企业法人登记管理条例》规定登记注册的经济组织。是社会主义公有制经济的组成部分。包括城乡所有使用集体投资举办的企业，以及部分个人通过集资自愿放弃所有权并依法经工商行政管理机关认定为集体所有制的企业。

股份有限公司　指根据《中华人民共和国企业法人登记管理条例》规定登记注册，其全部注册资本由等额股份构成并通过发行股票筹集资本，股东以其认购的股份对公司承担有限责任，公司以其全部资产对其债务承担责任的经济组织。

港、澳、台商投资企业　指企业注册登记类型中的港、澳、台资合资、合作、独资经营企业和股份有限公司之和。

外商投资企业　指企业注册登记类型中的中外合资、合作经营企业、外资企业和外商投资股份有限公司之和。

其他　指除国有企业、集体企业、股份有限公司、港、澳、台投资企业及外商投资企业以外的其他企业。

轻工业　指主要提供生活消费品和制作手工工具的工业。按其所使用的原料不同，可分为两大类：(1)以农产品为原料的轻工业，是指直接或间接以农产品为基本原料的轻工业。主要包括食品制造、饮料制造、烟草加工、纺织、缝纫、皮革和毛皮制作、造纸以及印刷等工业；(2)以非农产品为原料的轻工业，是指以工业品为原料的轻工业。主要包括文教体育用品、化学药品制造、合成纤维制造、日用化学制品、日用玻璃制品、日用金属制品、手工工具制造、医疗器械制造、文化和办公用机械制造等工业。

重工业　是指为国民经济各部门提供物质技术基础的主要生产资料的工业。按其生产性质和产品用途，可以分为下列三类：(1)采掘(伐)工业，是指对自然资源的开采，包括石油开采、煤炭开采、金属矿开采、非金属矿开采和木材采伐等工业；(2)原材料工业，指向国民经济各部门提供基本材料、动力和燃料的工业。包括金属冶炼及加工、炼焦及焦炭、化学、化工原料、水泥、人造板以及电力、石油和煤

炭加工等工业；(3)加工工业，是指对工业原材料进行再加工制造的工业。包括装备国民经济各部门的机械设备制造工业、金属结构、水泥制品等工业，以及为农业提供的生产资料如化肥、农药等工业。根据上述划分原则，修理业中以重工业产品为修理作业对象的划为重工业，反之划为轻工业。

工业总产值　是以货币形式表现的，工业企业在一定时期内生产的工业最终产品和提供工业劳务活动的总价值量。工业总产值包括三个部分：即生产的成品价值、对外加工费收入、自制半成品在制品期末期初差额价值。工业总产值计算应遵循的原则:（1）工业生产的原则。即凡是企业在本年内生产的最终产品和提供的劳务，均应包括在内。其中的最终产品，不管是否在本年内销售，只要是本年内生产的，就应包括在内。凡不是工业生产的产品，均不得计入工业总产值。（2）最终产品的原则。即企业生产的成品价值必须是本企业生产的，经检验合格不需再进行任何加工的最终产品。企业对外销售的半成品也应视为最终产品计入工业总产值。而在本企业内各车间转移的半成品和在制品只能计算其期末期初差额价值。（3）“工厂法”原则。即以法人工业企业作为一个整体计算工业总产值，是其本年内生产的最终产品和提供劳务的总价值量。

工业销售产值　是以货币表现的工业企业在一定时期内销售的本企业生产的工业产品或对外加工费收入总量。

出口交货值　是指工业企业交给外贸部门或自营（委托）出口（包括销往香港、澳门和台湾），用外汇价格结算的在国内批量销售或在边境批量出口的产品价值，以及外商来样、来料、加工、来件装配和补偿贸易等生产的产品价值。

工业增加值　是指工业行业在报告期内以货币表现的工业生产活动的最终成果。

实收资本　指企业实际收到的投资人投入的资本。按投资主体可分为国家资本、集体资本、法人资本、个人资本、港澳台资本和外商资本等。

资产合计　指企业拥有或控制的能以货币计量的经济资源。包括各种财产、债权和其他权利。资产按其流动性划分为流动资产、长期投资、固定资产、无形及递延资产和其他资产。

负债合计　指企业承担的能以货币计量，将以资产或劳务偿付的债务。负债一般按偿还期长短分为流动负债、长期负债和递延税项等。

所有者权益　指企业投资人对企业净资产的所有权。企业净资产等于企业全部资产减去全部负债后的余额，其中包括实收资本、资本公积、盈余公积和未分配利润，对股份制企业即为股东权益。

固定资产原价　指企业在建造、购置、安装、改建、扩建、技术改造某项固定资产时所支出的全部货币总额。它一般包括买价、包装费、运杂费和安装费等。

固定资产净值　是指固定资产原价减去历年已提折旧额后的净额。

流动资产　是指可以在一年或者超过一年的一个营业周期内变现或者耗用的资产，包括现金及各种存款、短期投资、应收及预付货款、存货等。

主营业务收入　指企业销售产品和提供劳务等主要经营业务取得的业务收入总额，包括企业销售产品、自制半成品、代制品、代修品、对外提供的工业性劳务等收入。

主营业务成本　指企业经营主要业务发生的实际成本。

主营业务税金及附加　指企业销售产品、提供劳务等主要经营业务应负担的消费税、城建税、资源税和教育费附加。

营业利润　指企业从事生产经营活动所产生的利润，即主营业务利润加其他业务利润扣除营业费用、管理费用、财务费用后的净额

利润总额　指企业实现的利润。

应交增值税　指企业按税法规定，从事货物销售或提供加工、修理修配劳务等增加货物价值的活动本期应交纳的税金。指企业在报告期应交纳的增值税额。

总资产贡献率　反映企业全部资产的获利能力，是企业经营业绩和管理水平的集中体现，是评价和考核企业盈利能力的核心指标。计算公式为：

$$\text{总资产贡献率(\%)}=\frac{\text{利润总额}+\text{税金总额}+\text{利息支出}}{\text{平均资产总额}}\times\frac{12}{\text{累计月数}}\times 100\%$$

资产负债率　该指标既反映企业经营风险的大小，也反映企业利用债权人提供的资金从事经营活动的能力。计算公式为：

$$\text{资产负债率(\%)}=\frac{\text{负债总额}}{\text{资产总额}}\times 100\%$$

工业成本费用利润率　指在一定时期内实现的利润与成本费用之比，是反映工业生产成本及费用投入的经济效益指标，同时也是反映降低成本的经济效益的指标。计算公式为：

$$\text{工业成本费用利润率(\%)}=\frac{\text{利润总额}}{\text{成本费用总额}}\times 100\%$$

工业增加值率　指在一定时期内工业增加值占同期工业总产值的比重，是反映降低中间消耗的经济效益指标。计算公式为：

$$\text{工业增加值率(\%)}=\frac{\text{工业增加值}}{\text{工业总产值}}\times 100\%$$

流动资产周转率　指在一定时期内流动资产完成的周转次数，反映流动资产的周转速度。

计算公式为：

$$\text{流动资产周转率（\%）}=\frac{\text{产品销售收入}}{\text{全部流动资产平均余额}}\times\frac{12}{\text{累计月数}}$$

产品销售率　指报告期工业销售产值与同期全部工业总产值之比，反映工业产品已实现销售的程度，分析工业产销衔接情况，研究工业产品满足社会需求程度的指标。计算公式为：

$$产品销售率(\%)=\frac{工业销售产值}{工业总产值}\times 100\%$$

全员劳动生产率 是工业企业平均每个职工在单位时间内创造的工业生产最终成果，反映企业的生产效率和劳动投入的经济效益。计算公式为：

$$全员劳动生产率(元/人)=\frac{工业增加值}{全部从业人员平均人数}\times\frac{12}{累计月数}$$

能源消费

NENGYUANXIAOFEI

12

12-1 年主营业务收入2000万元及以上

（2013年）

能源名称	单位	年初库存量	购进量	
			实物量	金额(千元)
原煤	吨	1 650 863.09	13 733 085.16	7 110 049.80
其中：1.无烟煤	吨	359 739.95	2 828 134.62	2 423 608.42
2.炼焦烟煤	吨	1 457.00	231 324.48	156 233.84
3.一般烟煤	吨	936 985.23	7 055 680.38	3 823 147.93
4.褐煤	吨	352 680.91	3 617 945.68	707 059.61
洗精煤	吨	255 153.06	3 498 294.85	3 842 649.83
其他洗煤	吨	34.00	25 233.36	26 889.95
煤制品	吨	161.89	11 108.34	12 607.62
焦炭	吨	167 979.56	3 577 976.79	5 220 198.93
其他焦化产品	吨	13 021.73	137 393.86	344 443.00
焦炉煤气	万立方米		30 306.03	437 729.34
高炉煤气	万立方米		407 121.88	1 365 578.09
转炉煤气	万立方米		38 743.79	139 264.57
发生炉煤气	万立方米		20.88	459.81
天然气(气态)	万立方米		1 150.30	49 203.74
液化天然气(液态)	吨	0.10	145.51	649.30
汽油	吨	530.82	11 731.25	104 525.37
煤油	吨	41.13	261.25	2 368.97
柴油	吨	7 716.36	132 800.62	1 013 612.66
燃料油	吨	497.24	32 253.72	98 962.03
液化石油气	吨	81.30	4 016.31	31 967.67
润滑油	吨	208.98	1 427.00	16 145.43
石蜡	吨			
溶剂油	吨	5.00	4 242.90	27 325.00
石油焦	吨	5 099.75	277 544.70	359 052.82
石油沥青	吨	2 947.34	41 337.49	114 851.28
其他石油制品	吨		217.30	1 829.37
热力	百万千焦		1 519 060.19	77 288.18
电力	万千瓦时		2 091 373.32	10 547 702.71
城市垃圾用于燃料	吨			
生物质废料用于燃料	吨		14 422.97	13 360.28
余热余压	百万千焦			
其他工业废料用于燃料	吨			
其他燃料	吨标准煤	43.63	6 033.80	4 919.38

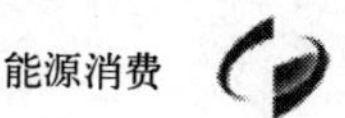

独立核算工业企业能源购进、消费与库存

消费量合计	工业生产消费	用于原材料	加工转换投入合计	火力发电
13 850 891.48	13 843 405.20	1 002 389.47	6 927 529.00	5 357 024.20
2 894 951.15	2 894 768.35	947 788.47	41 826.81	33 789.69
230 623.83	230 607.83		229 012.83	
7 121 081.72	7 114 685.51	54 095.00	3 735 851.02	2 446 333.36
3 604 234.78	3 603 343.51	506.00	2 920 838.34	2 876 901.15
3 499 967.02	3 499 967.02		3 277 923.66	
14 637.49	14 637.49			
10 824.26	10 824.26			
3 616 313.31	3 616 277.83	169 869.68		
134 328.34	134 318.54		131 469.09	
50 998.58	50 988.75	624.30		
1 097 484.94	1 097 484.94		382 258.03	382 258.03
79 061.87	79 061.87		41 686.48	41 686.48
20.88	20.36			
1 150.70	1 150.11			
145.51	141.21			
12 070.65	3 623.29	14.29		
255.19	250.62	3.07		
134 136.77	119 654.43	1 187.64	437.00	420.00
31 057.56	31 057.56			
4 066.23	3 921.50			
1 406.17	1 405.26	331.91		
4 239.90	4 239.90	4 239.90		
256 352.56	256 352.56	186 526.16		
40 966.39	40 966.39	37 734.69		
200.30	200.30	117.00		
1 519 060.19	1 518 221.13			
2 261 562.19	2 237 966.09			
839 619.64	839 619.64		581 357.40	581 357.40
14 572.71	14 509.00			
8 171 979.69	8 171 979.69		8 171 979.69	8 171 979.69
1 989.68	1 989.68			
6 689.00	6 689.00	83.16		

12-1 续表

（2013年）

能源名称	单位	消费量合计 工业生产消费 加工转换投入合计 供热	原煤入洗	炼焦
原煤	吨	106 985.97	1 130 552.00	332 966.83
其中：1.无烟煤	吨	8 037.12		
2.炼焦烟煤	吨			229 012.83
3.一般烟煤	吨	55 011.66	1 130 552.00	103 954.00
4.褐煤	吨	43 937.19		
洗精煤	吨			1 679 973.66
其他洗煤	吨			
煤制品	吨			
焦炭	吨			
其他焦化产品	吨			
焦炉煤气	万立方米			
高炉煤气	万立方米			
转炉煤气	万立方米			
发生炉煤气	万立方米			
天然气(气态)	万立方米			
液化天然气(液态)	吨			
汽油	吨			
煤油	吨			
柴油	吨	17.00		
燃料油	吨			
液化石油气	吨			
润滑油	吨			
石蜡	吨			
溶剂油	吨			
石油焦	吨			
石油沥青	吨			
其他石油制品	吨			
热力	百万千焦			
电力	万千瓦时			
城市垃圾用于燃料	吨			
生物质废料用于燃料	吨			
余热余压	百万千焦			
其他工业废料用于燃料	吨			
其他燃料	吨标准煤			

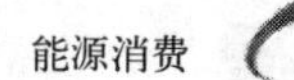

制气	非工业生产消费	运输工具消费	期末库存量	能源加工转换产出	回收利用
	7 486.28		1 711 444.98		
	182.80		292 924.41		
	16.00		2 156.65		
	6 396.21		1 051 405.51		
	891.27		364 958.41		
1 597 950.00			253 429.79	493 205.00	
			10 629.87	437 358.00	
			435.97		
	35.49		132 552.08	2 599 587.00	
131 469.09	9.80		16 087.25	256 770.68	
	9.84			79 374.00	
					899 910.44
					40 318.08
	0.52			9 396.00	
	0.59				
	4.30				
	8 447.35	6 745.98	405.37		
	4.57		26.30		
	14 482.35	36 743.27	6 286.66		
			1 691.40		
	144.73	105.16	27.80		
	0.91		229.81		
			8.00		
			26 291.89		
			3 318.44		
			12.00		
	839.06			1 328 956.98	
	23 596.06	235.16		891 493.46	
	63.71				
					8 171 979.69
			9.10		

12-2 年主营业务收入2000万元及以上独立核算

（2013年）

指标	原煤（万吨）	无烟煤（万吨）	炼焦烟煤（万吨）	一般烟煤（万吨）	褐煤（万吨）	洗精煤（万吨）
全部工业企业	**1 385.09**	**289.50**	**23.06**	**712.11**	**360.42**	**350.00**
一、按轻重工业分						
其中：轻工业	43.77	1.90		36.04	5.84	0.32
重工业	1 341.32	287.60	23.06	676.07	354.58	349.68
二、按国民经济工业行业分(GB/T4754-2011)						
采矿业	**157.77**	**2.55**		**151.68**	**3.54**	
煤炭开采和洗选业	113.60			113.56	0.04	
黑色金属矿采选业	7.36	2.25		3.45	1.66	
有色金属矿采选业	0.30	0.30				
非金属矿采选业	36.51			34.67	1.84	
制造业	**788.16**	**286.95**	**23.06**	**314.36**	**163.79**	**190.21**
农副食品加工业	3.07	0.24		2.77	0.06	0.01
食品制造业	7.14	0.08		6.25	0.81	0.23
酒、饮料和精制茶制造业	3.57			2.31	1.26	
烟草制品业	12.16			12.16		
纺织业	0.08			0.08		
纺织服装、服饰业	0.10			0.10		
皮革、毛皮、羽毛及其制品和制鞋业						
木材加工和木、竹、藤、棕、草制品业	0.53			0.53		
家具制造业						
造纸和纸制品业	2.75			2.60	0.15	0.02
印刷和记录媒介复制业						
文教、工美、体育和娱乐用品制造业						
石油加工、炼焦和核燃料加工业	33.30		22.90	10.40		168.01
化学原料和化学制品制造业	319.04	142.27		31.24	145.51	
医药制造业	3.66	1.04		2.62		0.05
化学纤维制造业	5.20			5.20		
橡胶和塑料制品业	2.83			2.83		
非金属矿物制品业	229.67	1.58		222.78	5.32	0.17
黑色金属冶炼和压延加工业	138.31	133.96	0.16	4.19		20.76
有色金属冶炼和压延加工业	24.92	7.78		7.33	9.82	0.96
金属制品业	0.56			0.52	0.04	
通用设备制造业	0.13			0.13		
专用设备制造业	0.28			0.28		
汽车制造业						
铁路、船舶、航空航天和其他运输设备制造业						
电气机械和器材制造业	0.04			0.04		
计算机、通信和其他电子设备制造业						
仪器仪表制造业						
其他制造业	0.82				0.82	
废弃资源综合利用业						
电力、热力、燃气及水生产和供应业	**439.16**			**246.07**	**193.09**	**159.79**
电力、热力生产和供应业	436.18			243.09	193.09	
燃气生产和供应业	2.98			2.98		159.79
水的生产和供应业						

工业企业能源分行业、分品种能源消费量

	其它洗煤(万吨)	煤制品(万吨)	焦炭(万吨)	其它焦化产品(万吨)	焦炉煤气(亿立方米)	高炉煤气(亿立方米)	转炉煤气(亿立方米)	天然气(气态)(亿立方米)	液化天然气(液态)(万吨)	汽油(万吨)
	1.46	**1.08**	**361.63**	**13.43**	**5.10**	**109.75**	**7.91**	**0.12**	**0.02**	**1.21**
	1.41		3.70		0.28			0.04	0.01	0.38
	0.05	1.08	357.93	13.43	4.82	109.75	7.91	0.08	0.01	0.83
			1.28		**0.73**	**38.44**	**3.88**			**0.08**
										0.01
					0.73	38.44	3.88			0.04
			1.28							0.01
										0.02
	1.46	**1.08**	**359.50**	**0.28**	**4.37**	**71.31**	**4.03**	**0.12**	**0.02**	**0.99**
			0.01					0.01		0.10
			0.08		0.17				0.01	0.06
					0.08			0.01		0.02
	1.28									0.03
										0.01
										0.02
										0.04
					2.08	1.83				0.01
			38.65							0.08
	0.13				0.02			0.02		0.07
										0.06
			2.85	0.04	0.21	0.03				0.12
			298.57		1.64	69.43	4.03			0.02
		1.07	13.17	0.24	0.07			0.08		0.06
			0.04		0.02	0.02			0.01	0.05
		0.01	0.40							0.06
	0.05		0.19							0.06
			5.48		0.07					0.02
			0.01							0.01
			0.05		0.01					0.07
										0.01
										0.01
			0.85	**13.15**						**0.14**
										0.12
			0.85	13.15						0.01
										0.01

12-2 续表

（2013年）

指　　标	煤油(万吨)	柴油(万吨)	燃料油(万吨)	液化石油气(万吨)	润滑油(万吨)	溶剂油(万吨)
全部工业企业	**0.02**	**13.41**	**3.10**	**0.40**	**0.14**	**0.42**
一、按轻重工业分						
其中：轻工业		1.30	0.06	0.05		0.42
重工业	0.02	12.11	3.04	0.35	0.14	
二、按国民经济工业行业分(GB/T4754-2011)						
采矿业		**6.51**			**0.02**	
煤炭开采和洗选业		1.57				
黑色金属矿采选业		0.62			0.02	
有色金属矿采选业		0.22				
非金属矿采选业		4.10				
制造业	**0.02**	**6.72**	**3.10**	**0.12**	**0.12**	**0.42**
农副食品加工业		0.12				
食品制造业		0.60				
酒、饮料和精制茶制造业		0.17				
烟草制品业		0.07		0.05		
纺织业						
纺织服装、服饰业						
皮革、毛皮、羽毛及其制品和制鞋业						
木材加工和木、竹、藤、棕、草制品业		0.02				
家具制造业						
造纸和纸制品业		0.08				
印刷和记录媒介复制业		0.01				
文教、工美、体育和娱乐用品制造业						
石油加工、炼焦和核燃料加工业		0.01				
化学原料和化学制品制造业		1.05	0.05			0.42
医药制造业		0.19	0.06			
化学纤维制造业						
橡胶和塑料制品业		0.15				
非金属矿物制品业		2.49	1.96	0.01		
黑色金属冶炼和压延加工业		0.20			0.02	
有色金属冶炼和压延加工业	0.01	0.93	1.03		0.08	
金属制品业		0.08		0.06		
通用设备制造业		0.03				
专用设备制造业		0.35				
汽车制造业	0.01	0.09				
铁路、船舶、航空航天和其他运输设备制造业		0.03			0.02	
电气机械和器材制造业		0.05				
计算机、通信和其他电子设备制造业						
仪器仪表制造业						
其他制造业						
废弃资源综合利用业						
电力、热力、燃气及水生产和供应业		**0.18**		**0.28**		
电力、热力生产和供应业		0.17				
燃气生产和供应业				0.28		
水的生产和供应业		0.01				

石油焦(万吨)	石油沥青(万吨)	其它石油制品(万吨)	热力(万百万千焦)	电力(亿千瓦时)	城市垃圾用于燃料(万吨)	生物质废料用于燃料(万吨)	余热余压(万百万千焦)	其它工业废料用于燃料(万吨)	其他燃料(万吨标准煤)
25.64	**4.09**	**0.02**	**151.90**	**226.16**	**83.96**	**1.46**	**817.20**	**0.20**	**0.67**
		0.01	100.47	14.06		0.78	16.36		0.60
25.64	4.09	0.01	51.43	212.10	83.96	0.68	800.84	0.20	0.07
0.03	**0.32**			**18.48**					
				0.45					
				5.74					
0.03	0.32			5.08					
				7.21					
25.61	**3.77**	**0.02**	**151.90**	**182.26**		**1.46**	**778.40**	**0.20**	**0.67**
				0.81		0.52			0.19
			0.17	1.48		0.17	16.36		0.28
				1.23					0.09
			81.45	3.46					
				0.03					
				0.02					0.04
				0.01					
				0.41		0.30			0.01
				0.01					
				0.86					
				0.54					
				0.04					
				0.66			102.92		
5.32		0.01	29.23	56.86		0.10	336.71		0.06
			18.85	1.36					
				0.52					
				2.03					
			14.95	20.58		0.37	270.06	0.20	
				31.30					
20.29	3.77		4.98	54.88			52.35		
				1.41					
				0.79					
				0.33					
		0.01		1.38					
				0.13					
				0.59					
			1.91	0.16					
			0.36	0.27					
				0.02					
				0.09					
				25.42	**83.96**		**38.80**		
				23.93	83.96				
				1.15			38.80		
				0.34					

12-3 年主营业务收入2000万元及以上独立核算工业企业用水情况

（2013年）

指　　标	取水量(立方米)	支付费用的取水量(立方米)	取水支付金额(千元)	外供水量(立方米)
合计	**528 145 646**	**506 406 001**	**442 221.78**	**251 546 143**
1.陆地地表水	444 382 542	433 715 219	213 863.92	4 777 775
2.地下水	22 895 608	20 161 816	34 435.28	1 440 956
3.自来水	50 612 731	50 452 148	148 654.45	234 344 133
4.其他水	10 254 765	2 076 818	45 268.13	10 983 279
其中：雨水收集利用	1 245 733			
再生水(中水)	4 038 740	463 385	680.08	

注：重复用水量：273444.30万立方米；河湖海冷却直排水量：4520.16万立方米；废水排放量：2948.77万立方米。

主要统计指标解释

能源库存量 能源库存量是个静态指标，它反映在报告期内某个时点，企业所实际拥有的待用的储备量。按观察的时点不同，分为期初库存量和期末库存量，期初库存量通常为月初、季初、年初的第一天零点实际库存量。期末库存量通常为月末、季末、年末最后一天实际库存量。

购进量 指能源使用单位在报告期内外购的、用于本企业消费的各种一次能源和二次能源。

购进量金额 指本单位在报告期实际购进的、已办理验收入库手续的各种一次能源和二次能源的金额。其金额以购货发票上的总金额（含增值税）计算，统计原则、范围与购进量相同。

能源消费量 能源消费量指各使用单位在一定时期内实际消费的各种能源数量。能源消费量统计原则是：1. 谁消费、谁统计。2. 何时投入使用，何时算消费。3. 对反复循环使用的能源不能重复计算消费量。

工业生产消费 工业生产消费是指工业企业在统计报告期内为进行工业生产活动所使用的能源，包括生产系统、辅助生产系统、附属生产系统用能。工业生产能源消费按使用方向不同由三部分组成：

1. 作为燃料、动力使用的能源。是指将能源投入到各种加热、动力等设备，产生光、热、功所消费的能源。

2. 作为原料、材料使用的能源。是指在工业生产活动中，把能源作为原料投入使用，经过一系列化学反应，逐步转化为另一种新的非能源产品，如化肥厂生产的合成氨、化工厂生产的合成橡胶等产品所消耗的天然气、煤炭、焦炭。或者是指一些能源的使用，它不构成产品的实体，只起辅助作用的消费。如洗涤用的汽油、柴油、煤油；各种设备所使用的润滑油等。

3. 用于加工转换为其他二次能源的消费。能源加工、转换是指为了特定的用途，将一种能源(一般为一次能源)，经过一定的工艺，加工或转换成另外一种能源（二次能源）。

交通运输

JIAOTONGYUNSHU

13

13-1 主要年份客运量

单位：万人次

年　份	全市	铁路	公路	水路	民航
1978	641	512	92	30	7
1980	821	595	181	35	10
1985	2 010	659	1 289	43	19
1990	1 872	436	1 347	58	31
1995	2 920	520	2 210	21	169
1996	3 173	455	2 499	17	202
1997	3 354	482	2 636	14	222
1998	6 073	511	5 299	16	247
1999	5 604	736	4 464	18	386
2000	6 276	768	5 211	14	283
2001	6 437	764	5 329	16	328
2002	6 602	738	5 480	15	369
2003	5 125	656	4 081	12	376
2004	5 316	754	4 083	15	464
2005	8 229	826	6 907	1	495
2006	9 227	961	7 372	295	599
2007	9 515	1 101	7 512	230	672
2008	10 059	1 127	8 085	248	599
2009	9 346	1 399	7 159	67	721
2010	10 107	1 274	7 996	83	754
2011	10 804	1 445	8 516	85	758
2012	11 742	1 432	9 341	120	849
2013	12 515	1 590	9 803	122	1 000

13–2 主要年份货运量

单位：万吨

年　份	全市	铁路	公路	水路	民航
1978	1 179.13	628	527	24	0.13
1980	1 401.17	670	714	17	0.17
1985	2 329.34	568	1 743	18	0.34
1990	11 626.40	1 014	10 585	27	0.40
1995	11 441.11	1 217	10 215	7	2.11
1996	14 797.78	1 249	13 539	7	2.78
1997	14 897.88	1 265	13 624	5	3.88
1998	18 047.78	1 399	16 637	7	4.78
1999	12 041.88	1 474	10 555	7	5.88
2000	12 654.94	1 563	11 086		5.94
2001	12 083.78	1 692	10 385		6.78
2002	11 108.25	1 912	9 188		8.25
2003	12 334.00	2 076	10 252		6.00
2004	11 646.46	2 105	9 534		7.46
2005	11 224.93	2 196	9 021		7.93
2006	12 145.60	2 370	9 717	50	8.60
2007	12 853.70	2 576	10 201	68	8.70
2008	12 781.60	2 727	9 928	119	7.60
2009	13 659.70	2 046	11 606		7.70
2010	14 690.70	2 272	12 410		8.70
2011	15 786.80	2 337	13 443		6.80
2012	16 725.00	2 300	14 418		7.00
2013	18 582.80	2 361	16 176	37	8.80

13-3 全市运输情况

指　　标	单位	2012年	2013年	2013年比2012年±%
全市机动车拥有量	**辆**	**1 689 623**	**1 821 344**	**7.8**
#汽车	辆	1 191 735	1 347 358	13.1
摩托车	辆	449 399	422 970	-5.9
货物运输量	**万吨**	**16 725**	**18 583**	**11.1**
#铁路	万吨	2 300	2 361	2.7
公路	万吨	14 418	16 176	12.2
水运	万吨		37	
民航	万吨	7	8.8	25.7
旅客运输量	**万人次**	**11 742**	**12 515**	**6.6**
#铁路	万人次	1 432	1 590	11.0
公路	万人次	9 341	9 803	4.9
水运	万人次	120	122	1.7
民航	万人次	849	1 000	17.8
货物周转量	**万吨公里**	**2 555 990**	**2 741 512**	**7.3**
#铁路	万吨公里	1 528 649	1 568 394	2.6
公路	万吨公里	1 016 108	1 158 729	14.0
水运	万吨公里		81	
民航	万吨公里	11 233	14 308	27.4
旅客周转量	**万人公里**	**2 420 380**	**2 747 613**	**13.5**
#铁路	万人公里	324 497	352 843	8.7
公路	万人公里	1 035 122	1 139 990	10.1
水运	万人公里	727	750	3.2
民航	万人公里	1 060 034	1 254 030	18.3

13-4 民用车辆拥有量

（2013年）　　单位：辆

指　标	总计	营运	非营运	总计中 进口	个人	新注册	报废
合　计	**1 821 344**	**159 308**	**1 613 331**	**80 396**	**1 591 601**	**248 657**	**77 452**
一、汽车	**1 347 358**	**156 285**	**1 191 073**	**80 355**	**1 170 680**	**220 270**	**50 463**
1.载客汽车	1 190 995	23 910	1 167 085	79 957	1 048 970	204 131	38 455
#大型	10 277	8 109	2 168	121	92	1 474	829
中型	7 053	2 030	5 023	428	1 320	404	1 982
小型	1 127 802	13 750	1 114 052	77 706	1 005 645	200 534	12 151
微型	45 863	21	45 842	1 702	41 913	1 719	23 493
#轿车	742 000	12 980	729 020	34 139	675 675	117 201	2 454
2.载货汽车	147 366	130 007	17 359	297	117 404	15 451	10 886
#重型	23 354	22 235	1 119	159	11 874	2 023	2 853
中型	17 266	16 773	493	20	14 667	328	7 127
轻型	106 620	90 944	15 676	118	90 777	13 100	873
微型	126	55	71		86		33
#普通载货	39 250	27 436	11 814	100	30 043	4 295	2 005
3.其它汽车	8 997	2 368	6 629	101	4 306	688	1 122
#三轮汽车	321	99	222		319	1	519
低速货车	1 435	1 348	87		1 425		190
二、电车							
1.无轨							
2.有轨							
三、摩托车	**422 970**	**812**	**422 158**	**39**	**420 192**	**28 196**	**26 892**
1.普通	410 437	810	409 627	39	407 681	27 660	23 207
2.轻便	12 533	2	12 531		12 511	536	3 685
四、拖拉机(农机部门数据)	**48 705**						
1.大中型(农机部门数据)	48 705						
2.小型方向盘式(农机部门数据)							
五、挂车	**2 254**	**2 211**	**43**	**2**	**724**	**191**	**96**
六、其它类型车	**57**		**57**		**5**		**1**
补充资料：机动车驾驶员(人)	2 062 273						
#汽车驾驶员(人)	1 853 639						

主要统计指标解释

货（客）运量　指在一定时期内，各种运输工具实际运送的货物（旅客）数量。是反映运输业为国民经济和人民生活服务的数量指标，也是制定和检查运输生产计划，研究运输发展规模和速度的重要指标。货运按吨计算，客运按人计算。货物不论运输距离长短，货物类别，均按实际重量统计；旅客不论行程远近或票价多少，均按一人一次作为客运量统计。半价票、小孩票也按一人统计。

货物（旅客）周转量　指在一定时期内，由各种运输工具运送的货物（旅客）数量与其相应运输距离的乘积之总和，是反映运输业生产总成果的重要指标，也是编制和检查运输生产计划，计算运输效率、劳动生产率以及核算运输单位成本的主要基础资料。通常以吨公里和人公里为计算单位。计算货物周转量通常按发出站与到达站之间的最短距离，也就是计费距离计算。

建筑业

JIANZHUYE

14

14–1 主要年份建筑业总产值

单位：万元

年 份	总计	国有经济	集体经济	其他经济
1991	191 846	173 793	18 053	
1992	256 427	225 755	30 672	
1993	440 651	367 940	72 711	
1994	611 703	502 497	109 206	
1995	676 470	563 473	112 997	
1996	962 300	676 166	278 833	7 801
1997	1 184 765	792 648	351 993	40 124
1998	1 351 242	830 942	374 028	146 272
1999	1 826 106	1 068 424	504 051	253 631
2000	1 852 377	1 028 066	504 161	320 150
2001	1 917 808	1 013 703	421 465	452 640
2002	1 993 642	959 679	385 784	648 179
2003	2 334 370	1 127 688	322 777	883 905
2004	2 651 715	1 521 902	307 522	822 291
2005	3 490 749	1 839 412	265 472	1 385 865
2006	4 418 535	1 720 165	302 053	2 396 317
2007	5 044 571	1 891 376	273 849	2 879 346
2008	6 005 685	2 938 703	373 262	2 693 720
2009	8 310 772	4 315 608	319 765	3 675 399
2010	11 209 189	5 271 482	348 480	5 589 227
2011	11 999 411	5 996 579	298 543	5 704 289
2012	15 069 574	6 637 097	639 714	7 792 763
2013	18 464 728	8 585 617	1 454 718	8 424 393

14-2 主要年份建筑施工企业数

单位：个

年　份	总计	国有经济	集体经济	其他经济
1991	90	45	45	
1992	96	45	51	
1993	170	63	107	
1994	181	61	120	
1995	150	51	99	
1996	254	54	195	5
1997	397	67	296	34
1998	388	68	275	45
1999	477	99	283	95
2000	489	90	257	142
2001	514	84	222	208
2002	455	66	158	231
2003	465	65	124	276
2004	733	89	120	524
2005	713	77	105	531
2006	877	85	107	685
2007	940	68	107	765
2008	1 062	108	102	852
2009	2 031	110	118	1 803
2010	2 048	121	92	1 835
2011	1 031	75	66	890
2012	1 107	80	65	962
2013	1 182	85	86	1 011

14-3 主要年份建筑施工企业平均人数

单位：人

年份	总计	国有经济	集体经济	其他经济
1991	127 800	114 700	13 100	
1992	243 100	122 600	120 500	
1993	153 916	126 501	27 415	
1994	151 692	119 447	32 245	
1995	149 974	116 791	33 183	
1996	192 157	114 820	72 507	4 830
1997	223 282	111 543	98 155	13 584
1998	235 164	123 991	84 493	26 680
1999	271 156	132 790	94 791	43 575
2000	244 497	116 111	80 435	47 951
2001	254 919	110 227	76 768	67 924
2002	235 553	95 258	66 513	73 782
2003	292 859	131 027	52 822	109 010
2004	240 184	114 170	41 083	84 931
2005	290 663	116 181	36 778	137 704
2006	341 410	93 012	38 941	209 457
2007	376 285	106 130	27 880	242 275
2008	354 805	130 330	31 029	193 446
2009	446 778	190 660	64 470	191 648
2010	479 754	175 415	20 794	283 545
2011	542 880	114 203	17 672	411 005
2012	569 519	229 816	29 632	310 071
2013	609 493	230 948	61 165	317 380

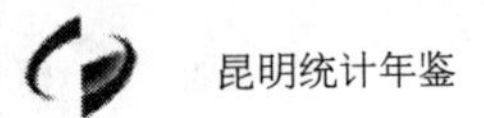

14-4 总承包和专业

（2013年）

指　　标	建筑业企业个数（个）	有工作量的建筑业企业个数	亏损企业个数	合同情 签订的合同额
总计	**1 127**	**1 010**	**186**	**354 158 085**
其中：国有及国有控股企业	85	83	10	210 215 776
一、按登记注册类型分组				
内资企业	1 123	1 007	186	353 716 429
国有企业	37	36	5	57 248 146
集体企业	55	49	3	8 535 744
股份合作企业	4	3		600 174
联营企业	1	1		110 650
国有联营企业				
集体联营企业				
国有与集体联营企业				
其他联营企业	1	1		110 650
有限责任公司	201	182	32	104 640 504
国有独资公司	14	14	2	29 990 370
其他有限责任公司	187	168	30	74 650 134
股份有限公司	45	44	4	104 550 289
私营企业	773	686	140	77 373 411
私营独资企业	6	6		195 705
私营合伙企业				
私营有限责任公司	729	648	137	73 183 986
私营股份有限公司	38	32	3	3 993 720
其他企业	7	6	2	657 511
港、澳、台商投资企业	1	1		238 365
与港澳台商合资经营				
与港澳台商合作经营				
港、澳、台商独资	1	1		238 365
港、澳、台商投资股份有限公司				
其他港澳台投资				
外商投资企业	3	2		203 291
中外合资经营企业	3	2		203 291

承包企业生产完成情况

况(千元)		承包工程完成情况(千元)				建筑业总产值(千元)
上年结转合同额	本年新签合同额	直接从建设单位承揽工程完成的产值	自行完成施工产值	分包出去工程的产值	从建设单位以外承揽工程完成的产值	
154 785 008	**199 373 077**	**181 113 195**	**180 127 380**	**985 815**	**4 003 819**	**184 131 199**
96 991 337	113 224 439	85 454 592	85 036 911	417 681	819 257	85 856 168
154 715 221	199 001 208	180 665 043	179 679 228	985 815	4 003 819	183 683 047
22 240 015	35 008 131	30 123 499	30 108 053	15 446	109 621	30 217 674
1 496 212	7 039 532	7 165 837	7 006 407	159 430	0 860	7 007 267
351 635	248 539	756 021	756 021			756 021
89 000	21 650	104 500	104 500			104 500
89 000	21 650	104 500	104 500			104 500
43 871 278	60 769 226	52 762 634	52 446 650	315 984	1 346 245	53 792 895
11 841 658	18 148 712	10 953 478	10 953 478		2 000	10 955 478
32 029 620	42 620 514	41 809 156	41 493 172	315 984	1 344 245	42 837 417
58 009 506	46 540 783	34 064 414	33 901 943	162 471	1 404 903	35 306 846
28 540 674	48 832 737	55 039 825	54 707 341	332 484	1 142 190	55 849 531
28 595	167 110	99 782	99 782		63 218	163 000
27 689 219	45 494 767	51 469 126	51 138 242	330 884	1 035 882	52 174 124
822 860	3 170 860	3 470 917	3 469 317	1 600	43 090	3 512 407
116 901	540 610	648 313	648 313			648 313
8 365	230 000	307 059	307 059			307 059
8 365	230 000	307 059	307 059			307 059
61 422	141 869	141 093	141 093			141 093
61 422	141 869	141 093	141 093			141 093

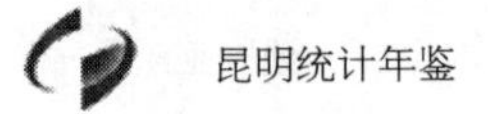

14-4 续表 1

（2013年）

指　　标	建筑业企业个数(个)	有工作量的建筑业企业个数	亏损企业个数	合同情 签订的合同额
中外合作经营企业				
外资企业				
外商投资股份有限公司				
其他外商投资				
二、按国民经济行业分组				
房屋建筑业	371	344	36	173 019 988
土木工程建筑业	226	202	36	156 908 033
铁路、道路、隧道和桥梁工程建筑	101	91	12	76 349 102
铁路工程建筑	25	21	4	19 693 557
公路工程建筑	37	35	3	34 143 796
市政道路工程建筑	35	31	5	11 749 376
其他道路、隧道和桥梁工程建筑	4	4		10 762 373
水利和内河港口工程建筑	30	27	7	9 124 808
水源及供水设施工程建筑	29	26	7	8 975 903
河湖治理及防洪设施工程建筑				
港口及航运设施工程建筑	1	1		148 905
海洋工程建筑				
工矿工程建筑	22	21	4	65 783 751
架线和管道工程建筑	39	34	4	4 601 614
架线及设备工程建筑	36	32	4	4 098 123
管道工程建筑	3	2		503 491
其他土木工程建筑	34	29	9	1 048 758
建筑安装业	252	238	55	15 657 385
电气安装	95	91	17	8 724 139
管道和设备安装	27	23	5	1 165 438
其他建筑安装业	130	124	33	5 767 808
建筑装饰和其他建筑业	278	226	59	8 572 679
建筑装饰业	226	176	48	4 923 665
工程准备活动	26	25	3	2 820 260
建筑物拆除活动	7	7	1	73 442
其他工程准备活动	19	18	2	2 746 818
提供施工设备服务	2	2	1	15 748
其他未列明建筑业	24	23	7	813 006

况(千元)		承包工程完成情况(千元)				建筑业总产值(千元)
上年结转合同额	本年新签合同额	直接从建设单位承揽工程完成的产值	自行完成施工产值	分包出去工程的产值	从建设单位以外承揽工程完成的产值	
66 139 620	106 880 368	105 436 482	105 026 419	410 063	1 439 295	106 465 714
83 155 787	73 752 246	58 330 538	57 824 851	505 687	2 118 064	59 942 915
39 062 849	37 286 253	29 746 552	29 727 021	19 531	1 328 671	31 055 692
12 260 102	7 433 455	7 011 577	7 011 577		28 518	7 040 095
14 256 334	19 887 462	14 317 103	14 314 433	2 670	11 094	14 325 527
7 679 998	4 069 378	3 783 340	3 766 479	16 861	32 342	3 798 821
4 866 415	5 895 958	4 634 532	4 634 532		1 256 717	5 891 249
3 709 918	5 414 890	4 271 298	4 257 983	13 315	380 685	4 638 668
3 561 155	5 414 748	4 223 242	4 209 927	13 315	380 685	4 590 612
148 763	142	48 056	48 056			48 056
39 592 485	26 191 266	19 785 796	19 383 561	402 235	252 584	19 636 145
668 946	3 932 668	3 596 533	3 536 937	59 596	6 609	3 543 546
558 653	3 539 470	3 225 838	3 166 242	59 596	6 609	3 172 851
110 293	393 198	370 695	370 695			370 695
121 589	927 169	930 359	919 349	11 010	149 515	1 068 864
3 634 996	12 022 389	10 693 396	10 670 453	22 943	306 372	10 976 825
1 901 837	6 822 302	5 499 209	5 498 385	824	175 616	5 674 001
441 708	723 730	797 365	790 955	6 410	21 905	812 860
1 291 451	4 476 357	4 396 822	4 381 113	15 709	108 851	4 489 964
1 854 605	6 718 074	6 652 779	6 605 657	47 122	140 088	6 745 745
1 336 964	3 586 701	3 294 703	3 248 598	46 105	129 420	3 378 018
391 234	2 429 026	2 635 940	2 635 940		9 159	2 645 099
25 357	48 085	70 711	70 711		1 300	72 011
365 877	2 380 941	2 565 229	2 565 229		7 859	2 573 088
4 078	11 670	11 670	11 670			11 670
122 329	690 677	710 466	709 449	1 017	1 509	710 958

14-4 续表 2

（2013年）

指　　标	建筑业企业个数(个)	有工作量的建筑业企业个数	亏损企业个数	合同情 签订的合同额
三、按隶属关系分组				
中央	7	7	1	76 068 439
省(自治区、直辖市)	76	72	7	141 090 693
地区(州、盟、省辖市)	49	47	7	24 959 486
县(区、市、旗)	43	37	6	6 072 649
街道	10	9	1	1 824 464
镇	21	20		3 442 062
乡	6	5		605 802
居委会	2	2		807 765
村委会				
其他	913	811	164	99 286 725
四、按企业资质等级分组				
施工总承包	534	492	51	324 573 904
特级	3	3		74 670 799
一级	53	52	1	169 844 210
二级	190	184	14	62 937 444
三级及以下	288	253	36	17 121 451
专业承包	593	518	135	29 584 181
一级	66	66	6	15 332 635
二级	223	198	47	8 197 438
三级及以下	304	254	82	6 054 108
五、按地区分				
昆明市	1 127	1 010	186	354 158 085
五华区	244	212	49	82 646 066
盘龙区	238	212	48	62 911 257
官渡区	148	123	16	135 127 226
西山区	142	132	27	16 654 169

况(千元)		承包工程完成情况(千元)				建筑业总产值(千元)
上年结转合同额	本年新签合同额	直接从建设单位承揽工程完成的产值	自行完成施工产值	分包出去工程的产值	从建设单位以外承揽工程完成的产值	
47 720 213	28 348 226	21 185 260	21 022 789	162 471		21 022 789
53 518 913	87 571 780	65 763 332	65 509 253	254 079	812 192	66 321 445
13 296 409	11 663 077	11 783 008	11 725 215	57 793	1 275 375	13 000 590
1 339 136	4 733 513	5 726 893	5 723 633	3 260	9 760	5 733 393
458 217	1 366 247	1 507 117	1 507 117			1 507 117
777 624	2 664 438	2 984 925	2 975 495	9 430	860	2 976 355
11 554	594 248	574 827	424 827	150 000		424 827
107 349	700 416	45 426	45 426		10 146	55 572
37 555 593	61 731 132	71 542 407	71 193 625	348 782	1 895 486	73 089 111
148 740 897	175 833 007	159 007 297	158 345 936	661 361	3 246 639	161 592 575
43 978 764	30 692 035	22 314 128	22 151 657	162 471	1 256 712	23 408 369
76 701 191	93 143 019	80 226 931	80 224 279	2 652	576 815	80 801 094
24 570 624	38 366 820	41 635 068	41 179 061	456 007	1 014 304	42 193 365
3 490 318	13 631 133	14 831 170	14 790 939	40 231	398 808	15 189 747
6 044 111	23 540 070	22 105 898	21 781 444	324 454	757 180	22 538 624
2 233 320	13 099 315	10 414 460	10 161 381	253 079	269 762	10 431 143
2 594 386	5 603 052	7 009 851	6 986 042	23 809	188 849	7 174 891
1 216 405	4 837 703	4 681 587	4 634 021	47 566	298 569	4 932 590
154 785 008	199 373 077	181 113 195	180 127 380	985 815	4 003 819	184 131 199
30 700 962	51 945 104	44 301 994	44 257 309	44 685	381 689	44 638 998
24 635 680	38 275 577	33 676 091	33 453 137	222 954	131 080	33 584 217
73 149 305	61 977 921	50 829 834	50 558 553	271 281	1 683 441	52 241 994
5 599 810	11 054 359	12 139 131	12 129 031	10 100	850 904	12 979 935

14-4 续表 3

（2013年）

指　　标	建筑业企业个数(个)	有工作量的建筑业企业个数	亏损企业个数	合同情 签订的合同额
东川区	19	17	6	3 580 832
呈贡县	25	23	2	4 509 293
晋宁县	25	25	3	1 763 280
富民县	31	31	2	4 022 741
宜良县	19	19		5 858 962
石林彝族自治县	17	17		3 262 666
嵩明县	24	23	1	6 455 285
禄劝彝族苗族自治县	15	14	1	1 156 623
寻甸回族彝族自治县	19	16	1	1 036 869
昆明国家高新技术产业开发区虚拟	41	35	5	3 007 678
昆明经济技术开发区虚拟	60	52	16	6 320 273
昆明滇池国家旅游度假区	11	10	2	11 315 149
昆明阳宗海风景名胜区管理委员会	4	4		178 232
昆明倘甸产业园区轿子山旅游开发区管委会	2	2		28 393
安宁市	43	43	7	4 323 091
六、按营业状态分				
营业	1 081	995	182	349 172 111
停业(歇业)	26	4	2	433 230
筹建				
当年关闭	8	5		4 267 679
当年破产	2	1		14 363
其他	10	5	2	270 702
七、按控股情况分				
国有控股	85	83	10	210 215 776
集体控股	86	77	7	24 586 125
私人控股	911	810	160	107 318 010
港澳台商控股	1	1		238 365
外商控股	2	2		203 291
其他	42	37	9	11 596 518

况(千元)		承包工程完成情况(千元)				建筑业总产值(千元)
上年结转合同额	本年新签合同额	直接从建设单位承揽工程完成的产值	自行完成施工产值	分包出去工程的产值	从建设单位以外承揽工程完成的产值	
372 449	3 208 383	3 976 811	3 976 811			3 976 811
1 593 429	2 915 864	2 467 362	2 465 645	1 717	164 429	2 630 074
568 680	1 194 600	1 660 856	1 421 092	239 764	305 270	1 726 362
1 063 019	2 959 722	3 401 567	3 399 967	1 600	1 600	3 401 567
1 163 681	4 695 281	5 031 125	5 031 125			5 031 125
1 144 945	2 117 721	2 932 206	2 932 206		1 646	2 933 852
963 370	5 491 915	3 922 072	3 922 072		2 333	3 924 405
100 884	1 055 739	995 833	992 573	3 260	2 760	995 333
393 348	643 521	856 823	847 393	9 430	38 260	885 653
673 439	2 334 239	1 816 713	1 811 953	4 760	289 829	2 101 782
2 104 490	4 215 783	3 802 016	3 792 752	9 264	52 714	3 845 466
9 397 720	1 917 429	5 293 104	5 143 104	150 000	37 864	5 180 968
29 810	148 422	151 895	151 895			151 895
3 580	24 813	27 555	27 555			27 555
1 126 407	3 196 684	3 830 207	3 813 207	17 000	60 000	3 873 207
152 684 335	196 487 776	177 969 844	176 984 529	985 315	4 003 319	180 987 848
87 829	345 401	424 326	424 326			424 326
1 950 337	2 317 342	2 605 727	2 605 227	500	500	2 605 727
	14 363	14 363	14 363			14 363
62 507	208 195	98 935	98 935			98 935
96 991 337	113 224 439	85 454 592	85 036 911	417 681	819 257	85 856 168
10 676 916	13 909 209	14 763 545	14 546 322	217 223	0 860	14 547 182
43 232 511	64 085 499	71 808 362	71 458 951	349 411	3 092 622	74 551 573
8 365	230 000	307 059	307 059			307 059
61 422	141 869	141 093	141 093			141 093
3 814 457	7 782 061	8 638 544	8 637 044	1 500	91 080	8 728 124

14-4 续表 4

（2013年）

指　　标	建筑业总产值(千元)			
	装饰装修产值	在外省完成的产值	建筑工程产值	安装工程产值
总计	**3 596 340**	**15 294 197**	**165 039 874**	**16 173 970**
其中：国有及国有控股企业	112 092	12 139 469	78 522 156	6 568 385
一、按登记注册类型分组				
内资企业	3 596 340	15 281 581	164 646 122	16 119 570
国有企业	46 671	2 032 720	27 527 657	2 456 497
集体企业	39 810	1 239	6 704 388	187 780
股份合作企业			746 021	
联营企业	69 618		104 500	
国有联营企业				
集体联营企业				
国有与集体联营企业				
其他联营企业	69 618		104 500	
有限责任公司	711 572	3 407 720	48 887 814	4 216 906
国有独资公司		1 389 058	9 647 939	1 082 389
其他有限责任公司	711 572	2 018 662	39 239 875	3 134 517
股份有限公司	79 678	9 146 303	32 934 138	2 140 899
私营企业	2 641 991	693 599	47 154 233	7 092 659
私营独资企业	64 228		159 963	3 037
私营合伙企业				
私营有限责任公司	2 528 790	693 599	43 693 476	6 892 556
私营股份有限公司	48 973		3 300 794	197 066
其他企业	7 000		587 371	24 829
港、澳、台商投资企业			307 059	
与港澳台商合资经营				
与港澳台商合作经营				
港、澳、台商独资			307 059	
港、澳、台商投资股份有限公司				
其他港澳台投资				
外商投资企业		12 616	86 693	54 400
中外合资经营企业		12 616	86 693	54 400

其他产值	竣工产值(千元)	房屋建筑施工面积(平方米)	本年新开工面积	实行投标承包面积	本年新开工	施工机械设备 年末自有施工机械设备(净值)(千元)
2 917 355	**87 058 834**	**92 205 970**	**42 053 619**	**65 948 676**	**26 945 037**	**106 198 616**
765 627	27 250 767	45 529 984	18 216 583	39 106 623	13 232 131	102 380 109
2 917 355	86 736 246	92 108 426	42 037 409	65 851 132	26 928 827	106 152 949
233 520	14 418 180	25 317 699	11 287 309	22 755 651	7 436 680	371 704
115 099	6 302 445	3 641 932	2 857 728	2 798 441	2 421 149	247 520
10 000	411 035	755 807	297 494			47 890
	104 500	63 900	63 900	63 900	63 900	25 000
	104 500	63 900	63 900	63 900	63 900	25 000
688 175	22 838 646	28 540 210	11 245 616	22 616 458	9 208 707	772 279
225 150	3 001 000	4 186 369	1 616 762	3 472 509	1 073 255	75 360
463 025	19 837 646	24 353 841	9 628 854	19 143 949	8 135 452	696 919
231 809	9 287 929	4 573 537	2 126 001	4 422 986	2 103 587	102 916 524
1 602 639	32 799 487	29 215 341	14 159 361	13 193 696	5 694 804	1 771 923
	103 408	83 507	36 273			3 000
1 588 092	30 633 501	27 355 289	13 224 665	11 641 335	4 988 656	1 694 283
14 547	2 062 578	1 776 545	898 423	1 552 361	706 148	74 640
36 113	574 024					0 109
	307 059					30 064
	307 059					30 064
	15 529	97 544	16 210	97 544	16 210	15 603
	15 529	97 544	16 210	97 544	16 210	15 603

14-4 续表 5

（2013年）

指　　标	建筑业总产值(千元)			
	装饰装修产值	在外省完成的产值	建筑工程产值	安装工程产值
中外合作经营企业				
外资企业				
外商投资股份有限公司				
其他外商投资				
二、按国民经济行业分组				
房屋建筑业	834 710	2 039 319	101 046 166	3 800 930
土木工程建筑业	102 615	12 424 231	54 810 440	4 345 069
铁路、道路、隧道和桥梁工程建筑	26 358	5 913 393	30 859 415	84 083
铁路工程建筑	840	1 449 853	7 024 608	2 004
公路工程建筑	24 090	469 358	14 304 681	4 430
市政道路工程建筑	1 428	208 450	3 660 209	77 645
其他道路、隧道和桥梁工程建筑		3 785 732	5 869 917	4
水利和内河港口工程建筑		166 940	4 313 001	275 613
水源及供水设施工程建筑		166 940	4 265 531	275 613
河湖治理及防洪设施工程建筑				
港口及航运设施工程建筑			47 470	
海洋工程建筑				
工矿工程建筑		6 281 992	17 667 699	1 604 337
架线和管道工程建筑	74 101	30 602	1 134 063	2 316 484
架线及设备工程建筑	74 101	30 602	1 134 063	1 945 789
管道工程建筑				370 695
其他土木工程建筑	2 156	31 304	836 262	64 552
建筑安装业	150 190	672 209	3 192 205	7 615 965
电气安装	94 142	397 766	1 475 422	4 144 130
管道和设备安装		16 251	272 777	540 083
其他建筑安装业	56 048	258 192	1 444 006	2 931 752
建筑装饰和其他建筑业	2 508 825	158 438	5 991 063	412 006
建筑装饰业	2 507 695	33 569	2 880 747	322 449
工程准备活动		123 341	2 568 935	400
建筑物拆除活动			59 286	
其他工程准备活动		123 341	2 509 649	400
提供施工设备服务			11 670	
其他未列明建筑业	1 130	1 528	529 711	89 157

其他产值	竣工产值(千元)	房屋建筑施工面积(平方米)	本年新开工面积	实行投标承包面积	本年新开工	施工机械设备
						年末自有施工机械设备(净值)(千元)
1 618 618	57 359 299	86 811 281	39 641 852	63 022 135	25 558 742	1 938 394
787 406	18 548 025	4 203 588	2 108 228	2 347 535	1 203 762	103 694 983
112 194	12 076 926	1 022 843	535 518	879 491	463 618	101 805 702
13 483	2 695 914	531 295	125 687	530 795	124 187	333 515
16 416	3 312 030	273 673	273 673	273 673	273 673	100 259 938
60 967	2 277 682	217 875	136 158	75 023	65 758	56 320
21 328	3 791 300					1 155 929
50 054	1 895 657	878 085	199 204	3 210	3 210	78 229
49 468	1 895 657	878 085	199 204	3 210	3 210	78 229
586						
364 109	1 626 530	1 793 765	1 156 775	1 257 553	620 563	1 692 793
92 999	2 202 848	97 628	64 718	39 628	6 718	84 022
92 999	1 920 284	97 628	64 718	39 628	6 718	80 454
	282 564					3 568
168 050	746 064	411 267	152 013	167 653	109 653	34 237
168 655	6 586 353	1 114 833	264 628	532 374	166 738	160 048
54 449	3 574 586	386 628	76 911	313 613	29 311	106 070
	466 316	147 344	16 210	97 544	16 210	11 213
114 206	2 545 451	580 861	171 507	121 217	121 217	42 765
342 676	4 565 157	76 268	38 911	46 632	15 795	405 191
174 822	2 019 533	4 956	2 295	4 136	2 295	91 079
75 764	2 035 454	28 996		28 996		278 543
12 725	72 011					1 541
63 039	1 963 443	28 996		28 996		277 002
	8 070					
92 090	502 100	42 316	36 616	13 500	13 500	35 569

14–4 续表 6

（2013年）

指　　标	建筑业总产值(千元)			
	装饰装修产值	在外省完成的产值	建筑工程产值	安装工程产值
三、按隶属关系分组				
中央		8 056 049	19 812 786	994 068
省(自治区、直辖市)	168 615	4 367 506	61 409 719	4 564 554
地区(州、盟、省辖市)	88 508	2 003 388	11 824 329	956 246
县(区、市、旗)	3 965		5 057 466	629 059
街道	500		1 453 481	3 500
镇	9 400		2 940 594	11 205
乡			385 822	700
居委会			55 333	239
村委会				
其他	3 325 352	867 254	62 100 344	9 014 399
四、按企业资质等级分组				
施工总承包	959 564	14 005 002	150 235 219	9 193 400
特级		6 862 187	22 870 541	343 218
一级	104 417	3 830 315	74 270 373	6 059 461
二级	544 430	3 111 456	39 269 700	1 809 679
三级及以下	310 717	201 044	13 824 605	981 042
专业承包	2 636 776	1 289 195	14 804 655	6 980 570
一级	1 073 299	913 474	7 311 794	3 045 420
二级	1 011 126	93 585	4 766 858	2 097 059
三级及以下	552 351	282 136	2 726 003	1 838 091
五、按地区分				
昆明市	3 596 340	15 294 197	165 039 874	16 173 970
五华区	423 086	3 383 473	40 012 164	4 262 786
盘龙区	1 410 876	790 739	26 803 050	5 765 132
官渡区	470 689	10 498 684	49 655 282	2 253 060
西山区	529 403	1 030	11 662 788	1 190 787

						施工机械设备
其他产值	竣工产值(千元)	房屋建筑施工面积(平方米)	本年新开工面积	实行投标承包面积	本年新开工	年末自有施工机械设备(净值)(千元)
215 935	3 207 817	2 374 120	1 125 814	1 969 000	1 052 914	1 957 180
347 172	25 491 714	43 712 984	17 094 038	38 476 953	13 047 985	100 526 597
220 015	8 697 796	3 481 225	1 202 070	2 985 304	739 838	1 100 368
46 868	3 919 249	3 356 444	2 981 989	2 377 978	2 340 600	64 165
50 136	1 385 398	829 970	670 623	747 049	655 848	36 858
24 556	2 626 036	1 582 881	1 039 515	1 175 626	999 523	168 982
38 305	424 827	177 003	56 425	170 623	55 935	15 438
	51 705	3 785				
1 974 368	41 254 292	36 687 558	17 883 145	18 046 143	8 052 394	2 329 028
2 163 956	74 657 182	88 975 071	40 609 209	65 015 630	26 538 919	105 413 299
194 610	5 769 512	8 407 631	3 398 786	8 407 631	3 398 786	2 463 611
471 260	33 789 576	53 458 678	21 520 295	42 616 869	14 898 253	100 752 990
1 113 986	24 273 455	20 655 084	11 555 232	11 127 704	5 905 548	1 465 458
384 100	10 824 639	6 453 678	4 134 896	2 863 426	2 336 332	731 240
753 399	12 401 652	3 230 899	1 444 410	933 046	406 118	785 317
73 929	5 207 668	1 307 751	612 664	595 611	246 235	447 555
310 974	4 353 762	1 440 868	703 882	128 691	38 135	189 237
368 496	2 840 222	482 280	127 864	208 744	121 748	148 525
2 917 355	87 058 834	92 205 970	42 053 619	65 948 676	26 945 037	106 198 616
364 048	16 995 684	29 243 231	9 778 662	26 637 584	8 905 950	729 563
1 016 035	14 710 350	16 751 504	10 394 774	9 424 255	2 567 103	616 321
333 652	18 003 087	22 084 346	8 234 602	14 275 435	6 127 182	102 999 203
126 360	10 886 577	5 501 134	3 011 101	2 788 543	1 619 877	339 137

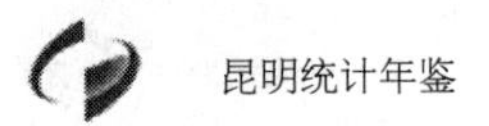

14-4 续表 7

（2013年）

指标	建筑业总产值(千元)			
	装饰装修产值	在外省完成的产值	建筑工程产值	安装工程产值
东川区	20 000		3 608 709	159 408
呈贡县	47 211	130 010	2 307 358	123 532
晋宁县	188 966	1 385	1 547 809	95 020
富民县	69 291		3 240 340	97 016
宜良县			4 923 715	84 520
石林彝族自治县	148 900		2 681 363	252 489
嵩明县	125 141	330 442	3 453 440	461 229
禄劝彝族苗族自治县	53 855		526 629	441 110
寻甸回族彝族自治县	1 264		787 606	88 090
昆明国家高新技术产业开发区虚拟	23 487	28 426	1 714 768	330 973
昆明经济技术开发区虚拟	11 231	115 330	3 567 389	145 150
昆明滇池国家旅游度假区	37 770		5 125 796	26 560
昆明阳宗海风景名胜区管理委员会			119 040	32 855
昆明倘甸产业园区轿子山旅游开发区管委会			21 961	
安宁市	35 170	14 678	3 280 667	364 253
六、按营业状态分				
营业	3 589 344	15 233 272	161 903 619	16 166 874
停业(歇业)	5 496		418 830	5 496
筹建				
当年关闭	1 500	60 925	2 604 127	1 600
当年破产			14 363	
其他			98 935	
七、按控股情况分				
国有控股	112 092	12 139 469	78 522 156	6 568 385
集体控股	130 996	236 109	13 421 835	992 322
私人控股	3 160 704	2 752 061	64 876 589	7 951 819
港澳台商控股			307 059	
外商控股		12 616	86 693	54 400
其他	192 548	153 942	7 825 542	607 044

其他产值	竣工产值(千元)	房屋建筑施工面积(平方米)	本年新开工面积	实行投标承包面积	本年新开工	施工机械设备 年末自有施工机械设备(净值)(千元)
208 694	1 565 883	1 900 890	719 414	254 920	85 220	33 190
199 184	1 791 084	1 739 089	615 893	1 347 446	484 717	34 023
83 533	1 244 367	749 118	293 167	406 319	151 676	156 791
64 211	3 283 129	1 611 713	1 183 534	737 469	547 866	181 466
22 890	4 597 745	2 938 250	2 783 453	2 812 584	2 761 039	144 914
	2 347 276	1 750 687	1 479 310	965 703	933 123	128 092
9 736	2 333 379	1 085 444	780 806	987 398	689 212	179 118
27 594	535 342	225 040	174 611	97 442	72 705	40 753
9 957	808 117	279 896	163 255	123 086	29 062	46 242
56 041	1 382 023	976 551	578 990	930 591	566 617	21 288
132 927	1 541 936	263 147	44 570	16 776		145 827
28 612	2 834 863	3 206 317	544 808	3 193 775	544 808	214 219
	136 158	7 838	7 838	6 838	6 838	18 769
5 594	27 555	31 211	10 272	23 530	10 272	8 876
228 287	2 034 279	1 860 564	1 254 559	918 982	841 770	160 824
2 917 355	85 787 784	90 738 785	40 778 867	64 797 671	25 811 254	106 135 504
	417 846	243 821	129 271	4 700		35 978
	774 469	1 157 355	1 137 441	1 138 292	1 133 783	21 850
	14 363	8 013		8 013		560
	64 372	57 996	8 040			4 724
765 627	27 250 767	45 529 984	18 216 583	39 106 623	13 232 131	102 380 109
133 025	10 391 550	7 249 711	4 884 522	5 793 276	4 033 664	452 189
1 723 165	44 458 719	33 633 907	16 769 654	16 201 588	7 835 300	3 209 250
	307 059					30 064
	15 529	97 544	16 210	97 544	16 210	15 603
295 538	4 635 210	5 694 824	2 166 650	4 749 645	1 827 732	111 401

14-4 续表 8

（2013年）

指标	施工机械设备		从业	
	年末自有施工机械设备		从事主营业务活动的从业人员期末人数	从事主营业务活动的从业人员平均人数
	总台数(台)	总功率(千瓦)		
总计	**70 975**	**2 776 380**	**603 478**	**608 189**
其中：国有及国有控股企业	34 032	1 312 342	220 952	230 948
一、按登记注册类型分组				
内资企业	70 488	2 730 263	601 718	606 391
国有企业	6 559	97 700	80 075	83 227
集体企业	5 927	126 010	35 850	33 282
股份合作企业	631	33 263	2 462	2 611
联营企业	223	5 054	1 040	1 099
国有联营企业				
集体联营企业				
国有与集体联营企业				
其他联营企业	223	5 054	1 040	1 099
有限责任公司	13 488	401 721	169 900	177 280
国有独资公司	2 846	78 937	36 160	36 767
其他有限责任公司	10 642	322 784	133 740	140 513
股份有限公司	25 289	1 259 071	107 723	100 178
私营企业	18 365	807 336	204 144	207 846
私营独资企业	20	321	626	704
私营合伙企业				
私营有限责任公司	17 380	751 369	191 828	193 843
私营股份有限公司	965	55 646	11 690	13 299
其他企业	6	108	524	868
港、澳、台商投资企业	115	10 900	821	664
与港澳台商合资经营				
与港澳台商合作经营				
港、澳、台商独资	115	10 900	821	664
港、澳、台商投资股份有限公司				
其他港澳台投资				
外商投资企业	372	35 217	939	1 134
中外合资经营企业	372	35 217	939	1 134

人员情况(人)					主要建筑材料消耗量	
年末从业人数	工程技术人员	一级建造师	现场施工工人	持证上岗人员	钢材(吨)	木材(立方米)
417 611	**77 203**	**3 039**	**251 924**	**117 126**	**46 788 782**	**4 946 748**
94 572	23 349	1 199	65 636	38 440	42 927 874	4 233 018
415 835	77 087	3 022	250 912	117 046	46 773 751	4 932 118
32 590	8 460	460	15 532	9 807	942 338	239 018
31 935	7 260	6	22 003	12 503	265 648	51 259
2 598	447	15	498	298	39 164	10 043
1 040	65	1	888	400	3 414	797
1 040	65	1	888	400	3 414	797
102 513	20 977	860	72 048	37 192	1 730 166	4 020 595
15 609	2 443	168	22 568	7 405	288 322	181 696
86 904	18 534	692	49 480	29 787	1 441 844	3 838 899
61 279	10 493	492	45 874	13 856	41 863 521	84 955
183 339	29 278	1 176	93 842	42 802	1 929 097	525 451
626	123	1	276	245	2 960	57
170 812	26 400	1 102	84 362	37 986	1 764 882	503 655
11 901	2 755	73	9 204	4 571	161 255	21 739
541	107	12	227	188	403	
821	36		624			
821	36		624			
955	80	17	388	80	15 031	14 630
955	80	17	388	80	15 031	14 630

14-4 续表 9

（2013年）

指　　标	施工机械设备		从业	
	年末自有施工机械设备		从事主营业务活动的从业人员期末人数	从事主营业务活动的从业人员平均人数
	总台数(台)	总功率(千瓦)		
中外合作经营企业				
外资企业				
外商投资股份有限公司				
其他外商投资				
二、按国民经济行业分组				
房屋建筑业	29 636	991 418	344 487	350 571
土木工程建筑业	32 419	1 585 114	193 938	187 347
铁路、道路、隧道和桥梁工程建筑	9 409	634 913	122 618	115 690
铁路工程建筑	2 286	132 970	19 099	18 413
公路工程建筑	4 990	302 230	61 901	56 940
市政道路工程建筑	765	57 843	23 661	20 701
其他道路、隧道和桥梁工程建筑	1 368	141 870	17 957	19 636
水利和内河港口工程建筑	1 747	62 496	16 604	16 764
水源及供水设施工程建筑	1 747	62 496	16 134	16 296
河湖治理及防洪设施工程建筑				
港口及航运设施工程建筑			470	468
海洋工程建筑				
工矿工程建筑	17 459	801 197	40 112	39 205
架线和管道工程建筑	3 557	76 065	12 151	12 819
架线及设备工程建筑	3 518	74 610	10 872	11 567
管道工程建筑	39	1 455	1 279	1 252
其他土木工程建筑	247	10 443	2 453	2 869
建筑安装业	5 898	112 234	39 040	44 264
电气安装	4 322	81 311	15 788	15 390
管道和设备安装	356	3 449	4 885	5 643
其他建筑安装业	1 220	27 474	18 367	23 231
建筑装饰和其他建筑业	3 022	87 614	26 013	26 007
建筑装饰业	1 605	31 760	12 853	13 045
工程准备活动	836	40 692	10 849	10 682
建筑物拆除活动	26	1 204	291	288
其他工程准备活动	810	39 488	10 558	10 394
提供施工设备服务			108	107
其他未列明建筑业	581	15 162	2 203	2 173

人员情况(人)					主要建筑材料消耗量	
年末从业人数	工程技术人员	一级建造师	现场施工人	持证上岗人员	钢材(吨)	木材(立方米)
259 076	43 776	1 350	148 863	71 355	4 637 415	4 592 293
110 066	22 575	985	69 348	29 999	41 772 832	296 254
75 008	13 410	556	42 548	17 095	41 040 963	33 473
12 135	3 048	130	9 154	5 618	113 442	11 049
32 204	4 641	220	12 266	5 094	40 599 377	9 721
13 725	4 197	100	6 485	5 109	71 935	7 970
16 944	1 524	106	14 643	1 274	256 209	4 733
8 274	1 979	73	3 846	2 277	88 470	2 534
7 674	1 803	71	3 681	2 242	88 450	2 534
600	176	2	165	35	20	
14 422	4 589	214	14 432	6 714	555 084	211 417
9 940	2 108	116	6 933	3 114	34 770	2 255
9 184	1 837	103	6 501	2 750	33 914	2 255
756	271	13	432	364	856	
2 422	489	26	1 589	799	53545	46 575
28 536	6 032	402	21 600	11 178	225 838	38 510
11 858	2 664	160	11 195	7 200	132 178	5 056
3 502	471	43	2 379	1 095	7 476	14 890
13 176	2 897	199	8 026	2 883	86 184	18 564
19 933	4 820	302	12 113	4 594	152 697	19 691
12 692	2 748	227	8 513	2 939	51 573	17 103
4 982	1 315	30	2 335	814	80 716	122
297	51		191	158	448	27
4 685	1 264	30	2 144	656	80 268	95
108	39	1	94	45		
2 151	718	44	1 171	796	20 408	2 466

14-4 续表 10

（2013年）

指标	施工机械设备		从业	
	年末自有施工机械设备		从事主营业务活动的从业人员期末人数	从事主营业务活动的从业人员平均人数
	总台数(台)	总功率(千瓦)		
三、按隶属关系分组				
中央	18 078	860 694	45 718	44 936
省(自治区、直辖市)	18 148	480 034	191 323	194 513
地区(州、盟、省辖市)	4 011	264 692	41 884	41 505
县(区、市、旗)	1 158	17 636	22 062	25 199
街道	1 966	34 736	9 395	7 133
镇	3 507	75 806	16 601	16 435
乡	258	3 846	2 125	1 997
居委会			145	143
村委会				
其他	23 849	1 038 936	274 225	276 328
四、按企业资质等级分组				
施工总承包	61 949	2 505 431	524 592	523 764
特级	18 350	862 597	40 690	40 517
一级	23 931	971 130	270 107	263 131
二级	11 808	450 744	144 693	149 814
三级及以下	7 860	220 960	69 102	70 302
专业承包	9 026	270 949	78 886	84 425
一级	5 061	145 895	28 368	32 532
二级	2 237	71 959	29 558	30 668
三级及以下	1 728	53 095	20 960	21 225
五、按地区分				
昆明市	70 975	2 776 380	603 478	608 189
五华区	11 988	358 855	160 372	158 393
盘龙区	10 765	508 636	108 153	122 667
官渡区	30 294	1 285 482	117 801	113 627
西山区	2 968	71 780	77 611	72 455

人员情况(人)					主要建筑材料消耗量	
年末从业人数	工程技术人员	一级建造师	现场施工工人	持证上岗人员	钢材(吨)	木材(立方米)
22 769	7 313	267	11 794	10 377	563 695	60 348
75 095	16 850	1 003	47 974	26 336	42 465 039	4 000 978
36 654	4 111	217	31 820	7 060	492 461	111 030
19 237	4 245	36	12 170	8 131	173 382	26 284
9 962	1 498	1	6 804	3 095	29 347	5 785
14 731	4 594	9	10 391	6 529	128 146	10 693
2 125	441	1	1 189	489	26 085	5 596
145	38		45	43	56	266
236 893	38 113	1 505	129 737	55 066	2 910 571	725 768
363 551	65 769	2 280	211 034	98 465	46 194 161	4 693 032
25 693	4 605	278	18 047	5 248	784 815	81 322
147 838	21 987	1 236	80 830	32 644	43 687 408	3 880 120
124 706	24 957	596	71 433	37 282	1 323 353	546 620
65 314	14 220	170	40 724	23 291	398 585	184 970
54 060	11 434	759	40 890	18 661	594 621	253 716
16 664	3 346	381	14 751	7 622	283 232	186 290
18 953	4 124	261	15 263	5 591	98 602	9 927
18 443	3 964	117	10 876	5 448	212 787	57 499
417 611	77 203	3 039	251 924	117 126	46 788 782	4 946 748
71 840	13 490	689	58 000	24 950	1 523 917	3 871 941
73 356	11 353	647	31 782	11 814	1 158 141	247 403
84 604	15 914	894	56 418	21 021	42 639 639	378 597
52 998	8 492	310	39 635	20 712	219 965	95 898

14-4 续表 11

（2013年）

指　　标	施工机械设备		从业	
	年末自有施工机械设备		从事主营业务活动的从业人员期末人数	从事主营业务活动的从业人员平均人数
	总台数(台)	总功率(千瓦)		
东川区	546	17 764	13 315	16 307
呈贡县	536	16 819	3 395	3 545
晋宁县	1 451	67 153	7 134	6 304
富民县	1 659	27 817	15 485	15 869
宜良县	3 472	52 253	26 460	24 530
石林彝族自治县	648	19 588	10 574	11 071
嵩明县	798	62 652	11 635	10 991
禄劝彝族苗族自治县	325	6 445	3 687	3 535
寻甸回族彝族自治县	564	33 960	2 059	2 054
昆明国家高新技术产业开发区虚拟	362	23 053	8 487	7 051
昆明经济技术开发区虚拟	1 069	57 487	6 765	7 099
昆明滇池国家旅游度假区	547	46 022	19 092	18 461
昆明阳宗海风景名胜区管理委员会	600	6 810	901	903
昆明倘甸产业园区轿子山旅游开发区管委会	52	3 640	129	129
安宁市	2 331	110 164	10 423	13 198
六、按营业状态分				
营业	70 212	2 748 237	587 590	592 946
停业(歇业)	130	4 874	1 908	1 619
筹建				
当年关闭	528	19 512	12 708	12 334
当年破产	9	530	21	48
其他	96	3 227	1 251	1 242
七、按控股情况分				
国有控股	34 032	1 312 342	220 952	230 948
集体控股	11 329	237 323	65 011	61 165
私人控股	23 984	1 128 387	287 549	283 005
港澳台商控股	115	10 900	821	664
外商控股	372	35 217	939	1 134
其他	1 143	52 211	28 206	31 273

人员情况(人)					主要建筑材料消耗量	
年末从业人数	工程技术人员	一级建造师	现场施工工人	持证上岗人员	钢材(吨)	木材(立方米)
12 749	785	5	4 418	1 414	53 873	5 789
3 702	920	44	1 690	1 239	94 931	66 820
9 010	2 159	17	5 811	1 179	84 193	18 636
16 421	3 713	28	8 776	6 461	104 087	26 617
27 086	6 946	13	18 796	13 061	191 114	4 015
7 207	1 824	2	4 793	2 899	117 256	27 864
11 846	2 979	32	7 590	4 154	122 815	37 152
3 914	714	2	2 936	1 523	19 556	5 100
2 366	492	15	1 461	793	25 980	7 337
3 471	1 339	82	1 954	1 259	41 624	10 031
5 031	2 304	139	2 857	1 357	20 710	3 639
19 124	959	47	524	338	189 116	11 637
901	416	2	490	467	1 009	229
134	86		128		1 397	114
11 851	2 318	71	3 865	2 485	179 459	127 929
411 599	76 460	2 985	248 768	114 902	46 645 522	4 902 583
1 408	121	11	480	344	8 827	2 715
3 290	538	39	2 048	1 259	130 609	19 414
48	12		21	21	23	50
1 266	72	4	607	600	3 801	21 986
94 572	23 349	1 199	65 636	38 440	42 927 874	4 233 018
51 323	10 060	112	33 955	16 891	519 926	64 738
253 670	38 570	1 573	142 428	58 242	3 013 764	623 347
821	36		624			
955	80	17	388	80	15 031	14 630
16 270	5 108	138	8 893	3 473	312 187	11 015

14-4 续表 12

（2013年）

指标	主要建筑材料消耗量			
	水泥(吨)	平板玻璃(重量箱)	平板玻璃(平方米)	铝材(吨)
总计	**31 839 528**	**297 161**	**3 415 914**	**139 227**
其中：国有及国有控股企业	24 172 901	32 085	475 903	72 383
一、按登记注册类型分组				
内资企业	31 810 265	296 301	3 390 914	138 727
国有企业	1 323 909	15 918	87 715	71 327
集体企业	1 130 873	13 431	416 549	3 267
股份合作企业	138 712	785	116 920	427
联营企业	11 437	854	5 690	57
国有联营企业				
集体联营企业				
国有与集体联营企业				
其他联营企业	11 437	854	5 690	57
有限责任公司	4 026 067	49 999	920 051	13 143
国有独资公司	883 178	7 067	263 235	545
其他有限责任公司	3 142 889	42 932	656 816	12 598
股份有限公司	21 811 351	3 410	17 745	457
私营企业	3 367 911	211 904	1 826 244	50 041
私营独资企业	6 748	473	3 322	58
私营合伙企业				
私营有限责任公司	3 015 581	205 161	1 766 864	47 537
私营股份有限公司	345 582	6 270	56 058	2 446
其他企业	5			8
港、澳、台商投资企业				
与港澳台商合资经营				
与港澳台商合作经营				
港、澳、台商独资				
港、澳、台商投资股份有限公司				
其他港澳台投资				
外商投资企业	29 263	860	25 000	500
中外合资经营企业	29 263	860	25 000	500

企业总产值(千元)	房屋建筑竣工面积(平方米)	住宅房屋	商业及服务用房屋	商厦房屋(批发和零售用房)	宾馆用房屋(住宿用房)	餐饮用房屋(餐饮用房)
190 613 739	**31 915 667**	**23 407 897**	**2 545 934**	**441 658**	**347 238**	**101 036**
88 905 591	9 396 913	6 576 913	436 305	58 666	109 923	
190 090 054	31 915 667	23 407 897	2 545 934	441 658	347 238	101 036
30 347 479	4 841 514	3 234 203	140 460	28 666		
7 096 195	2 686 816	1 889 800	271 182			900
756 021	160 374	160 374				
104 500	56 900	40 000	16 900	16 900		
104 500	56 900	40 000	16 900	16 900		
56 535 500	8 457 453	6 125 873	678 956	218 381	116 777	1 950
12 720 858	942 526	578 267	109 923		109 923	
43 814 642	7 514 927	5 547 606	569 033	218 381	6 854	1 950
35 952 892	1 367 056	1 231 699	35 264	30 000	5 264	
58 649 153	14 345 554	10 725 948	1 403 172	147 711	225 197	98 186
180 515	58 622					
54 654 228	13 512 993	10 262 935	1 336 340	147 711	212 564	98 186
3 814 410	773 939	463 013	66 832		12 633	
648 314						
307 059						
307 059						
216 626						
216 626						

14-4 续表 13

（2013年）

指　　标	主要建筑材料消耗量			
	水泥(吨)	平板玻璃(重量箱)	平板玻璃(平方米)	铝材(吨)
中外合作经营企业				
外资企业				
外商投资股份有限公司				
其他外商投资				
二、按国民经济行业分组				
房屋建筑业	8 008 637	234 356	2 958 390	117 547
土木工程建筑业	23 182 095	34 859	141 681	5 910
铁路、道路、隧道和桥梁工程建筑	20 428 495	5 049	78 552	830
铁路工程建筑	289 951	2 465	12 268	43
公路工程建筑	19 276 854	983	29 430	43
市政道路工程建筑	284 187	1 601	36 854	744
其他道路、隧道和桥梁工程建筑	577 503			
水利和内河港口工程建筑	646 525	3 543	35 310	76
水源及供水设施工程建筑	646 405	3 543	35 310	76
河湖治理及防洪设施工程建筑				
港口及航运设施工程建筑	120			
海洋工程建筑				
工矿工程建筑	1 900 718	186	680	61
架线和管道工程建筑	38 025	278	1 336	130
架线及设备工程建筑	38 025	278	1 336	130
管道工程建筑				
其他土木工程建筑	168 332	25 803	25 803	4 813
建筑安装业	240 546	6 252	62 950	8 597
电气安装	23 545	2 582	8 465	3 244
管道和设备安装	30 783	872	28 104	572
其他建筑安装业	186 218	2 798	26 381	4 781
建筑装饰和其他建筑业	408 250	21 694	252 893	7 173
建筑装饰业	57 108	21 662	252 861	7 132
工程准备活动	252 401	20	20	25
建筑物拆除活动	912			
其他工程准备活动	251 489	20	20	25
提供施工设备服务				
其他未列明建筑业	98 741	12	12	16

企业总产值(千元)	房屋建筑竣工面积(平方米)	住宅房屋	商业及服务用房屋	商厦房屋(批发和零售用房)	宾馆用房屋(住宿用房)	餐饮用房屋(餐饮用房)
109 777 191	30 109 017	22 410 285	2 416 222	399 658	275 238	88 824
61 709 667	996 980	690 499	30 000	7 000	16 000	3 500
31 824 649	580 867	503 596				
7 515 770	194 726	136 455				
14 414 181	197 370	197 370				
4 003 446	188 771	169 771				
5 891 252						
4 684 939	181 705	165 243				
4 636 883	181 705	165 243				
48 056						
20 146 605	60 448	13 760				
3 956 221	65 860					
3 494 474	65 860					
461 747						
1 097 253	108 100	7 900	30 000	7 000	16 000	3 500
11 426 749	733 402	307 113	99 712	35 000	56 000	8 712
6 010 880	384 028	281 313	35 000	35 000		
896 982	49 800		36 000		36 000	
4 518 887	299 574	25 800	28 712		20 000	8 712
7 700 132	76 268					
4 326 788	4 956					
2 649 699	28 996					
72 011						
2 577 688	28 996					
11 670						
711 975	42 316					

14-4 续表 14

（2013年）

指　　标	主要建筑材料消耗量			
	水泥 (吨)	平板 玻璃 (重量箱)	平板 玻璃 (平方米)	铝材 (吨)
三、按隶属关系分组				
中央	2 136 878	2 288	11 218	44
省(自治区、直辖市)	22 226 223	27 717	464 171	72 079
地区(州、盟、省辖市)	1 639 093	5 630	116 163	1 338
县(区、市、旗)	661 736	10 359	50 453	2 427
街道	153 512	3 293	238 371	361
镇	374 948	4 689	131 422	1 558
乡	145 916	2 964	32 810	126
居委会	528	22	61	23
村委会				
其他	4 500 694	240 199	2 371 245	61 271
四、按企业资质等级分组				
施工总承包	30 752 494	236 649	2 880 640	118 063
特级	2 234 217	2 703	10 812	0 267
一级	24 212 624	61 444	793 365	4 341
二级	2 685 782	124 002	1 305 260	99 219
三级及以下	1 619 871	48 500	771 203	14 236
专业承包	1 087 034	60 512	535 274	21 164
一级	468 299	24 892	358 375	5 190
二级	316 669	5 238	83 708	8 576
三级及以下	302 066	30 382	93 191	7 398
五、按地区分				
昆明市	31 839 528	297 161	3 415 914	139 227
五华区	3 870 203	57 473	515 331	11 839
盘龙区	1 990 069	81 043	700 401	17 822
官渡区	21 919 368	43 495	503 322	76 604
西山区	806 481	23 609	356 341	8 010

企业总产值(千元)	房屋建筑竣工面积(平方米)					
		住宅房屋	商业及服务用房屋			
				商厦房屋(批发和零售用房)	宾馆用房屋(住宿用房)	餐饮用房屋(餐饮用房)
22 014 611	822 858	410 787				
68 276 699	9 117 736	6 364 696	699 866	187 593	109 923	
13 264 054	803 547	502 779	35 277			1 550
5 835 849	1 852 127	1 718 792	1 450			
1 507 867	688 451	640 437	400			400
3 027 073	1 162 392	578 683	268 795			900
424 827	158 451	31 431				
55 572	421					
76 207 187	17 309 684	13 160 292	1 540 146	254 065	237 315	98 186
166 452 415	30 492 834	22 707 812	2 400 874	375 998	275 238	97 136
23 928 091	1 030 996	463 978	74 382	28 666		
83 953 911	16 228 417	12 357 580	1 397 216	204 621	135 276	
43 104 060	8 774 781	6 662 043	690 390	66 351	52 222	74 841
15 466 353	4 458 640	3 224 211	238 886	76 360	87 740	22 295
24 161 324	1 422 833	700 085	145 060	65 660	72 000	3 900
10 563 108	382 128	290 019	23 660	23 660		
8 418 210	832 202	385 072	55 400	35 000	20 000	400
5 180 006	208 503	24 994	66 000	7 000	52 000	3 500
190 613 739	31 915 667	23 407 897	2 545 934	441 658	347 238	101 036
44 936 728	6 587 842	4 683 833	522 586	159 378	19 383	9 393
35 438 142	3 455 071	2 336 739	394 057	62 594	176 218	69 841
54 934 581	6 818 212	5 369 376	187 146	104 166	25 264	
13 366 386	3 474 319	1 899 384	804 337	81 906	2	5 002

14-4 续表 15

（2013年）

指　　标	主要建筑材料消耗量			
	水泥(吨)	平板玻璃(重量箱)	平板玻璃(平方米)	铝材(吨)
东川区	253 881	16 023	92 933	540
呈贡县	238 457	7 099	116 845	1 055
晋宁县	89 612	5 181	325 039	5 306
富民县	204 734	5 558	98 445	1 872
宜良县	717 718	4 914	147 800	507
石林彝族自治县	219 614	7 435	140 028	680
嵩明县	221 198	25 339	127 233	289
禄劝彝族苗族自治县	133 566	4 555	30 664	2 466
寻甸回族彝族自治县	93 721	1 063	17 215	179
昆明国家高新技术产业开发区虚拟	231 064	2 292	23 474	7 526
昆明经济技术开发区虚拟	194 980	2 116	13 923	279
昆明滇池国家旅游度假区	224 557	1 129	12 505	77
昆明阳宗海风景名胜区管理委员会	3 832	32	760	7
昆明倘甸产业园区轿子山旅游开发区管委会	958	1 281	10 110	26
安宁市	425 515	7 524	183 545	4 143
六、按营业状态分				
营业	31 040 108	288 667	3 096 009	137 641
停业(歇业)	98 145	1 448	38 535	0 213
筹建				
当年关闭	637 184	6 866	271 140	1 217
当年破产	1 800	30	700	3
其他	62 291	150	9 530	153
七、按控股情况分				
国有控股	24 172 901	32 085	475 903	72 383
集体控股	2 476 193	32 189	757 978	6 261
私人控股	4 751 269	229 929	2 008 188	59 005
港澳台商控股				
外商控股	29 263	860	25 000	500
其他	409 902	2 098	148 845	1 078

企业总产值(千元)	房屋建筑竣工面积(平方米)	住宅房屋	商业及服务用房屋	商厦房屋(批发和零售用房)	宾馆用房屋(住宿用房)	餐饮用房屋(餐饮用房)
3 986 951	1 049 767	1 048 167				
2 686 072	960 834	834 887	28 326	23 660		
1 729 782	527 273	310 913	18 719			900
3 411 567	1 296 746	873 456	88 837		79 384	
5 031 125	2 420 370	1 840 014	266 110			
2 938 072	1 326 335	1 137 188	22 228	854	6 854	
3 978 094	644 230	388 755	137 629	7 900		
1 019 502	121 498	13 081	1 450			
888 001	122 734	56 833	5 600			
2 177 724	318 911	283 506				
3 872 949	188 992	152 810	12 234	1 200		
5 742 733	1 912 891	1 801 314				
249 411	4 628					
27 555	23 530					
4 198 364	661 484	377 641	56 675		40 133	15 900
187 465 686	31 221 540	22 741 357	2 545 934	441 658	347 238	101 036
427 327	200 715	200 715				
2 607 428	432 379	413 825				
14 363	8 013					
98 935	53 020	52 000				
88 905 591	9 396 913	6 576 913	436 305	58 666	109 923	
14 952 828	3 882 568	2 885 604	321 809	16 900		900
77 484 457	16 734 310	12 696 908	1 508 967	224 065	237 315	98 586
307 059						
216 626						
8 747 178	1 901 876	1 248 472	278 853	142 027		1 550

14-4 续表 16

（2013年）

指　　标	房屋建筑		
	商业及服务用房屋		办公用房屋
	商务会展用房屋	其他商业及服务用房屋(居民服务业用房)	
总计	**49 373**	**1 606 629**	**1 338 051**
其中：国有及国有控股企业	4 666	263 050	518 782
一、按登记注册类型分组			
内资企业	49 373	1 606 629	1 338 051
国有企业	4 666	107 128	427 764
集体企业		270 282	117 897
股份合作企业			
联营企业			
国有联营企业			
集体联营企业			
国有与集体联营企业			
其他联营企业			
有限责任公司	35 709	306 139	170 558
国有独资公司			45 569
其他有限责任公司	35 709	306 139	124 989
股份有限公司			
私营企业	8 998	923 080	621 832
私营独资企业			2 483
私营合伙企业			
私营有限责任公司	8 998	868 881	591 498
私营股份有限公司		54 199	27 851
其他企业			
港、澳、台商投资企业			
与港澳台商合资经营			
与港澳台商合作经营			
港、澳、台商独资			
港、澳、台商投资股份有限公司			
其他港澳台投资			
外商投资企业			
中外合资经营企业			

竣工面积(平方米)

科研、教育、医疗用房屋	科学研究用房屋	教育用房屋	医疗用房屋(卫生医疗用房)	文化、体育、娱乐用房屋	厂房及建筑物	厂房
1 492 733	**214 393**	**804 822**	**473 518**	**286 140**	**2 083 720**	**1 070 484**
554 193	2 200	266 229	285 764	80 596	970 861	538 116
1 492 733	214 393	804 822	473 518	286 140	2 083 720	1 070 484
374 834	2 200	174 124	198 510	400	582 085	232 832
69 748		65 552	4 196	7 782	250 991	134 738
373 404	94 441	167 873	111 090	93 366	597 837	379 199
61 324		61 324			147 443	100 817
312 080	94 441	106 549	111 090	93 366	450 394	278 382
39 734		7 152	32 582		30 732	30 732
635 013	117 752	390 121	127 140	184 592	622 075	292 983
11 388		1 250	10 138		2 470	
510 499	68 120	330 888	111 491	184 592	530 486	273 456
113 126	49 632	57 983	5 511		89 119	19 527

14-4 续表 17

（2013年）

指　　标	房屋建筑		
	商业及服务用房屋		
	商务会展用房屋	其他商业及服务用房屋(居民服务业用房)	办公用房屋
中外合作经营企业			
外资企业			
外商投资股份有限公司			
其他外商投资			
二、按国民经济行业分组			
房屋建筑业	46 373	1 606 129	1 303 220
土木工程建筑业	3 000	500	30 095
铁路、道路、隧道和桥梁工程建筑			1 560
铁路工程建筑			1 560
公路工程建筑			
市政道路工程建筑			
其他道路、隧道和桥梁工程建筑			
水利和内河港口工程建筑			10 535
水源及供水设施工程建筑			10 535
河湖治理及防洪设施工程建筑			
港口及航运设施工程建筑			
海洋工程建筑			
工矿工程建筑			
架线和管道工程建筑			13 000
架线及设备工程建筑			13 000
管道工程建筑			
其他土木工程建筑	3 000	500	5 000
建筑安装业			600
电气安装			
管道和设备安装			
其他建筑安装业			600
建筑装饰和其他建筑业			4 136
建筑装饰业			4 136
工程准备活动			
建筑物拆除活动			
其他工程准备活动			
提供施工设备服务			
其他未列明建筑业			

竣工面积(平方米)						
科研、教育、医疗用房屋	科学研究用房屋	教育用房屋	医疗用房屋(卫生医疗用房)	文化、体育、娱乐用房屋	厂房及建筑物	厂房
1 331 069	204 193	675 274	451 602	277 280	1 721 890	910 505
59 329	9 000	41 233	9 096	7 560	123 948	7 860
9 340		9 340		3 160	25 200	
					25 200	
9 340		9 340		3 160		
4 989		3 893	1 096	400		
4 989		3 893	1 096	400		
					46 688	
					40 860	7 860
					40 860	7 860
45 000	9 000	28 000	8 000	4 000	11 200	
101 515	1 200	88 315	12 000	1 300	218 562	132 799
					67 715	66 800
12 000			12 000	900	900	
89 515	1 200	88 315		400	149 947	65 999
820			820		19 320	19 320
820			820			
					19 320	19 320

14–4 续表 18

（2013年）

指标	房屋建筑		
	商业及服务用房屋		
	商务会展用房屋	其他商业及服务用房屋(居民服务业用房)	办公用房屋
三、按隶属关系分组			
中央			205 322
省(自治区、直辖市)	40 375	361 975	299 708
地区(州、盟、省辖市)		33 727	41 069
县(区、市、旗)		1 450	78 332
街道			1 882
镇		267 895	40 153
乡			7 000
居委会			
村委会			
其他	8 998	941 582	664 585
四、按企业资质等级分组			
施工总承包	46 373	1 606 129	1 316 314
特级		45 716	41 190
一级	40 375	1 016 944	711 034
二级	5 998	490 978	361 802
三级及以下		52 491	202 288
专业承包	3 000	500	21 737
一级			
二级			15 160
三级及以下	3 000	500	6 577
五、按地区分			
昆明市	49 373	1 606 629	1 338 051
五华区	38 709	295 723	94 620
盘龙区	5 998	79 406	129 322
官渡区		57 716	321 905
西山区		717 427	529 277

竣工面积(平方米)						
科研、教育、医疗用房屋	科学研究用房屋	教育用房屋	医疗用房屋(卫生医疗用房)	文化、体育、娱乐用房屋	厂房及建筑物	厂房
					186216	
603 960	51 390	268 470	284 100	80 396	816 878	598 801
29 260		3 760	25 500	8 600	40 900	6 448
11 018		11 018		750	1 500	
1 800	1 200	600		400	30 000	
71 614		67 478	4 136	4 595	120 076	120 076
1 062		1 002	60		114 000	4 000
774 019	161 803	452 494	159 722	191 399	774 150	341 159
1 353 113	204 193	696 222	452 698	280 840	1 751 801	916 380
312 815		131 252	181 563		95 214	95 214
385 904	94 605	176 844	114 455	90 583	950 408	519 857
435 686	109 468	225 232	100 986	59 485	446 797	200 028
218 708	120	162 894	55 694	130 772	259 382	101 281
139 620	10 200	108 600	20 820	5 300	331 919	154 104
					68 449	68 449
81 800	1 200	80 600		400	251 370	85 655
57 820	9 000	28 000	20 820	4 900	12 100	
1 492 733	214 393	804 822	473 518	286 140	2 083 720	1 070 484
315 603	60 390	113 443	141 770	92 596	499 448	391 261
217 171	43 215	155 898	18 058	51 972	298 215	89 746
398 924		215 145	183 779	400	474 052	252 072
46 184	120	13 452	32 612	98 438	62 978	43 042

14-4 续表 19

（2013年）

指　　标	房屋建筑		
	商业及服务用房屋		
	商务会展用房屋	其他商业及服务用房屋(居民服务业用房)	办公用房屋
东川区			1 600
呈贡县	4 666		7 814
晋宁县		17 819	31 514
富民县		9 453	72 324
宜良县		266 110	25 566
石林彝族自治县		14 520	75 682
嵩明县		129 729	
禄劝彝族苗族自治县		1 450	4 143
寻甸回族彝族自治县		5 600	14 002
昆明国家高新技术产业开发区虚拟			4 370
昆明经济技术开发区虚拟		11 034	
昆明滇池国家旅游度假区			1 577
昆明阳宗海风景名胜区管理委员会			600
昆明倘甸产业园区轿子山旅游开发区管委会			
安宁市		642	23 735
六、按营业状态分			
营业	49 373	1 606 629	1 337 671
停业(歇业)			
筹建			
当年关闭			380
当年破产			
其他			
七、按控股情况分			
国有控股	4 666	263 050	518 782
集体控股		304 009	147 197
私人控股	8 998	940 003	632 082
港澳台商控股			
外商控股			
其他	35 709	99 567	39 990

竣工面积(平方米)

科研、教育、医疗用房屋	科学研究用房屋	教育用房屋	医疗用房屋(卫生医疗用房)	文化、体育、娱乐用房屋	厂房及建筑物	厂房
59 000	59 000				30 807	30 807
31 713		31 018	695	11 809	73 346	44 775
104 368	6 417	44 426	53 525	9 500	108 121	23 043
20 105		20 105			186 096	116 504
51 709	44 051	7 658		3 420	19 404	
76 221		52 181	24 040	12 060	28 065	28 065
60 769		45 371	15 398	750	27 990	
24 620		20 979	3 641	3 023	2 900	2 372
31 035		31 035				
					23 948	
					110 000	
2 056		2 056		1 572		
10 272		10 272			5 800	
42 983	1 200	41 783		600	132 550	48 797
1 484 720	214 393	796 809	473 518	286 140	2 065 546	1 070 484
					18 174	
8 013		8 013				
554 193	2 200	266 229	285 764	80 596	970 861	538 116
112 500		82 804	29 696	16 382	296 371	147 118
712 910	163 003	422 767	127 140	189 162	754 221	322 983
113 130	49 190	33 022	30 918		62 267	62 267

14-4 续表 20

（2013年）

指　　　标	房屋建筑竣工面积(平方米) 仓库	其他未列明的房屋建筑物	竣工房屋价值(千元)
总计	**74 786**	**686 406**	**47 549 887**
其中：国有及国有控股企业	6 200	253 063	15 395 294
一、按登记注册类型分组			
内资企业	74 786	686 406	47 549 887
国有企业	1 000	80 768	7 765 141
集体企业	5 665	73 751	4 367 555
股份合作企业			411 035
联营企业			95 600
国有联营企业			
集体联营企业			
国有与集体联营企业			
其他联营企业			95 600
有限责任公司	22 700	394 759	13 426 673
国有独资公司			1 878 784
其他有限责任公司	22 700	394 759	11 547 889
股份有限公司		29 627	2 260 629
私营企业	45 421	107 501	19 223 254
私营独资企业		42 281	78 398
私营合伙企业			
私营有限责任公司	45 421	51 222	18 127 282
私营股份有限公司		13 998	1 017 574
其他企业			
港、澳、台商投资企业			
与港澳台商合资经营			
与港澳台商合作经营			
港、澳、台商独资			
港、澳、台商投资股份有限公司			
其他港澳台投资			
外商投资企业			
中外合资经营企业			

住宅房屋	商业及服务用房屋	商厦房屋(批发和零售用房)	宾馆用房屋(住宿用房)	餐饮用房屋(餐饮用房)	商务会展用房屋	其他商业及服务用房屋(居民服务业用房)
33 092 663	**4 409 742**	**562 475**	**552 699**	**204 437**	**64 615**	**3 025 516**
9 913 455	843 145	105 623	236 720		10 230	490 572
33 092 663	4 409 742	562 475	552 699	204 437	64 615	3 025 516
4 939 436	302 417	57 623			10 230	234 564
3 283 688	459 145			1 430		457 715
411 035						
80 100	15 500	15 500				
80 100	15 500	15 500				
8 960 327	1 033 543	239 752	241 408	2 806	38 683	510 894
877 359	236 720		236 720			
8 082 968	796 823	239 752	4 688	2 806	38 683	510 894
1 990 775	59 371	48 000	11 371			
13 427 302	2 539 766	201 600	299 920	200 201	15 702	1 822 343
12 968 338	2 375 524	201 600	273 856	200 201	15 702	1 684 165
458 964	164 242		26 064			138 178

14-4 续表 21

（2013年）

指　　标	房屋建筑竣工面积(平方米)		竣工房屋价值(千元)
	仓库	其他未列明的房屋建筑物	
中外合作经营企业			
外资企业			
外商投资股份有限公司			
其他外商投资			
二、按国民经济行业分组			
房屋建筑业	30 886	618 165	45 469 635
土木工程建筑业	19 020	36 529	1 139 291
铁路、道路、隧道和桥梁工程建筑	3 520	34 491	686 266
铁路工程建筑	3 520	27 991	265 706
公路工程建筑			246 314
市政道路工程建筑		6 500	174 246
其他道路、隧道和桥梁工程建筑			
水利和内河港口工程建筑		538	283 010
水源及供水设施工程建筑		538	283 010
河湖治理及防洪设施工程建筑			
港口及航运设施工程建筑			
海洋工程建筑			
工矿工程建筑			111 411
架线和管道工程建筑	12 000		54 793
架线及设备工程建筑	12 000		54 793
管道工程建筑			
其他土木工程建筑	3 500	1 500	3 811
建筑安装业	2 000	2 600	883 044
电气安装			677 409
管道和设备安装			27 534
其他建筑安装业	2 000	2 600	178 101
建筑装饰和其他建筑业	22 880	29 112	57 917
建筑装饰业			23 183
工程准备活动		28 996	10 149
建筑物拆除活动			
其他工程准备活动		28 996	10 149
提供施工设备服务			
其他未列明建筑业	22 880	116	24 585

住宅房屋	商业及服务用房屋	商厦房屋(批发和零售用房)	宾馆用房屋(住宿用房)	餐饮用房屋(餐饮用房)	商务会展用房屋	其他商业及服务用房屋(居民服务业用房)
31 897 868	4 310 616	499 653	527 988	192 970	64 507	3 025 498
830 936	1 080	252	576	126	108	18
552 530						
162 043						
246 314						
144 173						
260 230						
260 230						
17 921						
255	1 080	252	576	126	108	18
363 859	98 046	62 570	24 135	11 341		
334 679	62 570	62 570				
	20 160		20 160			
29 180	15 316		3 975	11 341		

14-4 续表 22

（2013年）

指　　标	房屋建筑竣工面积(平方米)		竣工房屋价值(千元)
	仓库	其他未列明的房屋建筑物	
三、按隶属关系分组			
中央		20 533	663 610
省(自治区、直辖市)	6 200	246 032	15 440 274
地区(州、盟、省辖市)	3 500	142 162	1 584 919
县(区、市、旗)		40 285	3 070 260
街道	4 032	9 500	982 579
镇	900	77 576	1 835 449
乡	1 970	2 988	147 764
居委会	421		359
村委会			
其他	57 763	147 330	23 824 673
四、按企业资质等级分组			
施工总承包	30 886	651 194	45 941 184
特级		43 417	2 111 464
一级	5 200	330 492	23 487 671
二级	16 829	101 749	14 421 986
三级及以下	8 857	175 536	5 920 063
专业承包	43 900	35 212	1 608 703
一级			656 661
二级	40 400	2 600	893 023
三级及以下	3 500	32 612	59 019
五、按地区分			
昆明市	74 786	686 406	47 549 887
五华区	13 720	365 436	10 173 040
盘龙区	26 380	1 215	6 339 351
官渡区	421	65 988	8 506 369
西山区	2 730	30 991	6 080 529

住宅房屋	商业及服务用房屋	商厦房屋(批发和零售用房)	宾馆用房屋(住宿用房)	餐饮用房屋(餐饮用房)	商务会展用房屋	其他商业及服务用房屋(居民服务业用房)
451 395						
9 395 935	1 197 719	247 371	236 720		48 913	664 715
1 002 452	67 818			2 686		65 132
2 859 131	1 865					1 865
964 801	120			120		
989 889	455 649			1 430		454 219
58 668						
17 370 392	2 686 571	315 104	315 979	200 201	15 702	1 839 585
32 194 168	4 291 405	469 221	527 988	204 191	64 507	3 025 498
667 716	148 685	57 623				91 062
16 488 160	2 564 442	263 359	277 125		48 913	1 975 045
11 052 010	1 311 164	82 728	131 676	175 852	15 594	905 314
3 986 282	267 114	65 511	119 187	28 339		54 077
898 495	118 337	93 254	24 711	246	108	18
380 411	30 432	30 432				
505 944	66 665	62 570	3 975	120		
12 140	21 240	252	20 736	126	108	18
33 092 663	4 409 742	562 475	552 699	204 437	64 615	3 025 516
6 580 241	739 670	179 728	12 248	1 431	38 791	507 472
3 891 073	844 536	89 111	379 694	169 852	15 594	190 285
6 394 489	244 031	122 623	15 346			106 062
3 447 778	1 585 331	126 077	4	6 004		1 453 246

14-4 续表 23

（2013年）

指　　　标	房屋建筑竣工面积(平方米)		竣工房屋价值(千元)
	仓库	其他未列明的房屋建筑物	
东川区			777 311
呈贡县			1 518 742
晋宁县	2 774	46 485	900 870
富民县	10 429	29 711	1 786 801
宜良县	500	81 979	3 771 043
石林彝族自治县		16 704	1 444 115
嵩明县	1 500		1 048 689
禄劝彝族苗族自治县	1 970	11 345	188 002
寻甸回族彝族自治县	362	15 394	244 868
昆明国家高新技术产业开发区虚拟			539 109
昆明经济技术开发区虚拟			216 764
昆明滇池国家旅游度假区			2 751 388
昆明阳宗海风景名胜区管理委员会		400	6 720
昆明倘甸产业园区轿子山旅游开发区管委会		7 458	27 555
安宁市	14 000	13 300	1 228 621
六、按营业状态分			
营业	74 786	685 386	46 487 580
停业(歇业)			260 350
筹建			
当年关闭			743 528
当年破产			14 363
其他		1 020	44 066
七、按控股情况分			
国有控股	6 200	253 063	15 395 294
集体控股	17 665	85 040	6 503 665
私人控股	47 421	192 639	22 525 934
港澳台商控股			
外商控股			
其他	3 500	155 664	3 124 994

住宅房屋	商业及服务用房屋	商厦房屋(批发和零售用房)	宾馆用房屋(住宿用房)	餐饮用房屋(餐饮用房)	商务会展用房屋	其他商业及服务用房屋(居民服务业用房)
774 711						
1 259 538	40 662	30 432			10 230	
599 524	27 805			1 430		26 375
1 119 732	70 355		54 255			16 100
2 916 165	451 810					451 810
1 183 448	15 132	504	4 688			9 940
607 790	253 169	11 000				242 169
20 023	1 865					1 865
115 738	16 680					16 680
457 900						
188 363	5 206	3 000				2 206
2 696 678						
839 472	113 490		86 464	25 720		1 306
32 124 158	4 409 742	562 475	552 699	204 437	64 615	3 025 516
260 350						
664 183						
43 972						
9 913 455	843 145	105 623	236 720		10 230	490 572
5 092 282	539 777	15 500		1 430		522 847
16 287 792	2 635 754	267 104	315 979	200 321	15 702	1 836 648
1 799 134	391 066	174 248		2 686	38 683	175 449

14-4 续表 24

（2013年）

指 标	竣工		
	办公用房屋	科研、教育、医疗用房屋	科学研究用房屋
总计	**1 877 188**	**2 968 190**	**384 873**
其中：国有及国有控股企业	641 813	1 351 291	1 480
一、按登记注册类型分组			
内资企业	1 877 188	2 968 190	384 873
国有企业	404 343	938 050	1 480
集体企业	194 424	129 080	
股份合作企业			
联营企业			
国有联营企业			
集体联营企业			
国有与集体联营企业			
其他联营企业			
有限责任公司	330 464	894 371	268 220
国有独资公司	159 041	148 100	
其他有限责任公司	171 423	746 271	268 220
股份有限公司		102 876	
私营企业	947 957	903 813	115 173
私营独资企业	3 128	15 180	
私营合伙企业			
私营有限责任公司	904 787	724 084	80 444
私营股份有限公司	40 042	164 549	34 729
其他企业			
港、澳、台商投资企业			
与港澳台商合资经营			
与港澳台商合作经营			
港、澳、台商独资			
港、澳、台商投资股份有限公司			
其他港澳台投资			
外商投资企业			
中外合资经营企业			

房屋价值(千元)

教育用房屋	医疗用房屋(卫生医疗用房)	文化、体育、娱乐用房屋	厂房及建筑物	厂房	仓库	其他未列明的房屋建筑物
1 391 189	**1 192 128**	**511 802**	**3 280 916**	**1 837 564**	**93 056**	**1 316 330**
531 103	818 708	140 169	2 030 927	1 200 411	14 369	460 125
1 391 189	1 192 128	511 802	3 280 916	1 837 564	93 056	1 316 330
305 305	631 265	480	1 048 162	513 561	1 101	131 152
120 359	8 721	14 076	148 271	91 430	6 177	132 694
321 509	304 642	153 618	1 188 694	773 158	26 298	839 358
148 100			457 564	321 649		
173 409	304 642	153 618	731 130	451 509	26 298	839 358
41 250	61 626		29 227	29 227		78 380
602 766	185 874	343 628	866 562	430 188	59 480	134 746
2 000	13 180		2 800			57 290
481 793	161 847	343 628	692 968	384 661	59 480	58 473
118 973	10 847		170 794	45 527		18 983

14-4 续表 25

（2013年）

指　　标	竣工		
	办公用房屋	科研、教育、医疗用房屋	科学研究用房屋
中外合作经营企业			
外资企业			
外商投资股份有限公司			
其他外商投资			
二、按国民经济行业分组			
房屋建筑业	1 825 981	2 905 898	384 349
土木工程建筑业	28 144	22 892	324
铁路、道路、隧道和桥梁工程建筑	2 964	14 472	
铁路工程建筑	2 964		
公路工程建筑			
市政道路工程建筑		14 472	
其他道路、隧道和桥梁工程建筑			
水利和内河港口工程建筑	15 000	6 800	
水源及供水设施工程建筑	15 000	6 800	
河湖治理及防洪设施工程建筑			
港口及航运设施工程建筑			
海洋工程建筑			
工矿工程建筑			
架线和管道工程建筑	10 000		
架线及设备工程建筑	10 000		
管道工程建筑			
其他土木工程建筑	180	1 620	324
建筑安装业	630	38 650	200
电气安装			
管道和设备安装		6 240	
其他建筑安装业	630	32 410	200
建筑装饰和其他建筑业	22 433	750	
建筑装饰业	22 433	750	
工程准备活动			
建筑物拆除活动			
其他工程准备活动			
提供施工设备服务			
其他未列明建筑业			

房屋价值(千元)						
教育用房屋	医疗用房屋(卫生医疗用房)	文化、体育、娱乐用房屋	厂房及建筑物	厂房	仓库	其他未列明的房屋建筑物
1 338 199	1 183 350	505 800	2 722 077	1 458 801	65 928	1 235 467
20 780	1 788	4 975	165 111	14 793	15 814	70 339
14 472		4 351	35 476		6 688	69 785
			35 476		6 688	58 535
14 472		4 351				11 250
5 300	1 500	480				500
5 300	1 500	480				500
			93 490			
			35 793	14 793	9 000	
			35 793	14 793	9 000	
1 008	288	144	352		126	54
32 210	6 240	1 027	380 302	350 544	230	300
			280 160	279 946		
	6 240	567	567			
32 210		460	99 575	70 598	230	300
	750		13 426	13 426	11 084	10 224
	750					
						10 149
						10 149
			13 426	13 426	11 084	75

14-4 续表 26

（2013年）

指　　　标	竣工		
	办公用房屋	科研、教育、医疗用房屋	科学研究用房屋
三、按隶属关系分组			
中央	90 002		
省(自治区、直辖市)	534 092	1 600 347	252 083
地区(州、盟、省辖市)	73 179	101 217	
县(区、市、旗)	152 085	21 380	
街道	1 986	260	200
镇	44 183	125 963	
乡	11 000	3 066	
居委会			
村委会			
其他	970 661	1 115 957	132 590
四、按企业资质等级分组			
施工总承包	1 858 704	2 942 570	384 349
特级	141 309	812 160	
一级	903 952	900 744	275 953
二级	487 687	794 646	108 276
三级及以下	325 756	435 020	120
专业承包	18 484	25 620	524
一级			
二级	13 594	17 010	200
三级及以下	4 890	8 610	324
五、按地区分			
昆明市	1 877 188	2 968 190	384 873
五华区	158 921	744 022	252 407
盘龙区	354 622	413 436	23 870
官渡区	300 392	837 295	
西山区	638 845	110 004	120

房屋价值(千元)						
教育用房屋	医疗用房屋(卫生医疗用房)	文化、体育、娱乐用房屋	厂房及建筑物	厂房	仓库	其他未列明的房屋建筑物
			69 272			52 941
508 182	840 082	139 937	1 956 641	1 252 417	14 369	601 234
5 392	95 825	10 000	72 303	9 183	3 800	254 150
21 380		1 130	3 070			31 599
60		460	1 000		2 082	11 870
117 302	8 661	9 615	72 370	72 370	1 030	136 750
3 006	60		63 500	13 500	2 526	9 004
					359	
735 867	247 500	350 660	1 042 760	490 094	68 890	218 782
1 373 371	1 184 850	510 631	2 772 131	1 469 369	65 928	1 305 647
226 987	585 173		259 256	259 256		82 338
350 742	274 049	153 929	1 681 413	876 657	13 268	781 763
464 442	221 928	136 953	451 019	200 636	44 421	144 086
331 200	103 700	219 749	380 443	132 820	8 239	297 460
17 818	7 278	1 171	508 785	368 195	27 128	10 683
			245 818	245 818		
16 810		460	262 048	122 377	27 002	300
1 008	7 278	711	919		126	10 383
1 391 189	1 192 128	511 802	3 280 916	1 837 564	93 056	1 316 330
140 545	351 070	149 601	985 286	720 249	21 783	793 516
351 059	38 507	122 921	697 450	119 761	14 884	429
249 037	588 258	480	591 165	526 581	359	138 158
48 238	61 646	172 267	110 375	71 405	1 690	14 239

14-4 续表 27

（2013年）

指　　　标	竣工		
	办公用房屋	科研、教育、医疗用房屋	科学研究用房屋
东川区	2 600		
呈贡县	16 190	80 000	80 000
晋宁县	41 135	55 053	
富民县	119 881	222 851	10 859
宜良县	19 800	38 000	
石林彝族自治县	147 560	31 967	17 417
嵩明县		139 387	
禄劝彝族苗族自治县	7 525	105 904	
寻甸回族彝族自治县	20 693	40 632	
昆明国家高新技术产业开发区虚拟	22 667	58 542	
昆明经济技术开发区虚拟			
昆明滇池国家旅游度假区	4 710		
昆明阳宗海风景名胜区管理委员会	780	3 262	
昆明倘甸产业园区轿子山旅游开发区管委会		18 945	
安宁市	20 867	68 890	200
六、按营业状态分			
营业	1 876 738	2 953 827	384 873
停业(歇业)			
筹建			
当年关闭	450		
当年破产		14 363	
其他			
七、按控股情况分			
国有控股	641 813	1 351 291	1 480
集体控股	240 424	250 054	
私人控股	964 112	978 465	132 790
港澳台商控股			
外商控股			
其他	30 839	388 380	250 603

房屋价值(千元)

教育用房屋	医疗用房屋(卫生医疗用房)	文化、体育、娱乐用房屋	厂房及建筑物	厂房	仓库	其他未列明的房屋建筑物
			122 352	122 352		
54 652	401	12 524	101 265	46 962	2 862	60 702
124 727	87 265	18 090	154 878	42 290	35 920	45 094
38 000			190 127	64 860	430	154 711
14 550		2 339	38 398			25 271
106 226	33 161	22 143	23 200	23 200	3 000	
82 664	23 240	1 130	27 089		2 526	21 940
32 052	8 580	7 257	6 544	5 700	372	36 952
58 542						
			23 195			
			50 000			
3 262		2 358				320
18 945			3 016			5 594
68 690		692	156 576	94 204	9 230	19 404
1 376 826	1 192 128	511 802	3 202 021	1 837 564	93 056	1 316 236
			78 895			
14 363						
						94
531 103	818 708	140 169	2 030 927	1 200 411	14 369	460 125
145 508	104 546	24 076	187 731	109 890	15 177	154 144
659 801	185 874	347 557	998 683	463 688	59 710	253 861
54 777	83 000		63 575	63 575	3 800	448 200

14-5 总承包和专业

（2013年）

指　　标	年初存货	年末		
		流动资产合计	应收工程款	存货
总计	**20 106 856**	**135 292 238**	**37 279 996**	**20 876 321**
其中：国有及国有控股企业	9 286 792	66 419 917	18 543 145	9 874 120
一、按登记注册类型分组				
内资企业	20 099 363	134 662 837	37 153 394	20 864 340
国有企业	1 568 167	17 284 247	6 415 071	1 584 128
集体企业	423 654	2 273 247	1 603 489	182 986
股份合作企业	3 375	745 001	17 600	4 596
联营企业	200	10 650	1 800	120
国有联营企业				
集体联营企业				
国有与集体联营企业				
其他联营企业	200	10 650	1 800	120
有限责任公司	5 211 944	47 354 643	13 437 363	5 733 101
国有独资公司	358 585	17 076 008	3 732 686	536 049
其他有限责任公司	4 853 359	30 278 635	9 704 677	5 197 052
股份有限公司	6 439 639	29 033 917	6 170 214	6 827 813
私营企业	6 359 380	37 578 798	9 437 912	6 446 130
私营独资企业	87 738	179 801	81 303	29 347
私营合伙企业				
私营有限责任公司	6 031 470	34 913 784	8 441 428	6 134 786
私营股份有限公司	240 172	2 485 213	915 181	281 997
其他企业	93 004	382 334	69 945	85 466
港、澳、台商投资企业	502	473 178	29 760	4 533
与港澳台商合资经营				
与港澳台商合作经营				
港、澳、台商独资	502	473 178	29 760	4 533
港、澳、台商投资股份有限公司				
其他港澳台投资				
外商投资企业	6 991	156 223	96 842	7 448
中外合资经营企业	6 991	156 223	96 842	7 448
中外合作经营企业				
外资企业				
外商投资股份有限公司				
其他外商投资				
二、按国民经济行业分组				
房屋建筑业	9 417 497	71 245 458	21 166 702	9 720 418
土木工程建筑业	8 068 321	47 789 608	11 802 739	8 503 907
铁路、道路、隧道和桥梁工程建筑	4 085 634	25 634 709	6 075 020	3 710 428
铁路工程建筑	1 221 235	7 406 319	1 718 396	1 282 666
公路工程建筑	1 957 458	10 786 040	2 277 995	1 672 988
市政道路工程建筑	357 837	3 301 589	1 151 042	198 566
其他道路、隧道和桥梁工程建筑	549 104	4 140 761	927 587	556 208

承包企业财务情况

资产负债(千元)

固定资产合计	固定资产减值准备	固定资产原价	累计折旧		在建工程	资产合计	流动负债合计
				本年折旧			
18 343 771	**172 798**	**23 827 423**	**9 976 858**	**1 658 453**	**2 988 659**	**182 105 632**	**113 765 993**
6 226 958	25 547	9 588 600	4 164 109	727 088	594 010	92 495 571	63 662 441
18 285 698	172 798	23 730 982	9 928 598	1 648 950	2 978 767	181 390 452	113 177 693
820 589		1 826 552	1 043 659	73 357	37 587	20 970 195	16 368 874
845 211	28 508	907 924	358 488	41 034	245 432	3 416 138	1 241 523
93 492		101 999	9 115	1 826		847 177	725 056
25 181		28 593	3 412	360		36 631	11 016
25 181		28 593	3 412	360		36 631	11 016
3 700 162	59 279	4 687 705	2 063 366	250 725	808 154	65 080 750	40 871 450
902 653	17 761	711 124	296 154	32 025	422 349	29 231 278	17 359 590
2 797 509	41 518	3 976 581	1 767 212	218 700	385 805	35 849 472	23 511 860
6 194 219	4 385	8 983 635	3 494 299	711 437	176 318	41 330 273	28 840 712
6 543 364	77 388	7 139 492	2 942 644	567 711	1 710 015	49 258 223	24 867 494
93 043		44 905	14 353	3 953	21 920	289 733	104 545
5 853 353	61 376	6 601 836	2 723 902	518 969	1 465 676	45 252 992	23 338 591
596 968	16 012	492 751	204 389	44 789	222 419	3 715 498	1 424 358
63 480	3 238	55 082	13 615	2 500	1 261	451 065	251 568
30 900		56 241	25 392	7 138	51	520 456	462 831
30 900		56 241	25 392	7 138	51	520 456	462 831
27 173		40 200	22 868	2 365	9 841	194 724	125 469
27 173		40 200	22 868	2 365	9 841	194 724	125 469
6 911 397	119 226	7 934 458	3 406 739	431 694	1 903 196	95 570 745	59 527 855
9 196 655	31 810	13 091 392	5 406 855	973 040	731 048	65 398 983	43 291 165
3 829 553	13 468	5 857 894	2 564 267	351 467	213 605	34 360 401	23 278 572
676 756	3 163	1 070 076	551 860	49 256	31 999	8 411 007	6 525 734
1 441 098	10 292	2 238 159	1 084 178	195 908	114 879	16 272 253	10 412 617
389 049	13	573 987	274 028	30 198	66 049	3 995 481	2 325 405
1 322 650		1 975 672	654 201	76 105	678	5 681 660	4 014 816

14-5 续表 1

（2013年）

指　　标	年初存货	年末 流动资产合计	应收工程款	存货
水利和内河港口工程建筑	163 774	3 174 668	1 250 127	166 893
水源及供水设施工程建筑	146 497	3 035 461	1 250 127	166 893
河湖治理及防洪设施工程建筑				
港口及航运设施工程建筑	17 277	139 207		
海洋工程建筑				
工矿工程建筑	2 965 060	14 030 650	3 539 135	3 774 476
架线和管道工程建筑	716 844	4 412 182	831 096	711 369
架线及设备工程建筑	703 850	3 879 257	696 370	605 503
管道工程建筑	12 994	532 925	134 726	105 866
其他土木工程建筑	137 009	537 399	107 361	140 741
建筑安装业	1 828 917	9 427 028	2 917 818	1 771 893
电气安装	532 420	3 978 244	1 665 972	524 587
管道和设备安装	444 465	1 729 679	205 228	400 164
其他建筑安装业	852 032	3 719 105	1 046 618	847 142
建筑装饰和其他建筑业	792 121	6 830 144	1 392 737	880 103
建筑装饰业	549 088	4 554 855	1 001 190	572 855
工程准备活动	37 480	1 325 918	270 842	107 715
建筑物拆除活动	3 020	57 038	10 670	11 827
其他工程准备活动	34 460	1 268 880	260 172	95 888
提供施工设备服务	1 090	25 829	2 549	841
其他未列明建筑业	204 463	923 542	118 156	198 692
三、按隶属关系分组				
中央	4 245 379	15 897 582	3 370 314	5 097 162
省(自治区、直辖市)	4 511 749	48 511 196	14 853 115	4 018 624
地区(州、盟、省辖市)	1 013 512	14 541 093	3 298 384	1 322 206
县(区、市、旗)	670 357	2 299 986	924 493	335 506
街道	39 839	224 300	64 819	52 687
镇	72 623	1 195 120	942 721	77 534
乡	800	107 879	75 342	1 846
居委会	4 466	17 056	12 713	4 293
村委会				
其他	9 548 131	52 498 026	13 738 095	9 966 463
四、按企业资质等级分组				
施工总承包	17 465 470	117 358 288	31 908 882	18 100 946
特级	2 999 780	15 078 251	3 378 937	3 707 283
一级	9 212 876	61 620 507	17 454 122	8 950 854
二级	3 474 710	29 424 039	8 022 484	3 998 190
三级以下	1 778 104	11 235 491	3 053 339	1 444 619

资产负债(千元)

固定资产合计	固定资产减值准备	固定资产原价	累计折旧	本年折旧	在建工程	资产合计	流动负债合计
771 909	435	580 022	233 799	19 421	349 922	4 588 152	2 331 015
728 210	435	537 925	229 077	18 106	343 605	4 397 962	2 183 060
43 699		42 097	4 722	1 315	6 317	190 190	147 955
3 444 003	17 761	5 224 676	2 069 695	523 944	47 170	18 951 405	13 450 823
1 051 033		1 269 165	471 493	69 054	119 375	6 820 799	3 973 481
862 040		1 173 164	438 884	57 877	117 167	6 098 377	3 549 338
188 993		96 001	32 609	11 177	2 208	722 422	424 143
100 157	146	159 635	67 601	9 154	976	678 226	257 274
1 431 853	1 377	1 706 036	717 135	125 719	258 833	11 797 912	6 145 194
714 057	98	901 404	398 263	46 940	101 711	5 166 560	3 073 096
70 468	164	51 454	26 872	5 046	20 138	1 864 126	368 472
647 328	1 115	753 178	292 000	73 733	136 984	4 767 226	2 703 626
803 866	20 385	1 095 537	446 129	128 000	95 582	9 337 992	4 801 779
310 665	18 825	396 645	154 729	24 669	19 551	6 464 047	3 150 835
288 098		442 612	204 968	85 451	47 374	1 714 011	1 224 166
25 839		46 782	21 143	3 177		97 035	11 247
262 259		395 830	183 825	82 274	47 374	1 616 976	1 212 919
18 999		21 507	2 508	690		45 201	28 879
186 104	1 560	234 773	83 924	17 190	28 657	1 114 733	397 899
3 305 686	3 163	5 439 105	2 183 336	477 452	49 896	20 822 141	15 575 592
2 595 259	372	4 304 221	2 114 516	264 510	225 438	69 868 950	47 087 797
2 959 472	17 761	3 028 811	1 066 831	151 736	511 102	18 563 250	12 289 516
405 344	8 150	572 670	244 236	25 638	30 706	2 853 274	1 257 879
113 812		203 876	93 812	8 388	2 389	373 186	105 389
491 975	19 620	455 012	168 254	19 076	181 845	1 911 459	751 258
67 092	1 763	62 857	9 995	1 786	3 406	175 364	14 462
21 930		26 380	4 699	2 389	56	48 596	16 192
8 383 201	121 969	9 734 491	4 091 179	707 478	1 983 821	67 489 412	36 667 908
15 212 210	133 203	19 961 399	8 403 324	1 289 155	2 631 476	158 569 725	100 271 540
3 575 699		5 725 717	2 180 278	442 681	30 260	20 335 631	13 727 216
4 401 165	7 489	5 740 085	3 105 543	339 689	1 327 674	85 176 395	59 934 373
4 460 153	76 389	5 824 299	2 279 984	337 965	600 217	37 406 683	22 003 083
2 775 193	49 325	2 671 298	837 519	168 820	673 325	15 651 016	4 606 868

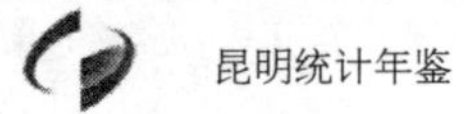

14-5 续表 2

（2013年）

指　　标	年初存货	年末 流动资产合计	应收工程款	存货
专业承包	2 641 386	17 933 950	5 371 114	2 775 375
一级	869 443	6 059 731	2 366 855	998 093
二级	950 315	7 482 756	1 764 260	981 893
三级以下	821 628	4 391 463	1 239 999	795 389
五、按地区分				
昆明市	20 106 856	135 292 238	37 279 996	20 876 321
五华区	3 023 133	27 553 401	9 706 073	2 050 396
盘龙区	3 167 237	32 398 668	6 833 635	3 399 869
官渡区	9 632 485	42 192 238	9 998 917	10 926 428
西山区	583 750	8 187 360	2 053 419	1 095 149
东川区	210 359	1 124 374	199 432	198 195
呈贡县	61 381	1 648 443	939 077	196 686
晋宁县	178 135	924 050	261 478	73 947
富民县	363 660	1 845 125	824 045	195 534
宜良县	147 355	1 520 954	1 090 030	178 094
石林彝族自治县	353 032	1 229 871	802 457	164 484
嵩明县	353 204	3 709 810	968 136	273 689
禄劝彝族苗族自治县	52 777	325 246	61 825	80 313
寻甸回族彝族自治县	53 559	372 981	97 411	62 838
昆明国家高新技术产业开发区虚拟	279 844	1 937 356	510 084	401 993
昆明经济技术开发区虚拟	322 717	3 554 909	1 005 465	379 859
昆明滇池国家旅游度假区	165 780	2 955 051	1 238 603	161 987
昆明阳宗海风景名胜区管理委员会	3 751	81 593	30 264	2 511
昆明倘甸产业园区轿子山旅游开发区管委会	1 121	23 847	21 142	21
安宁市	1 153 576	3 706 961	638 503	1 034 328
六、按营业状态分				
营业	20 033 741	133 887 565	36 791 616	20 816 851
停业(歇业)	13 056	194 127	20 606	13 747
筹建				
当年关闭	45 181	863 230	417 216	30 299
当年破产	4 904	6 727	1 429	4 904
其他	9 974	340 589	49 129	10 520
七、按控股情况分				
国有控股	9 286 792	66 419 917	18 543 145	9 874 120
集体控股	1 138 199	6 427 933	3 114 970	871 371
私人控股	8 928 625	56 303 783	13 255 849	9 363 730
港澳台商控股	502	473 178	29 760	4 533
外商控股	6 991	156 223	96 842	7 448
其他	745 747	5 511 204	2 239 430	755 119

资产负债(千元)

固定资产合计	固定资产减值准备	固定资产原价	累计折旧	本年折旧	在建工程	资产合计	流动负债合计
3 131 561	39 595	3 866 024	1 573 534	369 298	357 183	23 535 907	13 494 453
571 977	11 898	868 382	404 022	56 455	86 323	6 925 194	4 705 707
1 384 654	24 202	1 637 605	688 924	207 596	118 826	9 714 715	6 018 133
1 174 930	3 495	1 360 037	480 588	105 247	152 034	6 895 998	2 770 613
18 343 771	172 798	23 827 423	9 976 858	1 658 453	2 988 659	182 105 632	113 765 993
2 738 915	22 789	3 187 963	1 333 703	232 160	267 000	34 496 994	24 803 002
2 689 619	246	3 152 726	1 416 180	227 419	649 750	47 253 041	28 754 642
6 670 441	9 798	9 852 609	4 218 945	704 878	965 500	56 741 339	39 052 756
1 582 415	62 559	1 727 412	754 962	82 576	555 190	10 719 966	5 678 680
117 525	5	147 923	49 394	7 741	345	1 487 773	647 718
272 594		321 524	112 880	24 128	37 545	2 107 289	1 175 789
525 748	250	493 441	210 584	31 394	182 799	1 535 176	403 692
583 382	2 200	688 691	231 961	30 900	51 466	2 510 737	725 954
328 252	6 247	556 333	251 473	29 165	23 392	1 856 211	906 911
290 466	28 083	322 027	53 952	12 432	8 164	1 659 792	716 549
444 042	15 130	474 363	216 417	49 915	95 741	4 705 579	2 412 847
111 660	1 763	88 655	18 881	3 201	21 308	554 442	211 125
198 816	13 982	216 102	42 895	12 849	25 082	608 850	121 849
425 124	19	443 643	145 894	19 740	52 193	3 536 951	1 192 130
493 284	1 703	730 707	305 432	75 996	15 775	4 392 945	1 957 118
228 841		503 613	276 435	43 829		3 276 883	1 817 724
66 577	2 138	115 921	49 422	9 419	78	173 960	72 314
19 600		20 450	1 195	615		43 447	15 553
556 470	5 886	783 320	286 253	60 096	37 331	4 444 257	3 099 640
18 206 465	172 438	23 632 396	9 898 302	1 646 095	2 987 412	179 295 252	112 638 692
63 377		60 535	11 398	1 670	1 225	1 377 162	201 102
55 298	360	87 246	33 488	8 390		1 044 864	680 319
4 011		4 128	117			10 738	1 383
14 620		43 118	33 553	2 298	22	377 616	244 497
6 226 958	25 547	9 588 600	4 164 109	727 088	594 010	92 495 571	63 662 441
1 713 601	28 513	2 105 639	846 657	100 359	373 643	9 126 476	5 171 169
9 970 443	115 400	11 368 071	4 594 279	785 404	1 983 234	73 523 900	39 775 366
30 900		56 241	25 392	7 138	51	520 456	462 831
27 173		40 200	22 868	2 365	9 841	194 724	125 469
374 696	3 338	668 672	323 553	36 099	27 880	6 244 505	4 568 717

14-5 续表 3

（2013年）

指　　标	年末			
	流动负债合计			
	应付账款	非流动负债合计	负债合计	所有者权益合计
总计	**31 174 926**	**11 495 634**	**127 423 947**	**54 643 602**
其中：国有及国有控股企业	19 367 766	7 707 488	71 372 939	21 122 632
一、按登记注册类型分组				
内资企业	31 133 119	11 495 634	126 835 647	54 516 722
国有企业	6 172 032	965 588	17 335 823	3 634 372
集体企业	481 734	188 583	1 547 214	1 840 866
股份合作企业	316 596		725 056	122 121
联营企业	3 000		11 016	25 615
国有联营企业				
集体联营企业				
国有与集体联营企业				
其他联营企业	3 000		11 016	25 615
有限责任公司	12 066 482	5 113 369	46 565 897	18 514 850
国有独资公司	3 088 298	3 525 199	20 886 435	8 344 843
其他有限责任公司	8 978 184	1 588 170	25 679 462	10 170 007
股份有限公司	6 714 644	3 249 262	32 099 596	9 230 677
私营企业	5 310 698	1 978 832	28 290 077	20 958 124
私营独资企业	31 067	18 553	134 560	155 173
私营合伙企业				
私营有限责任公司	4 413 824	1 915 457	26 576 470	18 676 522
私营股份有限公司	865 807	44 822	1 579 047	2 126 429
其他企业	67 933		260 968	190 097
港、澳、台商投资企业	21		462 831	57 625
与港澳台商合资经营				
与港澳台商合作经营				
港、澳、台商独资	21		462 831	57 625
港、澳、台商投资股份有限公司				
其他港澳台投资				
外商投资企业	41 786		125 469	69 255
中外合资经营企业	41 786		125 469	69 255
中外合作经营企业				
外资企业				
外商投资股份有限公司				
其他外商投资				
二、按国民经济行业分组				
房屋建筑业	16 190 619	5 803 730	66 564 657	28 978 030
土木工程建筑业	12 268 543	4 499 551	47 963 644	17 435 336
铁路、道路、隧道和桥梁工程建筑	6 344 089	2 203 068	25 605 415	8 754 983
铁路工程建筑	2 068 663	331 520	6 871 553	1 539 454
公路工程建筑	2 154 035	1 204 351	11 667 730	4 604 523
市政道路工程建筑	886 559	54 526	2 438 544	1 556 934
其他道路、隧道和桥梁工程建筑	1 234 832	612 671	4 627 588	1 054 072

资产负债(千元)							损益及分配(千元)
实收资本	国家资本	集体资本	法人资本	个人资本	港澳台资本	外商资本	营业收入
34 246 751	**11 611 101**	**1 117 990**	**10 000 624**	**11 471 675**	**17 383**	**27 978**	**173 396 264**
14 107 225	10 997 565	268	2 867 342	242 050			84 496 169
34 177 085	11 611 101	1 117 990	9 975 214	11 471 675	602	503	172 891 969
2 053 629	1 068 637	268	979 100	5 624			28 213 712
959 705	197 385	508 525	161 351	92 444			6 385 791
100 895		16 105	20 800	63 990			464 115
24 580		21 500	2 929	151			104 500
24 580		21 500	2 929	151			104 500
13 778 499	8 703 767	394 761	2 929 606	1 750 365			50 673 873
7 469 343	7 092 797		376 546				11 157 451
6 309 156	1 610 970	394 761	2 553 060	1 750 365			39 516 422
3 870 115	1 629 734	25 475	763 794	1 451 112			35 713 674
13 279 668	10 778	144 856	5 025 941	8 096 988	602	503	50 780 258
88 822			35 000	53 822			307 624
12 239 349	10 778	132 894	4 547 326	7 547 246	602	503	47 367 504
951 497		11 962	443 615	495 920			3 105 130
109 994	800	6 500	91 693	11 001			556 046
16 281					16 281		307 059
16 281					16 281		307 059
53 385			25 410		500	27 475	197 236
53 385			25 410		500	27 475	197 236
18 292 773	7 409 014	617 123	5 093 088	5 172 448	600	500	96 413 527
9 740 197	3 455 053	386 091	2 822 719	3 062 359	500	13 475	59 230 033
5 218 210	1 330 408	56 253	1 747 844	2 083 705			29 927 781
1 200 154	432 283		179 883	587 988			6 660 484
2 259 761	659 728	56 253	822 509	721 271			13 816 675
1 253 271	134 573		745 252	373 446			3 546 144
505 024	103 824		200	401 000			5 904 478

14-5 续表 4

（2013年）

指　　标	年末			
	流动负债合计			
	应付账款	非流动负债合计	负债合计	所有者权益合计
水利和内河港口工程建筑	915 498	387 954	2 721 711	1 866 441
水源及供水设施工程建筑	915 498	377 071	2 562 873	1 835 089
河湖治理及防洪设施工程建筑				
港口及航运设施工程建筑		10 883	158 838	31 352
海洋工程建筑				
工矿工程建筑	4 093 452	1 751 968	15 204 437	3 746 968
架线和管道工程建筑	809 620	155 740	4 136 537	2 684 262
架线及设备工程建筑	729 250	55 740	3 612 393	2 485 984
管道工程建筑	80 370	100 000	524 144	198 278
其他土木工程建筑	105 884	821	295 544	382 682
建筑安装业	1 849 550	870 405	7 112 526	4 685 386
电气安装	842 233	118 569	3 220 731	1 945 829
管道和设备安装	130 078	700 620	1 100 873	763 253
其他建筑安装业	877 239	51 216	2 790 922	1 976 304
建筑装饰和其他建筑业	866 214	321 948	5 783 120	3 544 850
建筑装饰业	576 517	306 128	4 108 087	2 345 938
工程准备活动	203 329	6 563	1 233 730	480 281
建筑物拆除活动	4 902	6 105	17 352	79 683
其他工程准备活动	198 427	458	1 216 378	400 598
提供施工设备服务	11 713		28 879	16 322
其他未列明建筑业	74 655	9 257	412 424	702 309
三、按隶属关系分组				
中央	4 888 305	1 567 894	17 143 487	3 678 654
省(自治区、直辖市)	13 977 299	5 058 002	52 194 690	17 674 260
地区(州、盟、省辖市)	3 251 141	2 142 251	14 437 573	4 125 677
县(区、市、旗)	348 982	15 429	1 542 319	1 310 952
街道	12 460		105 389	267 797
镇	248 035	174 707	942 947	968 512
乡	11 099	3 500	23 046	152 318
居委会	14 376	124	22 456	26 140
村委会				
其他	8 423 229	2 533 727	41 012 040	26 439 292
四、按企业资质等级分组				
施工总承包	27 522 432	10 765 144	112 296 407	46 245 257
特级	4 250 837	2 097 639	15 824 956	4 510 675
一级	16 109 485	6 304 196	66 257 976	18 918 419
二级	6 039 478	985 918	23 528 515	13 878 168
三级以下	1 122 632	1 377 391	6 684 960	8 937 995

资产负债(千元)							损益及分配(千元)
实收资本	国家资本	集体资本	法人资本	个人资本	港澳台资本	外商资本	营业收入
1 331 527	770 731	91 252	203 191	266 353			4 239 967
1 300 175	739 647	90 984	203 191	266 353			4 191 009
31 352	31 084	268					48 958
1 621 528	1 098 834		374 247	148 447			19 732 307
1 278 924	240 000	236 986	363 425	424 538	500	13 475	4 388 362
1 126 924	120 000	236 986	363 425	392 538	500	13 475	3 785 420
152 000	120 000			32 000			602 942
290 008	15 080	1 600	134 012	139 316			941 616
3 333 196	580 267	76 760	1 075 966	1 586 198	2	14 003	11 071 738
1 321 166	105 833	27 505	445 832	741 991	2	3	5 397 528
676 489	427 433	10 000	79 197	145 859		14 000	817 531
1 335 541	47 001	39 255	550 937	698 348			4 856 679
2 880 585	166 767	38 016	1 008 851	1 650 670	16 281		6 680 966
2 004 129	16 270	25 645	668 843	1 293 371			3 614 012
304 881	69 009	11 531	66 405	141 655	16 281		2 313 053
69 663			33 010	36 653			72 636
235 218	69 009	11 531	33 395	105 002	16 281		2 240 417
20 000			10 000	10 000			7 497
551 575	81 488	840	263 603	205 644			746 404
1 544 415	1 179 415		365 000				21 545 961
11 945 987	8 707 539	114 858	2 660 295	463 295			64 586 569
2 977 418	1 170 742	186 260	385 744	1 234 672			12 271 255
707 989	76 086	152 092	280 866	198 945			4 822 421
145 763		123 506	10 000	12 257			1 482 856
530 542	197 220	196 422	33 629	103 271			2 792 189
81 910		53 470	27 740	700			182 273
26 140		6 140	20 000				55 566
16 286 587	280 099	285 242	6 217 350	9 458 535	17 383	27 978	65 657 174
28 108 724	11 123 075	919 133	7 917 943	8 134 573		14 000	152 190 454
1 586 218	902 022		384 196	300 000			23 755 195
12 535 902	8 069 714	31 680	2 384 574	2 049 934			78 252 070
7 902 367	1 014 858	524 604	3 023 872	3 339 033			37 008 486
6 084 237	1 136 481	362 849	2 125 301	2 445 606		14 000	13 174 703

14-5 续表 5

（2013年）

指标	年末 流动负债合计 应付账款	非流动负债合计	负债合计	所有者权益合计
专业承包	3 652 494	730 490	15 127 540	8 398 345
一级	1 493 982	111 447	4 833 071	2 092 123
二级	1 373 059	483 994	6 754 052	2 950 641
三级以下	785 453	135 049	3 540 417	3 355 581
五、按地区分				
昆明市	31 174 926	11 495 634	127 423 947	54 643 602
五华区	8 332 498	1 154 559	26 047 820	8 449 174
盘龙区	5 833 817	4 325 744	33 400 328	13 842 691
官渡区	10 805 292	3 420 780	42 716 991	14 024 348
西山区	1 987 137	680 904	6 530 845	4 189 121
东川区	104 363	32 943	1 049 649	438 124
呈贡县	627 787	4 291	1 200 704	906 585
晋宁县	170 311	291 135	698 288	836 888
富民县	128 637	7 912	914 627	1 596 110
宜良县	232 026	22 281	933 307	922 904
石林彝族自治县	390 208	5 547	773 189	886 603
嵩明县	431 502	213 194	2 638 974	2 066 605
禄劝彝族苗族自治县	29 530	70 075	289 200	265 242
寻甸回族彝族自治县	28 962	1 969	163 773	445 077
昆明国家高新技术产业开发区虚拟	366 602	150 750	1 878 994	1 657 954
昆明经济技术开发区虚拟	567 167	630 682	2 612 714	1 780 231
昆明滇池国家旅游度假区	100 303	469 768	2 287 492	989 391
昆明阳宗海风景名胜区管理委员会	16 463		72 314	101 646
昆明倘甸产业园区轿子山旅游开发区管委会	15 553		15 553	27 894
安宁市	1 006 768	13 100	3 199 185	1 217 014
六、按营业状态分				
营业	30 912 111	11 479 640	125 780 269	53 476 900
停业(歇业)	3 038		701 102	676 060
筹建				
当年关闭	239 377	51	680 390	364 474
当年破产			1 383	9 355
其他	20 400	15 943	260 803	116 813
七、按控股情况分				
国有控股	19 367 766	7 707 488	71 372 939	21 122 632
集体控股	1 516 041	230 248	5 523 359	3 575 059
私人控股	7 973 556	3 502 855	45 305 821	28 208 057
港澳台商控股	21		462 831	57 625
外商控股	41 786		125 469	69 255
其他	2 275 756	55 043	4 633 528	1 610 974

资产负债(千元)							损益及分配(千元)
实收资本	国家资本	集体资本	法人资本	个人资本	港澳台资本	外商资本	营业收入
6 138 027	488 026	198 857	2 082 681	3 337 102	17 383	13 978	21 205 810
1 462 927	372 019	53 115	474 071	549 747	500	13 475	9 728 045
2 139 429	101 889	90 655	944 404	986 200	16 281		6 637 056
2 535 671	14 118	55 087	664 206	1 801 155	602	503	4 840 709
34 246 751	11 611 101	1 117 990	10 000 624	11 471 675	17 383	27 978	173 396 264
5 849 002	1 366 513	51 390	2 230 347	2 200 752			42 278 391
10 441 834	6 982 160	66 880	1 540 250	1 838 544		14 000	32 646 580
6 643 633	1 876 973	333 398	2 128 455	2 304 802	2	3	52 068 467
2 886 977	475 606	49 150	1 328 295	1 033 926			11 473 582
439 051	197 220	25 000	99 220	117 611			1 997 820
536 839	60 000	21 400	177 189	278 250			2 368 310
402 505	11 659	78 871	89 363	222 612			1 569 128
720 848	21 600	36 562	407 653	255 033			2 617 403
486 064		152 191	191 736	142 137			4 736 172
305 257		147 547	8 654	149 056			2 061 603
831 713	65 500		349 690	400 242	16 281		3 505 745
179 980		22 900	40 260	116 820			722 408
355 029	66 000	16 800	114 519	157 710			784 610
1 331 137		10 000	295 220	1 025 917			1 657 656
1 292 789	178 030	20 041	456 578	637 040	600	500	3 228 001
399 397		21 150	39 158	339 089			5 737 614
44 103		26 070	5 020	13 013			248 401
18 940			15 919	3 021			27 555
1 081 653	309 840	38 640	483 098	236 100	500	13 475	3 666 818
33 260 343	11 604 401	1 116 858	9 773 750	10 719 973	17 383	27 978	170 423 591
620 587		530	36 000	584 057			202 631
208 715			157 274	51 441			2 618 709
6 460				6 460			14 363
150 646	6 700	602	33 600	109 744			136 970
14 107 225	10 997 565	268	2 867 342	242 050			84 496 169
1 923 785	206 675	913 332	420 603	383 175			13 260 308
17 001 266	61 733	189 731	6 188 768	10 559 929	602	503	67 184 344
16 281					16 281		307 059
53 385			25 410		500	27 475	197 236
1 144 809	345 128	14 659	498 501	286 521			7 951 148

14-5 续表 6

（2013年）

指标	营业收入	损益		
	主营业务收入	营业成本	主营业务成本	营业税金及附加
总计	**169 583 605**	**153 231 168**	**147 912 396**	**5 675 182**
其中：国有及国有控股企业	82 603 437	76 984 599	75 921 919	2 472 508
一、按登记注册类型分组				
内资企业	169 081 287	152 794 420	147 475 923	5 660 848
国有企业	27 909 833	25 857 330	25 700 269	945 981
集体企业	6 382 254	5 222 200	5 173 952	245 702
股份合作企业	463 987	417 258	379 425	16 941
联营企业	104 500	93 814	93 814	4 389
国有联营企业				
集体联营企业				
国有与集体联营企业				
其他联营企业	104 500	93 814	93 814	4 389
有限责任公司	49 102 139	45 069 870	44 136 587	1 583 028
国有独资公司	9 890 311	9 907 719	9 254 063	327 327
其他有限责任公司	39 211 828	35 162 151	34 882 524	1 255 701
股份有限公司	35 423 551	32 196 973	31 952 813	924 261
私营企业	49 140 723	43 449 773	39 551 871	1 921 844
私营独资企业	184 202	230 437	150 437	22 117
私营合伙企业				
私营有限责任公司	45 880 042	40 549 602	36 739 463	1 797 722
私营股份有限公司	3 076 479	2 669 734	2 661 971	102 005
其他企业	554 300	487 202	487 192	18 702
港、澳、台商投资企业	307 059	260 874	260 874	10 317
与港澳台商合资经营				
与港澳台商合作经营				
港、澳、台商独资	307 059	260 874	260 874	10 317
港、澳、台商投资股份有限公司				
其他港澳台投资				
外商投资企业	195 259	175 874	175 599	4 017
中外合资经营企业	195 259	175 874	175 599	4 017
中外合作经营企业				
外资企业				
外商投资股份有限公司				
其他外商投资				
二、按国民经济行业分组				
房屋建筑业	93 710 889	85 503 234	80 987 151	3 389 146
土木工程建筑业	58 648 391	52 896 288	52 413 781	1 733 219
铁路、道路、隧道和桥梁工程建筑	29 688 579	26 888 087	26 716 759	1 019 029
铁路工程建筑	6 622 389	5 965 912	5 952 780	225 071
公路工程建筑	13 675 131	12 429 510	12 306 810	527 532
市政道路工程建筑	3 501 202	3 046 120	3 022 317	112 599
其他道路、隧道和桥梁工程建筑	5 889 857	5 446 545	5 434 852	153 827

及分配 (千元)

主营业务税金及附加	其他业务利润	销售费用	管理费用	税金	财务费用	利息收入	利息支出
5 468 913	**520 501**	**896 132**	**5 264 968**	**210 403**	**1 613 529**	**252 781**	**1 515 444**
2 405 478	356 459	108 080	2 193 332	70 804	727 183	191 109	791 219
5 454 579	518 800	895 105	5 246 450	210 067	1 597 575	252 450	1 499 213
895 954	127 961	45 245	798 750	19 148	161 716	57 970	180 310
244 090	409	118 902	183 664	8 845	38 269	1 530	37 843
14 390	128	82	6 169	327	1 759	13	128
4 389		4 937	476	47	109		33
4 389		4 937	476	47	109		33
1 559 899	251 822	136 545	1 620 109	80 848	515 755	86 826	493 414
318 182	172 316	6 147	372 260	30 304	240 998	18 155	252 095
1 241 717	79 506	130 398	1 247 849	50 544	274 757	68 671	241 319
917 311	48 412	55 563	861 815	16 097	340 310	67 160	394 035
1 799 885	89 109	532 649	1 745 707	84 394	527 551	38 692	386 490
12 117	16 041	3 511	8 855	426	1 819	-8	600
1 686 936	65 874	515 321	1 677 481	78 483	506 328	36 693	367 875
100 832	7 194	13 817	59 371	5 485	19 404	2 007	18 015
18 661	959	1 182	29 760	361	12 106	259	6 960
10 317		259	7 627	92	14 613	230	14 828
10 317		259	7 627	92	14 613	230	14 828
4 017	1 701	768	10 891	244	1 341	101	1 403
4 017	1 701	768	10 891	244	1 341	101	1 403
3 236 289	387 572	499 465	2 205 279	106 109	961 221	111 829	858 013
1 706 196	87 808	137 637	1 997 331	67 093	485 970	130 642	532 522
1 002 738	19 521	59 892	779 252	29 824	349 871	70 413	312 656
223 895	20 747	15 384	218 114	15 556	76 416	45 626	39 413
517 034	-6 488	23 532	301 452	8 205	173 232	15 798	179 199
108 420	4 032	14 826	195 857	4 724	33 248	4 725	30 886
153 389	1 230	6 150	63 829	1 339	66 975	4 264	63 158

14–5 续表 7

（2013年）

指标	营业收入 主营业务收入	营业成本	主营业务成本	损益 营业税金及附加
水利和内河港口工程建筑	4 221 132	3 674 969	3 632 888	137 519
水源及供水设施工程建筑	4 172 174	3 634 976	3 592 895	137 221
河湖治理及防洪设施工程建筑				
港口及航运设施工程建筑	48 958	39 993	39 993	298
海洋工程建筑				
工矿工程建筑	19 688 402	17 814 605	17 773 677	438 315
架线和管道工程建筑	4 136 807	3 709 980	3 511 488	111 139
架线及设备工程建筑	3 702 564	3 227 655	3 170 640	96 321
管道工程建筑	434 243	482 325	340 848	14 818
其他土木工程建筑	913 471	808 647	778 969	27 217
建筑安装业	10 582 857	9 263 503	9 015 138	326 198
电气安装	5 290 233	4 648 871	4 576 817	156 767
管道和设备安装	747 936	614 730	584 551	27 742
其他建筑安装业	4 544 688	3 999 902	3 853 770	141 689
建筑装饰和其他建筑业	6 641 468	5 568 143	5 496 326	226 619
建筑装饰业	3 591 313	2 971 773	2 938 080	117 787
工程准备活动	2 309 100	1 947 243	1 945 341	86 604
建筑物拆除活动	72 636	57 364	57 364	2 461
其他工程准备活动	2 236 464	1 889 879	1 887 977	84 143
提供施工设备服务	7 497	3 308	3 308	135
其他未列明建筑业	733 558	645 819	609 597	22 093
三、按隶属关系分组				
中央	21 489 205	19 485 941	19 445 063	477 784
省(自治区、直辖市)	62 865 276	58 858 868	57 939 397	2 055 225
地区(州、盟、省辖市)	12 019 751	11 021 706	10 780 605	392 782
县(区、市、旗)	4 793 937	4 056 625	4 032 997	192 374
街道	1 475 160	1 242 216	1 236 848	46 788
镇	2 792 183	2 309 372	2 308 636	115 039
乡	182 213	150 963	149 804	6 660
居委会	55 453	5 439	5 098	503
村委会				
其他	63 910 427	56 100 038	52 013 948	2 388 027
四、按企业资质等级分组				
施工总承包	148 757 604	135 090 339	130 122 180	4 980 346
特级	23 668 030	21 539 197	21 464 206	589 591
一级	76 446 766	71 070 849	68 070 212	2 546 746
二级	35 886 972	32 055 313	30 476 898	1 253 716
三级以下	12 755 836	10 424 980	10 110 864	590 293

及分配（千元）

主营业务税金及附加	其他业务利润	销售费用	管理费用	税金	财务费用	利息收入	利息支出
134 567	4 122	6 214	200 662	5 430	32 779	1 746	32 158
134 567	4 122	6 214	192 102	5 382	32 693	1 746	32 072
			8 560	48	86		86
437 864	2 432	8 003	549 429	8 129	93 010	38 658	134 019
104 552	61 273	56 804	420 998	15 533	3 331	19 548	46 843
93 735	38 051	35 506	366 946	15 340	-211	2 150	29 279
10 817	23 222	21 298	54 052	193	3 542	17 398	17 564
26 475	460	6 724	46 990	8 177	6 979	277	6 846
305 616	31 993	165 511	664 164	22 245	90 614	7 767	84 027
154 770	14 263	30 164	300 109	8 639	42 547	5 322	44 360
27 714	1 460	17 371	59 702	1 736	3 600	676	4 450
123 132	16 270	117 976	304 353	11 870	44 467	1 769	35 217
220 812	13 128	93 519	398 194	14 956	75 724	2 543	40 882
113 692	5 583	53 893	230 763	9 312	54 383	406	17 438
86 594	2 044	37 751	100 579	3 737	20 662	1 823	21 847
2 461		634	3 828	121	1 249	14	1 260
84 133	2 044	37 117	96 751	3 616	19 413	1 809	20 587
135		157	4 638	22	370	1	339
20 391	5 501	1 718	62 214	1 885	309	313	1 258
476 513	12 919	15 317	520 563	11 414	136 857	83 147	146 786
1 987 143	338 432	79 874	1 725 434	59 774	590 458	111 883	643 188
386 040	42 803	47 164	406 760	9 560	108 349	15 778	132 982
190 989	2 452	21 017	134 953	5 251	17 967	1 488	10 468
46 781	128	25 063	44 811	2 721	8 779	408	8 392
115 008	6	91 223	90 403	6 289	25 934	1 148	26 268
6 660		313	8 799	3 260	1 499	95	911
503	92	2	1 933	26	461		
2 259 276	123 669	616 159	2 331 312	112 108	723 225	38 834	546 449
4 839 158	478 443	660 584	4 130 384	166 488	1 423 167	241 242	1 365 042
588 194	11 013	1 083	464 829	4 805	121 974	40 957	158 035
2 478 730	338 139	77 777	1 921 329	69 515	888 571	165 595	802 191
1 218 450	83 884	318 309	1 090 706	58 240	287 076	19 257	281 931
553 784	45 407	263 415	653 520	33 928	125 546	15 433	122 885

14-5 续表 8

（2013年）

指标	损益			
	营业收入	营业成本		营业税金及附加
	主营业务收入		主营业务成本	
专业承包	20 826 001	18 140 829	17 790 216	694 836
一级	9 602 724	8 714 947	8 653 240	310 562
二级	6 544 319	5 633 026	5 528 465	185 757
三级以下	4 678 958	3 792 856	3 608 511	198 517
五、按地区分				
昆明市	169 583 605	153 231 168	147 912 396	5 675 182
五华区	42 039 185	38 961 387	38 200 879	1 399 223
盘龙区	29 904 834	28 793 982	25 030 201	1 037 569
官渡区	51 487 394	46 655 927	46 152 045	1 454 023
西山区	11 414 861	9 336 784	9 276 606	356 771
东川区	1 992 107	1 812 912	1 806 826	56 369
呈贡县	2 360 165	2 033 226	2 019 875	69 408
晋宁县	1 546 456	1 309 958	1 305 600	55 642
富民县	2 611 186	2 003 143	1 994 843	174 287
宜良县	4 736 172	4 043 936	4 043 936	217 220
石林彝族自治县	2 057 202	1 462 239	1 455 490	90 536
嵩明县	3 499 639	3 026 220	3 026 042	121 428
禄劝彝族苗族自治县	720 958	588 336	551 950	32 283
寻甸回族彝族自治县	761 172	527 877	527 152	28 408
昆明国家高新技术产业开发区虚拟	1 631 567	1 342 286	1 315 753	55 341
昆明经济技术开发区虚拟	3 215 135	2 687 805	2 661 383	125 724
昆明滇池国家旅游度假区	5 720 951	5 155 001	5 143 847	292 727
昆明阳宗海风景名胜区管理委员会	234 740	204 421	190 758	6 156
昆明倘甸产业园区轿子山旅游开发区管委会	27 555	24 345	24 345	1 250
安宁市	3 622 326	3 261 383	3 184 865	100 817
六、按营业状态分				
营业	166 611 975	150 506 811	145 188 090	5 565 802
停业(歇业)	201 648	134 368	134 367	6 719
筹建				
当年关闭	2 618 649	2 453 884	2 453 834	95 936
当年破产	14 363	12 018	12 018	707
其他	136 970	124 087	124 087	6 018
七、按控股情况分				
国有控股	82 603 437	76 984 599	75 921 919	2 472 508
集体控股	13 130 515	11 365 468	11 217 226	481 012
私人控股	65 409 631	57 288 487	53 262 187	2 452 064
港澳台商控股	307 059	260 874	260 874	10 317
外商控股	195 259	175 874	175 599	4 017
其他	7 937 704	7 155 866	7 074 591	255 264

及分配 (千元)

主营业务税金及附加	其他业务利润	销售费用	管理费用	税金	财务费用	利息收入	利息支出
629 755	42 058	235 548	1 134 584	43 915	190 362	11 539	150 402
306 240	16 395	35 487	351 913	12 127	48 949	4 247	49 510
183 511	11 058	74 185	419 268	12 232	113 279	2 348	70 977
140 004	14 605	125 876	363 403	19 556	28 134	4 944	29 915
5 468 913	520 501	896 132	5 264 968	210 403	1 613 529	252 781	1 515 444
1 350 522	100 323	56 099	1 041 557	56 197	243 457	64 978	253 228
964 638	288 626	310 822	1 124 505	29 283	362 039	36 998	375 765
1 431 668	70 491	80 457	1 446 847	31 079	517 610	112 399	528 011
353 794	9 747	90 326	382 225	24 977	60 577	20 872	60 408
56 369	2 729	3 110	83 554	1 858	7 827	34	7 127
69 408	1 288	13 579	85 140	3 339	22 353	3 116	21 788
55 608	18 287	15 335	44 768	3 946	13 591	952	10 666
173 825	4 481	43 235	146 295	14 145	46 238	719	36 940
217 220		106 250	136 624	7 181	41 972	1 571	40 688
90 304	1 628	49 770	100 441	6 021	6 416	-40	6 581
121 365	2 066	23 160	94 231	3 381	47 363	1 864	43 087
32 273	34	10 071	19 458	1 020	9 625	233	5 717
28 377	11 631	12 188	28 350	1 348	14 008	674	10 430
54 915	3 479	10 453	90 562	1 690	23 572	1 232	23 732
70 805	-4 839	48 896	185 895	4 236	74 943	3 980	58 150
292 727	5 508	7 823	83 358	7 068	88 648	162	5 287
6 156	-4	3 410	12 869	673	798	81	633
1 250		208	345	109	196	5	172
97 689	5 026	10 940	157 944	12 852	32 296	2 951	27 034
5 359 579	520 253	891 600	5 206 845	209 072	1 592 408	252 266	1 499 607
6 678	188	4 352	12 447	260	9 215	6	4 309
95 931	60	129	35 046	1 020	7 040	339	6 568
707			1 604	3			
6 018		51	9 026	48	4 866	170	4 960
2 405 478	356 459	108 080	2 193 332	70 804	727 183	191 109	791 219
473 562	31 968	152 015	487 632	20 993	70 509	-7 185	70 049
2 322 387	127 753	592 149	2 304 524	112 867	768 734	64 577	609 175
10 317		259	7 627	92	14 613	230	14 828
4 017	1 701	768	10 891	244	1 341	101	1 403
253 152	2 620	42 861	260 962	5 403	31 149	3 949	28 770

14-5 续表 9

（2013年）

指标	损益			
	资产减值损失	公允价值变动收益	投资收益	营业利润
总计	**262 461**	**16 358**	**324 519**	**6 643 622**
其中：国有及国有控股企业	233 274	12 607	93 471	1 877 074
一、按登记注册类型分组				
内资企业	262 461	16 358	324 519	6 625 908
国有企业	5 436	12 607	7 705	413 249
集体企业	61	991	8 127	558 214
股份合作企业				22 115
联营企业				775
国有联营企业				
集体联营企业				
国有与集体联营企业				
其他联营企业				775
有限责任公司	31 280	11	105 438	1 719 916
国有独资公司	933		7 357	309 543
其他有限责任公司	30 347	11	98 081	1 410 373
股份有限公司	218 181	821	69 408	1 178 487
私营企业	7 503	1 928	133 841	2 726 058
私营独资企业				40 885
私营合伙企业				
私营有限责任公司	7 320	1 611	133 628	2 447 049
私营股份有限公司	183	317	213	238 124
其他企业				7 094
港、澳、台商投资企业				13 369
与港澳台商合资经营				
与港澳台商合作经营				
港、澳、台商独资				13 369
港、澳、台商投资股份有限公司				
其他港澳台投资				
外商投资企业				4 345
中外合资经营企业				4 345
中外合作经营企业				
外资企业				
外商投资股份有限公司				
其他外商投资				
二、按国民经济行业分组				
房屋建筑业	13 936	13 898	149 172	3 963 995
土木工程建筑业	227 133	2 459	164 898	1 859 898
铁路、道路、隧道和桥梁工程建筑	33 730	1 159	20 221	816 327
铁路工程建筑	5 171		2 031	157 120
公路工程建筑	28 487	1 126	4 606	335 649
市政道路工程建筑	70	30	8 559	152 362
其他道路、隧道和桥梁工程建筑	2	3	5 025	171 196

及分配 (千元)

营业外收入	补贴收入	营业外支出	利润总额	应交所得税	应付职工薪酬(本年贷方累计发生额)	建筑业企业在境外完成的营业收入
277 955	**38 403**	**163 531**	**6 804 653**	**1 278 314**	**20 980 889**	**9 221 255**
105 868	28 211	49 647	1 925 145	423 278	8 429 913	6 312 982
277 509	37 983	163 303	6 786 721	1 273 832	20 922 994	9 217 294
42 669	16 736	25 519	422 368	111 127	3 071 769	20 222
49 008	400	47 967	585 628	81 530	996 163	
1 410		216	23 309	9 470	72 270	
			775	140	35 817	
			775	140	35 817	
48 439	3 981	26 872	1 783 386	305 402	6 563 612	925 638
5 254	729	11 668	303 010	73 908	1 396 252	818 453
43 185	3 252	15 204	1 480 376	231 494	5 167 360	107 185
30 675	10 495	12 083	1 198 431	200 218	3 683 512	6 189 883
105 308	6 371	50 633	2 765 743	561 725	6 467 562	2 081 551
400	400	13	41 272	1 451	18 560	
74 422	5 362	48 029	2 465 719	510 134	6 104 719	2 081 551
30 486	609	2 591	258 752	50 140	344 283	
		13	7 081	4 220	32 289	
			13 369	3 342	25 620	
			13 369	3 342	25 620	
446	420	228	4 563	1 140	32 275	3 961
446	420	228	4 563	1 140	32 275	3 961
145 583	7 203	55 652	4 062 250	745 220	12 864 211	949 146
99 716	17 207	88 793	1 913 680	362 447	6 010 997	8 235 208
70 118	5 476	56 129	827 517	161 134	3 169 758	2 849 543
9 023	10	5 845	155 797	41 383	549 774	106 585
56 200	5 095	49 572	342 629	59 523	1 417 399	2 036 948
4 502		604	156 258	34 150	536 963	
393	371	108	172 833	26 078	665 622	706 010

14–5 续表 10

（2013年）

指　　标	损益			
	资产减值损失	公允价值变动收益	投资收益	营业利润
水利和内河港口工程建筑	1 252		1 776	188 308
水源及供水设施工程建筑	1 252		1 776	188 287
河湖治理及防洪设施工程建筑				
港口及航运设施工程建筑				21
海洋工程建筑				
工矿工程建筑	193 022		60 406	696 329
架线和管道工程建筑	-881	100	79 285	113 571
架线及设备工程建筑	-881	100	80 520	87 899
管道工程建筑			-1 235	25 672
其他土木工程建筑	10	1 200	3 210	45 363
建筑安装业	3 629	-10	9 403	514 754
电气安装	1 737	-10	14 821	230 918
管道和设备安装	51		228	94 668
其他建筑安装业	1 841		-5 646	189 168
建筑装饰和其他建筑业	17 763	11	1 046	304 975
建筑装饰业	18 730	11	-47	170 502
工程准备活动	-962			121 302
建筑物拆除活动	5			7 095
其他工程准备活动	-967			114 207
提供施工设备服务				-1 111
其他未列明建筑业	-0 005		1 093	14 282
三、按隶属关系分组				
中央	194 165		60 210	775 544
省(自治区、直辖市)	44 188	13 608	70 367	1 310 303
地区(州、盟、省辖市)	50		49 132	297 830
县(区、市、旗)	-20	-10	-2 050	397 477
街道	-5		8	115 421
镇	11		6 941	138 900
乡				14 404
居委会				1 346
村委会				
其他	24 072	2 760	139 911	3 592 397
四、按企业资质等级分组				
施工总承包	238 641	14 053	309 377	5 844 494
特级	190 244		67 606	914 901
一级	43 705	12 607	27 465	1 742 530
二级	2 301	188	202 607	2 121 172
三级以下	2 391	1 258	11 699	1 065 891

及分配 (千元)

营业外收入	补贴收入	营业外支出	利润总额	应交所得税	应付职工薪酬(本年贷方累计发生额)	建筑业企业在境外完成的营业收入
4 220		2 458	190 071	32 007	388 035	9 132
4 106		2 370	190 024	32 000	375 170	9 132
114		88	47	7	12 865	
13 121	9 455	8 318	701 132	137 651	1 821 170	5 367 663
11 233	2 276	5 892	164 504	24 861	539 879	8 870
5 535	2 276	4 704	134 322	17 802	513 356	8 870
5 698		1 188	30 182	7 059	26 523	
1 024		15 996	30 456	6 794	92 155	
28 163	14 119	13 569	525 864	102 836	1 420 561	8 501
12 796	2 704	1 826	242 379	43 702	787 586	
262		6 650	88 294	19 726	157 403	6 213
15 105	11 415	5 093	195 191	39 408	475 572	2 288
4 493	-126	5 517	302 859	67 811	685 120	28 400
1 754	-127	1 644	170 541	34 662	361 730	15 623
2 283		3 567	120 018	28 354	216 510	4 410
		621	6 474	678	8 586	
2 283		2 946	113 544	27 676	207 924	4 410
206		40	-945	83	3 596	
250	1	266	13 245	4 712	103 284	8 367
16 096	8 448	7 194	784 446	160 056	1 726 756	5 367 577
105 834	20 512	88 699	1 320 027	273 438	7 638 790	945 405
9 368	370	4 637	348 705	57 073	1 547 547	818 415
178		4 595	393 069	60 279	890 510	
2 303		282	117 442	19 556	210 697	
292		298	167 264	27 637	483 875	
444	400	607	14 241	3 694	51 764	
			1 346	243	3 293	
143 440	8 673	57 219	3 658 113	676 338	8 427 657	2 089 858
193 416	24 040	91 962	5 997 490	1 089 929	18 781 786	9 185 448
11 497	8 818	6 432	921 318	165 624	1 989 664	6 073 587
115 423	5 155	55 402	1 803 185	407 308	10 050 403	1 035 815
55 880	6 759	20 940	2 221 480	358 196	4 770 823	2 040 029
10 616	3 308	9 188	1 051 507	158 801	1 970 896	36 017

14-5 续表 11

（2013年）

指标	损益			
	资产减值损失	公允价值变动收益	投资收益	营业利润
专业承包	23 820	2 305	15 142	799 128
一级	18 073	11	-3 158	232 914
二级	638	3	11 939	227 088
三级以下	5 109	2 291	6 361	339 126
五、按地区分				
昆明市	262 461	16 358	324 519	6 643 622
五华区	16 193	13 848	10 652	582 927
盘龙区	1 389	229	125 798	1 132 067
官渡区	221 041	994	159 445	1 736 090
西山区	20 292		6 281	1 232 888
东川区			661	40 989
呈贡县			428	99 345
晋宁县	140		2 358	104 838
富民县	8		-3 360	200 837
宜良县	280	260	1 393	190 470
石林彝族自治县	248	-10	-10	351 741
嵩明县	758	130	716	190 416
禄劝彝族苗族自治县			343	62 978
寻甸回族彝族自治县	171	918	7 705	182 353
昆明国家高新技术产业开发区虚拟	1 375	-46	213	127 600
昆明经济技术开发区虚拟	2 909		1 504	159 979
昆明滇池国家旅游度假区			8 000	118 056
昆明阳宗海风景名胜区管理委员会			109	20 745
昆明倘甸产业园区轿子山旅游开发区管委会				1 211
安宁市	-2 343	35	2 283	108 092
六、按营业状态分				
营业	262 461	16 358	324 509	6 589 135
停业(歇业)				35 527
筹建				
当年关闭				26 004
当年破产				34
其他			10	-7 078
七、按控股情况分				
国有控股	233 274	12 607	93 471	1 877 074
集体控股	431	991	53 143	671 676
私人控股	26 187	2 760	177 015	3 873 572
港澳台商控股				13 369
外商控股				4 345
其他	2 569		890	203 586

及分配 (千元)

营业外收入	补贴收入	营业外支出	利润总额	应交所得税	应付职工薪酬(本年贷方累计发生额)	建筑业企业在境外完成的营业收入
84 539	14 363	71 569	807 163	188 385	2 199 103	35 807
16 530	12 273	14 558	235 064	64 722	779 797	11 683
7 679	160	2 948	228 089	52 923	641 664	20 257
60 330	1 930	54 063	344 010	70 740	777 642	3 867
277 955	38 403	163 531	6 804 653	1 278 314	20 980 889	9 221 255
22 686	5 427	26 373	573 039	129 528	6 765 101	97 382
31 643	13 724	21 181	1 135 456	252 548	2 801 171	830 989
89 903	10 717	75 370	1 784 197	339 325	4 692 857	6 201 166
32 968		4 010	1 261 846	186 954	2 533 440	18 395
173		4 026	37 927	11 341	314 792	
1 799	623	628	100 515	18 825	99 073	12 959
1 409		2 220	132 397	24 050	192 154	2 288
3 300	1 329	898	203 239	36 247	376 957	
283		68	191 758	39 019	916 714	
398		151	351 988	59 756	317 249	
1 873	350	2 458	190 181	30 058	339 509	
499	400	685	62 792	4 228	113 830	
2 698		3 888	181 163	27 897	81 101	3 891
4 189	1 287	-161	131 536	26 079	286 155	
4 263	992	2 813	159 499	38 381	192 497	4 909
52 824	3 095	1 915	168 964	17 941	542 892	2 036 948
13		49	20 818	3 565	35 029	
			1 211	9	4 700	
27 034	459	16 959	116 127	32 563	375 668	12 328
277 923	38 403	163 489	6 750 168	1 263 080	20 765 503	9 221 255
		8	35 519	10 060	48 596	
30		10	26 022	4 945	111 750	
			34	8	835	
2		24	-7 090	221	54 205	
105 868	28 211	49 647	1 925 145	423 278	8 429 913	6 312 982
52 686	400	52 265	744 188	100 175	1 715 436	
117 467	8 623	61 007	3 916 471	688 792	9 278 914	2 904 312
			13 369	3 342	25 620	
446	420	228	4 563	1 140	32 275	3 961
1 488	749	384	200 917	61 587	1 498 731	

14-6 劳务分包企

（2013年）

指　　标	企业个数（个）		建筑业总产值(千元)		资产负
		有工作量		装饰装修产值	固定资产原价
总计	**55**	**45**	**516 081**	**311**	**27 678**
其中：国有及国有控股					
一、按登记注册类型分组					
内资企业	55	45	516 081	311	27 678
国有企业					
集体企业					
股份合作企业					
联营企业					
国有联营企业					
集体联营企业					
国有与集体联营企业					
其他联营企业					
有限责任公司	5	4	150 380		6 173
国有独资公司					
其他有限责任公司	5	4	150 380		6 173
股份有限公司					
私营企业	50	41	365 701	311	21 505
私营独资企业					
私营合伙企业					
私营有限责任公司	50	41	365 701	311	21 505
私营股份有限公司					
其他企业					
港、澳、台商投资企业					
与港澳台商合资经营					
与港澳台商合作经营					
港、澳、台商独资					
港、澳、台商投资股份有限公司					
其他港澳台投资					
外商投资企业					
中外合资经营企业					
中外合作经营企业					
外资企业					
外商投资股份有限公司					
其他外商投资					
二、按国民经济行业分组					
房屋建筑业	10	6	11 910		8 563
土木工程建筑业	2	2	2 032		980
铁路、道路、隧道和桥梁工程建筑	2	2	2 032		980
铁路工程建筑					
公路工程建筑	1	1	2 000		980
市政道路工程建筑					
其他道路、隧道和桥梁工程建筑	1	1	32		

业生产经营情况表

债(千元)				损益及分配(千元)			
本年折旧	资产总计	负债合计	实收资本	营业收入合计	主营业务收入(工程结算收入)	营业成本	主营业务成本(工程结算成本)
3 307	**313 262**	**179 804**	**112 890**	**559 443**	**542 514**	**478 608**	**451 939**
3 307	313 262	179 804	112 890	559 443	542 514	478 608	451 939
1 189	148 707	127 777	21 727	146 551	146 551	107 263	107 263
1 189	148 707	127 777	21 727	146 551	146 551	107 263	107 263
2 118	164 555	52 027	91 163	412 892	395 963	371 345	344 676
2 118	164 555	52 027	91 163	412 892	395 963	371 345	344 676
959	29 900	2 948	19 980	12 210	11 910	7 983	7 873
7	1 460	864	380	2 032	2 032	1 860	1 860
7	1 460	864	380	2 032	2 032	1 860	1 860
7	1 220	860	360	2 000	2 000	1 850	1 850
	240	4	20	32	32	10	10

14-6 续表 1

（2013年）

指　　标	企业个数（个）	有工作量	建筑业总产值(千元)	装饰装修产值	资产负 固定资产原价
水利和内河港口工程建筑					
水源及供水设施工程建筑					
河湖治理及防洪设施工程建筑					
港口及航运设施工程建筑					
海洋工程建筑					
工矿工程建筑					
架线和管道工程建筑					
架线及设备工程建筑					
管道工程建筑					
其他土木工程建筑					
建筑安装业	2	2	133 538		3 148
电气安装					
管道和设备安装	1	1	683		737
其他建筑安装业	1	1	132 855		2 411
建筑装饰和其他建筑业	41	35	368 601	311	14 987
建筑装饰业	18	17	28 018	30	3 771
工程准备活动	1	1	7 983		836
建筑物拆除活动					
其他工程准备活动	1	1	7 983		836
提供施工设备服务	2	1	71		991
其他未列明建筑业	20	16	332 529	281	9 389
三、按隶属关系分组					
中央					
省(自治区、直辖市)					
地区(州、盟、省辖市)	2	2	140 838		3 247
县(区、市、旗)					
街道					
镇					
乡					
居委会					
村委会					
其他	53	43	375 243	311	24 431
四、按企业资质等级分组					
劳务分包	55	45	516 081	311	27 678
一级	2	1	50		640
二级	32	27	79 743	281	13 121
三级及以下	21	17	436 288	30	13 917

债(千元)				损益及分配(千元)			
本年折旧	资产总计	负债合计	实收资本	营业收入合计	主营业务收入(工程结算收入)	营业成本	主营业务成本(工程结算成本)
341	120 533	114 511	6 227	133 538	133 538	97 231	97 231
93	1 125	330	1 000	683	683	621	621
248	119 408	114 181	5 227	132 855	132 855	96 610	96 610
2 000	161 369	61 481	86 303	411 663	395 034	371 534	344 975
570	56 332	19 832	29 403	28 955	28 900	13 814	12 259
437	6 749	662	6 000	4 154	4 154	3 140	3 140
437	6 749	662	6 000	4 154	4 154	3 140	3 140
96	523	456	2 000	71	71	66	66
897	97 765	40 531	48 900	378 483	361 909	354 514	329 510
685	126 157	114 843	11 227	137 009	137 009	99 750	99 750
2 622	187 105	64 961	101 663	422 434	405 505	378 858	352 189
3 307	313 262	179 804	112 890	559 443	542 514	478 608	451 939
	5 821	790	6 000	50	50	258	258
1 438	97 165	35 628	58 961	109 151	109 151	91 862	90 362
1 869	210 276	143 386	47 929	450 242	433 313	386 488	361 319

14–6 续表 2

（2013年）

指　　标	企业个数（个）		建筑业总产值(千元)		资产负
		有工作量		装饰装修产值	固定资产原价
五、按地区分					
昆明市	55	45	516 081	311	27 678
市辖区					
五华区	8	7	38 183		2 830
盘龙区	4	3	244 460	281	100
官渡区	6	3	132 907		2 866
西山区	28	25	74 094	30	10 632
东川区					
呈贡县					
晋宁县					
富民县					
宜良县					
石林彝族自治县					
嵩明县					
禄劝彝族苗族自治县					
寻甸回族彝族自治县	1	1	2 000		980
昆明国家高新技术产业开发区虚拟	1	1	683		737
昆明经济技术开发区虚拟	2	1	71		991
昆明滇池国家旅游度假区	3	2	16 525		3 742
昆明阳宗海风景名胜区管理委员会					
昆明倘甸产业园区轿子山旅游开发区管委会					
滇中产业园区					
安宁市	2	2	7 158		4 800
昆明市国有资产监督管理委员会					
劳资主管局管理级别					
六、按营业状态分					
营业	49	42	515 668	30	27 678
停业(歇业)	3	2	381	281	
筹建					
当年关闭	1				
当年破产					
其他	2	1	32		
七、按控股情况分					
国有控股					
集体控股					
私人控股	54	44	515 081	311	27 658
港澳台商控股					
外商控股					
其他	1	1	1 000		20

债(千元)				损益及分配(千元)			
本年折旧	资产总计	负债合计	实收资本	营业收入合计	主营业务收入(工程结算收入)	营业成本	主营业务成本(工程结算成本)
3 307	313 262	179 804	112 890	559 443	542 514	478 608	451 939
184	50 497	22 490	19 293	54 729	38 183	45 849	20 845
10	7 143	3 048	3 399	245 860	245 832	235 820	235 820
585	129 797	114 326	16 347	132 907	132 907	96 620	96 620
1 181	90 153	22 511	53 683	77 746	77 391	59 427	57 762
7	1 220	860	360	2 000	2 000	1 850	1 850
93	1 125	330	1 000	683	683	621	621
96	523	456	2 000	71	71	66	66
931	29 120	13 033	16 000	12 696	12 696	9 717	9 717
220	3 684	2 750	808	32 751	32 751	28 638	28 638
3 307	312 422	179 800	112 370	559 030	542 101	478 458	451 789
	600		500	381	381	140	140
	240	4	20	32	32	10	10
3 297	313 083	179 241	112 390	558 443	541 514	477 672	451 003
10	179	563	500	1 000	1 000	936	936

14-6 续表 3

（2013年）

指　　标	损益及				
	营业税金及附加	主营业务税金及附加(工程结算税金及附加)	销售费用	管理费用	税金
总计	**13 439**	**12 484**	**6 951**	**12 333**	**424**
其中：国有及国有控股					
一、按登记注册类型分组					
内资企业	13 439	12 484	6 951	12 333	424
国有企业					
集体企业					
股份合作企业					
联营企业					
国有联营企业					
集体联营企业					
国有与集体联营企业					
其他联营企业					
有限责任公司	1 758	1 758		1 914	176
国有独资公司					
其他有限责任公司	1 758	1 758		1 914	176
股份有限公司					
私营企业	11 681	10 726	6 951	10 419	248
私营独资企业					
私营合伙企业					
私营有限责任公司	11 681	10 726	6 951	10 419	248
私营股份有限公司					
其他企业					
港、澳、台商投资企业					
与港澳台商合资经营					
与港澳台商合作经营					
港、澳、台商独资					
港、澳、台商投资股份有限公司					
其他港澳台投资					
外商投资企业					
中外合资经营企业					
中外合作经营企业					
外资企业					
外商投资股份有限公司					
其他外商投资					
二、按国民经济行业分组					
房屋建筑业	473	463	131	1 733	46
土木工程建筑业	9			72	
铁路、道路、隧道和桥梁工程建筑	9			72	
铁路工程建筑					
公路工程建筑				50	
市政道路工程建筑					
其他道路、隧道和桥梁工程建筑	9			22	

分配(千元)			从业人员期末人数(人)	从事主营业务活动的从业人员期末人数(人)	从事主营业务活动的从业人员平均人数(人)	劳务分包其中：工程技术人员(人)	劳务分包其中：现场施工工人(人)
财务费用	营业利润	利润总额					
0 085	**69 059**	**58 880**	**1 596**	**1 148**	**1 304**	**284**	**760**
0 085	69 059	58 880	1 596	1 148	1 304	284	760
-3	35 618	34 933	162	176	179	67	93
-3	35 618	34 933	162	176	179	67	93
88	33 441	23 947	1 434	972	1 125	217	667
88	33 441	23 947	1 434	972	1 125	217	667
36	2 500	1 258	217	109	147	31	119
	91	91	44	40	44	1	1
	91	91	44	40	44	1	1
	100	100	40	40	41		
	-9	-9	4		3	1	1

14-6 续表 4

（2013年）

指标	损益及				
	营业税金及附加	主营业务税金及附加(工程结算税金及附加)	销售费用	管理费用	税金
水利和内河港口工程建筑					
水源及供水设施工程建筑					
河湖治理及防洪设施工程建筑					
港口及航运设施工程建筑					
海洋工程建筑					
工矿工程建筑					
架线和管道工程建筑					
架线及设备工程建筑					
管道工程建筑					
其他土木工程建筑					
建筑安装业	1 320	1 320		1 400	43
电气安装					
管道和设备安装	23	23		381	4
其他建筑安装业	1 297	1 297		1 019	39
建筑装饰和其他建筑业	11 637	10 701	6 820	9 128	335
建筑装饰业	1 125	984	3 158	3 208	20
工程准备活动	141	141		458	128
建筑物拆除活动					
其他工程准备活动	141	141		458	128
提供施工设备服务	5	5		502	5
其他未列明建筑业	10 366	9 571	3 662	4 960	182
三、按隶属关系分组					
中央					
省(自治区、直辖市)					
地区(州、盟、省辖市)	1 438	1 438		1 477	167
县(区、市、旗)					
街道					
镇					
乡					
居委会					
村委会					
其他	12 001	11 046	6 951	10 856	257
四、按企业资质等级分组					
劳务分包	13 439	12 484	6 951	12 333	424
一级	2	2		111	
二级	1 154	1 083	3 423	4 869	181
三级及以下	12 283	11 399	3 528	7 353	243

分配(千元)			从业人员期末人数(人)	从事主营业务活动的从业人员期末人数(人)	从事主营业务活动的从业人员平均人数(人)	劳务分包其中：工程技术人员(人)	劳务分包其中：现场施工工人(人)
财务费用	营业利润	利润总额					
1	33 588	33 002	81	81	81	14	26
1	-341	-290	6	6	6	1	1
	33 929	33 292	75	75	75	13	25
48	32 880	24 529	1 254	918	1 032	238	614
9	8 793	7 746	592	447	544	75	373
	415	415	66	67	69	45	56
	415	415	66	67	69	45	56
	-502	-502	122	122	122		
39	24 174	16 870	474	282	297	118	185
	34 344	33 707	141	142	144	58	81
85	34 715	25 173	1 455	1 006	1 160	226	679
85	69 059	58 880	1 596	1 148	1 304	284	760
	-321	-321	31	8	8	7	13
60	9 076	7 060	811	670	789	149	387
25	60 304	52 141	754	470	507	128	360

14-6 续表 5

（2013年）

指　　标	损益及				
	营业税金及附加	主营业务税金及附加(工程结算税金及附加)	销售费用	管理费用	税金
五、按地区分					
昆明市	13 439	12 484	6 951	12 333	424
市辖区					
五华区	1 833	1 040	3 338	2 583	9
盘龙区	8 280	8 278	120	1 553	51
官渡区	1 306	1 297		1 276	39
西山区	1 446	1 295	3 493	5 102	69
东川区					
呈贡县					
晋宁县					
富民县					
宜良县					
石林彝族自治县					
嵩明县					
禄劝彝族苗族自治县					
寻甸回族彝族自治县				50	
昆明国家高新技术产业开发区虚拟	23	23		381	4
昆明经济技术开发区虚拟	5	5		502	5
昆明滇池国家旅游度假区	428	428		603	137
昆明阳宗海风景名胜区管理委员会					
昆明倘甸产业园区轿子山旅游开发区管委会					
滇中产业园区					
安宁市	118	118		283	110
昆明市国有资产监督管理委员会					
劳资主管局管理级别					
六、按营业状态分					
营业	13 414	12 468	6 831	12 309	424
停业(歇业)	16	16	120	2	
筹建					
当年关闭					
当年破产					
其他	9			22	
七、按控股情况分					
国有控股					
集体控股					
私人控股	13 406	12 451	6 951	12 041	424
港澳台商控股					
外商控股					
其他	33	33		292	

分配(千元)			从业人员期末人数(人)	从事主营业务活动的从业人员期末人数(人)	从事主营业务活动的从业人员平均人数(人)	劳务分包其中：工程技术人员(人)	劳务分包其中：现场施工工人(人)
财务费用	营业利润	利润总额					
85	69 059	58 880	1 596	1 148	1 304	284	760
14	20 129	13 009	110	79	86	39	44
-5	190	89	138	24	36	10	15
1	33 704	33 067	110	76	80	21	39
54	10 139	8 035	949	700	833	151	591
	100	100	40	40	41		
1	-341	-290	6	6	6	1	1
	-502	-502	122	110	110		
-3	1 951	1 903	92	93	95	51	64
23	3 689	3 469	29	20	17	11	6
85	69 065	58 889	1 548	1 147	1 291	276	746
	3		16	1	10	2	1
	-9	-9	32		3	6	13
85	69 321	59 142	1 589	1 128	1 284	282	756
	-262	-262	7	20	20	2	4

主要统计指标解释

建筑施工企业　是指从事：1.各种房屋、建筑物和构筑物的建造；2.各种线路、管道和机械设备的安装；3.原有房屋、建筑物的修理；4.部分非标准设备的制造；5.原有房屋、建筑和构筑物的装饰装修等。建筑施工企业同时还应具备下述条件：①依法成立、有自己的名称、组织机构和场所，能够独立承担民事责任；②独立拥有和使用(或授权使用)资产，承担负债，有权与其他单位签订合同；③会计上独立核算，能够编制资产负债表；④具有新的建筑业资质等级的总承包、专业承包、劳务分包的建筑业企业(包括各地区建设行政主管部门按照新的建筑业资质管理规定自行批准的资质企业)。

国有企业　指企业全部资产归国家所有，并按《中华人民共和国企业法人登记管理条例》规定登记注册的非公司制的经济组织。不包括有限责任公司中的国有独资公司。

集体企业　指企业资产归集体所有，并按《中华人民共和国企业法人登记管理条例》规定登记注册的经济组织。

股份合作企业　指以合作制为基础，由企业职工共同出资入股，吸收一定比例的社会资产投资组建，实行自主经营，自负盈亏，共同劳动，民主管理，按劳分配与按股分红相结合的一种集体经济组织。

联营企业　指两个及两个以上相同或不同所有制性质的企业法人或事业单位法人，按自愿、平等、互利的原则，共同投资组成的经济组织。联营企业包括国有联营企业、集体联营企业、国有与集体联营企业和其他联营企业。

国有联营企业　指所有联营单位均为国有。

集体联营企业　指所有联营单位均为集体。

国有与集体联营企业　指联营单位既有国有也有集体。

其他联营企业　指上述三种联营企业之外的其他联营形式的企业。

有限责任公司　指根据《中华人民共和国公司登记管理条例》规定登记注册，由两个以上，五十个以下的股东共同出资，每个股东以其所认缴的出资额对公司承担有限责任，公司以其全部资产对其债务承担责任的经济组织。有限责任公司包括国有独资公司以及其他有限责任公司。

国有独资公司　指国家授权的投资机构或者国家授权的部门单独投资设立的有限责任公司。

其他有限责任公司　指国有独资公司以外的其他有限责任公司。

股份有限公司　指根据《中华人民共和国公司登记管理条例》规定登记注册，其全部注册资本由等额股份构成并通过发行股票筹集资本，股东以其认购的股份对公司承担有限责任，公司以其全部资产对其债务承担责任的经济组织。

私营企业　指由自然人投资设立或由自然人控股，以雇佣劳动为基础的营利性经济组织。包括按照《公司法》、《合伙企业法》、《私营企业暂行条例》以及《个人独资企业法》规定登记注册的私营独资

企业、私营有限责任公司、私营股份有限公司、私营合伙企业和个人独资企业。

私营独资企业　指按《私营企业暂行条例》的规定，由一名自然人投资经营，以雇佣劳动为基础，投资者对企业债务承担无限责任的企业。

私营有限责任公司　指按《公司法》、《私营企业暂行条例》的规定，由两个以上自然人投资或由单个自然人控股的有限责任公司。

私营股份有限公司　指按《公司法》的规定，由五个以上自然人投资，或由单个自然人控股的股份有限公司。

私营合伙企业　指按《合伙企业法》或《私营企业暂行条例》的规定，由两个以上自然人按照协议共同投资、共同经营、共负盈亏，以雇佣劳动为基础，对债务承担无限责任的企业。

个人独资企业　指按《个人独资企业法》、《个人独资企业登记管理办法》的规定，由一个自然人投资，财产为投资人个人所有，投资人以其个人财产对企业债务承担无限责任的经营实体。个人独资企业填表时归入私营独资企业。

其他内资企业　指上述第（1）条至第（7）条之外的其他内资经济组织。

与港澳台商合资经营企业　指港澳台地区投资者与内地的企业依照《中华人民共和国中外合资经营企业法》及有关法律的规定，按合同规定的比例投资设立，分享利润和分担风险的企业。

与港澳台商合作经营企业　指港澳台地区投资者与内地企业依照《中华人民共和国中外合作经营企业法》及有关法律的规定，依照合作合同的约定进行投资或提供条件设立，分配利润、分担风险和亏损的企业。

港澳台商独资经营企业　指依照《中华人民共和国外资企业法》及有关法律的规定，在内地由港澳台地区投资者全额投资设立的企业。

港澳台商投资股份有限公司　指根据国家有关规定，经商务部（原外经贸部）批准设立，并且其中港、澳、台商的股本占公司注册资本的比例达25%以上的股份有限公司。凡其中港、澳、台商的股本占公司注册资本的比例小于25%的，属于内资中的股份有限公司。

其他港、澳、台商投资企业　指在中国境内参照《外国企业或个人在中国境内设立合伙企业管理办法》和《外商投资合伙企业登记管理规定》，依法设立的港、澳、台商投资合伙企业。

中外合资经营企业　指外国企业或外国人与中国内地企业依照《中华人民共和国中外合资经营企业法》及有关法律的规定，按合同规定的比例投资设立，分享利润和分担风险的企业。

中外合作经营企业　指外国企业或外国人与中国内地企业依照《中华人民共和国中外合作经营企业法》及有关法律的规定，依照合作合同的约定进行投资或提供条件设立，分配利润、分担风险和亏损的企业。

外资企业　指依照《中华人民共和国外资企业法》及有关法律的规定，在中国内地由外国投资者全额投资设立的企业。

外商投资股份有限公司 指根据国家有关规定，经商务部（原外经贸部）批准设立，并且其中外资的股本占公司注册资本的比例达 25%以上的股份有限公司。凡其中外资股本占公司注册资本的比例小于 25%的，属于内资中的股份有限公司。

其他外商投资企业 指在中国境内依照《外国企业或个人在中国境内设立合伙企业管理办法》和《外商投资合伙企业登记管理规定》，依法设立的外商投资合伙企业。

1-本季平均人数 季报基层表中应填报的平均人数是“1-本季平均人数”，以年初至报告季内各月平均人数之和除以报告季内月数求得。计算公式为：

$$一季度：1-本季平均人数=\frac{1月平均人数+2月平均人数+3月平均人数}{3}$$

$$二季度：1-本季平均人数=\frac{1月平均人数+...+6月平均人数}{6}$$

$$三季度：1-本季平均人数=\frac{1月平均人数+...+9月平均人数}{9}$$

或（用本季平均人数计算）

一季度：1-本季平均人数=1 季度本季平均人数

$$二季度：1-本季平均人数=\frac{1季度本季平均人数+2季度本季平均人数}{2}$$

三季度：1-本季平均人数

$$=\frac{1季度本季平均人数+2季度本季平均人数+3季度本季平均人数}{3}$$

本季平均人数以报告季内三个月的平均人数之和除以 3 求得。计算公式为：

$$本季平均人数=\frac{报告季内3个月平均人数之和}{3}$$

年平均人数 是以 12 个月的平均人数相加之和除以 12 求得，或以 4 个季度的平均人数之和除以 4 求得。计算公式为：

$$年平均人数=\frac{报告年内12个月平均人数之和}{12}$$

或：

$$年平均人数=\frac{报告年内4个季度平均人数之和}{4}$$

在年内新成立的单位年平均人数计算方法为：从实际开工之月起到年底的月平均人数相加除以 12 个月。

资产总计 指企业过去的交易或者事项形成的、由企业拥有或者控制的、预期会给企业带来经济利益的资源。资产一般按流动性分为流动资产和非流动资产。其中流动资产可分为货币资金、交易性金融资产、应收票据、应收账款、预付款项、其他应收款、存货等；非流动资产可分为长期股权投资、固定资产、无形资产及其他非流动资产等。根据会计“资产负债表”中“资产总计”项目的期末余额数填报。

营业利润 指企业从事生产经营活动所取得的利润。执行 2006 年《企业会计准则》的企业，营业利润为营业收入减去营业成本、营业税金及附加、销售费用、管理费用、财务费用、资产减值损失，再加上公允价值变动收益和投资收益。未执行 2006 年《企业会计准则》的企业，营业利润为主营业务收入减去主营业务成本、主营业务税金及附加，加上其他业务利润后，再减去销售费用、管理费用、财务费用后的金额。根据会计“利润表”中“营业利润”项目的本期金额数填报。

利润总额 指企业在一定会计期间的经营成果，是生产经营过程中各种收入扣除各种耗费后的盈余，反映企业在报告期内实现的亏盈总额。根据会计“利润表”中“利润总额”项目的本期金额数填报。执行 2006 年《企业会计准则》的企业，利润总额为营业利润加上营业外收入，减去营业外支出后的金额；未执行 2006 年《企业会计准则》的企业，利润总额为营业利润加上投资收益、补贴收入、营业外收入，再减去营业外支出后的金额。

建筑业总产值 建筑业总产值是以货币表现的建筑业企业在一定时期内生产的建筑业产品和服务的总和。建筑业总产值包括建筑工程产值、安装工程产值和其他产值三部分内容。

劳务分包企业建筑业总产值指劳务分包企业与总承包企业或专业承包企业签定劳务分包合同后，从事建筑安装工程取得的所有劳务收入。

装饰装修产值 包括装饰、装修两部分产值。装修装饰指对新旧房屋及建筑物进行的内外装修装饰；对新建房屋及建筑物经过施工后，尚未完全达到使用标准，而进行的二次装修装饰；以及对原有房屋经使用若干年后进行的二次内外装饰。包括抹灰、门窗、玻璃、吊顶、隔断、饰面板(砖)、涂料、裱糊、刷浆、花饰等。

在外省完成的产值 指建筑业企业在其他省份施工所完成的建筑业产值。

房屋施工面积 指报告期内施过工的全部房屋建筑面积，它包括本期新开工的面积、上期跨入本期继续施工的房屋面积、上期停缓建在本期恢复施工的房屋面积、本期竣工的房屋面积以及本期施工后又停缓建的房屋面积。

房屋新开工面积 指在报告期内新开工的各个房屋单位工程的建筑面积之和。它不包括在上期开工跨入报告期继续施工的房屋建筑面积和上期停缓建而在本期复工的建筑面积。新开工面积用于反映报告期内投入施工的房屋建筑规模，为科学组织施工提供依据。

房屋竣工面积 指在报告期内房屋建筑按照设计要求已全部完工，达到了使用条件，经检查验收鉴定合格的房屋建筑面积。计算房屋竣工面积，必须严格执行房屋竣工验收标准。对民用建筑来讲，一般应按设计要求在土建工程和房屋本身附属的水、卫、气、暖等工程已经完工，通风、电梯等设备已安装完毕，做到水通、灯亮、经验收鉴定合格，并正式交付给使用单位后，才能计算竣工面积。对于工业及科研等生产性房屋建筑：一般应按设计要求在土建工程(包括水、暖、电、卫、通风)及属于房屋组成部分的生活间、操作间等已经完成，经验收合格后才计算竣工面积。只差安装工艺设备、管线工程的亦可以计算竣工面积。

房屋竣工价值　指在报告期内按规定已经上报竣工的房屋本身的建造价值。一般按房屋设计和预算规定的内容计算。可按“竣工结算价”或“中标价”填报。

国内贸易

GUONEIMAOYI

15

15-1 主要年份按销售单位所在地分社会消费品零售总额

单位：万元

年 份	全市总计	按销售单位所在地分	
		城镇	乡村
1978	71 986	52 899	19 087
1980	99 672	76 970	22 702
1985	217 923	170 927	46 996
1990	422 370	331 990	90 380
1995	1 262 560	1 054 386	208 174
1996	1 404 006	1 166 152	237 854
1997	1 696 451	1 344 511	351 940
1998	1 918 559	1 544 734	373 825
1999	2 174 606	1 871 049	303 557
2000	2 395 307	2 082 940	312 367
2001	2 652 760	2 317 259	335 501
2002	2 929 955	2 570 436	359 519
2003	3 284 109	2 883 317	400 792
2004	3 704 629	3 259 611	445 018
2005	4 154 883	3 660 443	494 440
2006	4 842 035	4 275 157	566 878
2007	5 694 232	5 030 913	663 319
2008	7 007 415	6 148 691	858 724
2009	8 646 103	8 030 068	616 035
2010	10 601 922	10 071 408	530 514
2011	12 717 298	12 203 291	514 007
2012	14 937 990	14 347 657	590 333
2013	17 022 979	16 328 885	694 094

15-2 主要年份按行业分社会消费品零售总额

单位：万元

年 份	全市总计	按行业分		
		批发零售业	住宿餐饮业	其它行业
1978	71 986	63 986	4 924	1 596
1980	99 672	81 956	6 316	4 493
1985	217 923	176 533	11 821	12 335
1990	422 370	310 641	22 843	56 423
1995	1 262 560	897 994	78 680	228 990
1996	1 404 006	1 039 095	104 985	218 733
1997	1 696 451	1 314 003	109 217	238 206
1998	1 918 559	1 386 020	219 102	281 903
1999	2 174 606	1 494 613	296 519	343 296
2000	2 395 307	1 597 056	381 801	378 745
2001	2 652 760	1 695 760	474 667	435 266
2002	2 929 955	1 882 099	556 188	442 094
2003	3 284 109	2 581 379	634 566	68 164
2004	3 704 629	3 047 211	551 227	106 191
2005	4 154 883	3 293 530	673 658	187 695
2006	4 842 035	3 912 397	746 949	182 689
2007	5 694 232	4 454 227	978 828	261 177
2008	7 007 415	5 561 830	1 220 051	225 534
2009	8 646 103	7 074 519	1 373 041	198 543
2010	10 601 922	8 969 147	1 632 775	
2011	12 717 298	10 834 807	1 882 491	
2012	14 937 990	12 813 370	2 124 620	
2013	17 022 979	14 584 681	2 438 298	

15-3 主要年份按经济类型分社会消费品零售总额

单位：万元

年 份	全市总计	按经济类型分			
		国有经济	集体经济	个私经济	其它经济
1978	71 986	53 246	17 621	3	1 116
1980	99 672	69 333	27 306	194	2 839
1985	217 923	107 214	77 651	23 716	9 342
1990	422 370	215 286	121 722	46 387	38 975
1995	1 262 560	488 674	286 908	224 084	262 894
1996	1 404 006	420 209	332 442	317 989	333 366
1997	1 696 451	404 595	445 736	400 928	445 192
1998	1 918 559	419 171	441 900	562 312	495 176
1999	2 174 606	647 513	427 041	794 281	305 771
2000	2 395 307	698 903	433 282	876 755	386 367
2001	2 652 760	692 960	318 128	1 149 832	491 840
2002	2 929 955	484 567	320 307	1 505 911	619 170
2003	3 284 109	453 303	271 651	1 856 525	702 630
2004	3 704 629	298 351	257 368	2 368 452	780 458
2005	4 154 883	248 711	278 702	2 770 848	856 622
2006	4 842 035	412 776	276 617	3 027 214	1 125 428
2007	5 694 232	535 762	368 444	3 909 011	881 015
2008	7 007 415	700 524	397 524	4 670 502	1 238 865
2009	8 646 103	886 630	566 839	5 242 580	1 950 054
2010	10 601 922	1 162 492	277 139	6 003 550	3 158 741
2011	12 717 298	1 399 306	290 717	8 556 081	2 471 194
2012	14 937 990	2 083 588	522 829	8 192 706	4 138 867
2013	17 022 979	2 537 915	614 290	9 351 129	4 519 645

15-4 分县（市）区社会

（2013年）

指　　标	全市合计	五华	盘龙	官渡	西山	东川
社会消费品零售总额	**17 022 979**	**4 045 276**	**3 366 542**	**3 286 407**	**3 679 027**	**152 352**
一、按销售单位所在地分						
1.城镇	16 328 885	4 040 109	3 364 266	3 285 929	3 678 611	152 352
2.乡村	694 094	5 167	2 276	478	416	
二、按行业分						
1.批发零售贸易业	14 584 681	3 510 307	2 904 197	2 828 231	3 278 758	103 442
2.住宿餐饮业	2 438 298	534 969	462 345	458 176	400 269	48 910
三、按经济类型分						
1.国有经济	2 537 915	321 656	418 310	714 665	324 041	15 938
2.集体经济	614 290	120 514	31 819	23 573	323 538	645
3.个私经济	9 351 129	2 205 886	1 827 575	1 695 867	2 332 757	127 430
4.其它经济	4 519 645	1 397 220	1 088 838	852 302	698 691	8 339

消费品零售总额

单位：万元

呈贡	晋宁	安宁	富民	宜良	石林	嵩明	禄劝	寻甸
285 846	**250 967**	**681 837**	**115 964**	**257 106**	**273 439**	**203 453**	**209 649**	**215 114**
161 542	150 620	515 819	91 061	219 518	238 350	130 513	173 116	127 079
124 304	100 347	166 018	24 903	37 588	35 089	72 940	36 533	88 035
241 740	202 470	573 879	85 773	191 819	180 045	157 897	162 416	163 707
44 106	48 497	107 958	30 191	65 287	93 394	45 556	47 233	51 407
49 827	30 504	374 894	17 030	45 399	83 626	73 591	37 267	31 167
7 412	27 292	11 123	485	4 426	23 741	9 243	29 906	573
105 879	48 518	281 457	93 585	85 059	161 502	111 793	121 104	152 717
122 728	144 653	14 363	4 864	122 222	4 570	8 826	21 372	30 657

主要统计指标解释

社会消费品零售总额　是指企业（单位、个体经营户）通过交易直接售给个人、社会集团非生产、非经营用的实物商品金额，以及提供餐饮服务所取得的收入金额。其中，商品包括售给个人用于生活消费的商品，也包括售给社会集团用于非生产、非经营的商品。该指标不包括企业（单位、个体经营户）用于生产经营和固定资产投资所使用的原材料和其他消耗品的价值量，也不包括居民用于购买商品房的支出和农民用于购买农业生产资料的支出费用等。

社会消费品零售总额主要用于反映国内消费品市场的总规模和地域分布情况，也能基本反映居民和社会集团对实物商品消费需求的总量和变化趋势。

（一）统计和计算方法

社会消费品零售总额为限额以上批发零售住宿餐饮业单位（包括法人企业、产业活动单位和个体经营户，下同）消费品零售额、限额以下批发零售住宿餐饮业单位消费品零售额之和。限额以上单位是指年主营业务收入 2000 万元及以上的批发业单位、 500 万元及以上的零售业单位、200 万元及以上的住宿和餐饮业单位，实施全面调查。限额以下批发零售住宿餐饮业单位为达不到上述标准的单位，实施抽样调查。

（二）资料来源

根据国家统计局制定的《批发和零售业、住宿和餐饮业统计报表制度》，地方各级统计局具体承担基础数据的收集工作。限额以上单位采取全面报表调查，层层培训布置到企业，地方各级统计局层层审核企业上报的原始数据，并向上级统计机构同时上报综合数据和分企业数据。限额以下样本单位采用企业自行上报调查表或派调查员上门访问的方式收集数据。

对外贸易、旅游

DUIWAIMAOYI LVYOU

16

16-1 主要年份海关进出口贸易总额

单位：万美元

年 份	海关进出口贸易总额	出 口	进 口
1993	67 548	43 653	23 895
1994	129 676	80 411	49 265
1995	174 372	105 267	69 105
1996	139 791	75 497	64 294
1997	122 115	81 106	41 009
1998	116 410	74 055	42 355
1999	108 930	61 843	47 087
2000	115 068	71 298	43 770
2001	134 097	78 033	56 064
2002	148 131	89 501	58 630
2003	177 972	100 570	77 402
2004	261 462	138 396	123 066
2005	344 940	173 602	171 338
2006	470 385	232 961	237 424
2007	667 728	323 921	343 807
2008	731 091	354 145	376 946
2009	563 411	297 197	266 214
2010	1 016 285	532 598	483 686
2011	1 199 977	660 318	539 659
2012	1 441 975	568 633	873 342
2013	1 689 710	1 012 278	677 432

16-2 市属外商直接投资

单位：万美元

年 份	项目个数(个)	合同利用外资	实际利用外资
1991	16	1 546	
1992	102	12 736	
1993	199	31 903	4 362
1994	117	11 103	6 930
1995	142	26 612	6 051
1996	66	5 898	5 919
1997	60	12 352	3 142
1998	36	22 233	4 430
1999	52	15 396	2 403
2000	35	10 749	1 228
2001	48	11 384	2 592
2002	76	12 830	3 703
2003	58	15 408	5 148
2004	104	17 443	6 228
2005	77	26 332	8 261
2006	122	51 887	20 933
2007	89	44 697	30 038
2008	143	93 110	60 178
2009	115	110 944	73 000
2010	83	72 941	100 900
2011	78	68 796	127 443
2012	63	44 664	158 800
2013	56	51 641	179 800

16–3 旅游业发展情况

年 份	国际旅游		国内旅游		旅游业总收入(万元)
	旅游人数(人次)	旅游外汇收入(万美元)	旅游人数(万人次)	旅游收入(万元)	
1990	148 166	1 581	-	-	-
1991	160 165	2 223	-	-	-
1992	231 749	2 943	389	35 028	59 455
1993	271 065	3 314	420	47 027	74 533
1994	378 672	7 409	520	101 966	163 461
1995	397 562	9 253	710	145 125	221 925
1996	450 568	11 751	820	295 796	393 331
1997	510 116	15 666	952	424 674	555 171
1998	384 023	10 059	933	695 754	779 542
1999	549 207	14 550	1 150	1 057 294	1 178 494
2000	520 247	13 707	1 106	904 744	1 018 925
2001	590 827	15 824	1 897	1 280 360	1 412 178
2002	699 683	18 080	1 936	1 263 632	1 414 237
2003	426 667	11 325	1 549	1 090 471	1 184 804
2004	493 251	13 073	1 708	1 266 131	1 375 025
2005	696 481	17 251	1 971	1 240 838	1 384 543
2006	707 489	18 979	2 169	1 405 603	1 563 699
2007	713 448	20 784	2 437	1 533 330	1 689 213
2008	700 685	20 416	2 664	1 832 342	1 971 173
2009	778 321	21 759	3 037	2 114 789	2 263 402
2010	860 632	24 252	3 471	2 683 182	2 848 097
2011	1 004 040	29 788	4 002	2 586 701	3 672 490
2012	1 137 364	33 863	4 581	4 052 744	4 266 757
2013	1 231 265	40 338	5 479	4 909 193	5 158 887

主要统计指标解释

进出口总额　又称进出口贸易或进出口总值，是以货币表现的一定时期内一国全部实际进出口商品的总金额，也就是同一时期的进口总额与出口总额之和。它反映一国对外贸易的总体规模和发展水平，是研究一国对外贸易往来和国际收支平衡状况的重要依据。

进口总额　又称进口贸易额或进口总值，是以货币表示的一定时期内从国外进口的商品和总金额。

出口总额　又称出口贸易额或出口总值，是以货币表示的一定时期内向国外出口的商品和总金额。

利用外资　指我国各级政府、部门、企业和其他经济组织通过对外借款、吸收外商直接投资以及用其他方式筹措的境外现汇、设备和技术等。

旅游人数　指来我国参观、访问、旅行、探亲、访友、休养、考察、参加会议和从事经济、科技、文化、教育、体育、宗教等活动的外国人、华侨、港澳和台湾同胞的人数。不包括外国在我国的常驻机构，如使领馆、通讯社、企业办事处的工作人员；来我国常住的外国专家、留学生以及在岸逗留不过夜人员。

国际旅游(外汇)收入　指入境旅游的外国人、华侨、港澳台胞在中国大陆旅游过程中发生的一切旅游支出，对国家来说就是国际旅游(外汇)收入。

旅游人天数　指旅游者在旅游目的地停留天数之和，天数按过夜数。一个旅游者过一夜为一人天。

其公式为：人天数=人数×逗留(过夜)天数。

开发区建设

KAIFAQUJIANSHE

17

17-1 昆明经济技术开发区建设发展情况

指　　　标	单位	2013年
开发区土地面积(管辖面积)	平方公里	156.60
工业总产值	万元	5 194 453
#规模以上工业总产值	万元	4 923 431
外商投资企业工业总产值	万元	704 730
高新技术企业工业总产值	万元	1 412 705
工业增加值	万元	1 579 400
#规模以上工业增加值	万元	1 494 110
全区“三上”企业主营业务收入	万元	9 809 665
#规模以上工业企业主营业务收入	万元	4 759 482
地方财政收入(不含基金收入)	万元	454 760
#地方公共财政预算收入	万元	236 228
税收收入	万元	439 498
进出口总额	万美元	406 119
#出口总额	万美元	251 039
进口总额	万美元	155 080
高新技术产品进出口额	万美元	75 497
实际使用外资金额	万美元	25 300
新增内资企业注册资本金(不含增资)	万元	86 300
当年固定资产投资(不含农户)	万元	1 423 680
#基础设施投资	万元	135 700
期末研发机构数	个	82
同级财政支持科技发展资金	万元	5 507

注：此表数据由昆明经济技术开发区提供。

17-2 昆明高新技术产业开发区建设发展情况

指　　标	单位	2013年
规划面积(含马金铺新城产业基地)	平方公里	95.88
已开发面积(含马金铺新城产业基地)	平方公里	12.20
基础设施建设	亿元	13.68
高新区工商分局注册企业	个	7 173
实际利用外资	万美元	27 350
总收入	亿元	1 403.40
主营业务收入	亿元	1 122.72
规上工业增加值增幅	%	18.00
财政总收入	亿元	42.67
#地方公共财政预算收入	亿元	20.38

注：此表数据由昆明高新技术产业开发区提供。

17-3 昆明滇池国家旅游度假区建设发展情况

指　　标	单位	2013年
工商新增注册企业及个体户	个	1 032
地方公共财政预算收入	万元	126 018
招商引资实际到位内资	万元	418 914
招商引资实际到位外资	万美元	6 714.7
规模以上固定资产投资	万元	706 371
#基础设施投资	万元	128 574
服务业总收入	万元	3 949 500
#旅游收入	万元	114 545
接待人次	万人次	1 049.3
一、国内游客	万人次	1 036.3
二、海外游客	万人次	13.0

注：1、1992年10月4日“国务院关于成立昆明滇池国家旅游度假区的批复”的规划面积为10平方公里。2009年7月，度假区实体化管理后实际规划控制面积为47.5平方公里。
2、此表数据由昆明滇池国家旅游度假区提供。

17-4 昆明阳宗海风景名胜区建设发展情况

指　　　标	单位	2013年
规划面积	平方公里	547.20
工商分局注册企业	个	95
规模以上工业总产值	亿元	152.40
规模以上工业增加值	亿元	21.90
全社会固定资产投资	亿元	36.69
工业固定资产投资	亿元	19.73
基础设施投资额	亿元	5
旅游服务总收入	亿元	4.15
招商引资实际到位资金(内资)	亿元	30.68
招商引资实际到位资金(外资)	万美元	2 408.42
财政总收入	万元	68 488
#地方公共财政预算收入	万元	42 613
农民人均纯收入	元	7 320

注：此表数据由昆明阳宗海风景名胜区提供。

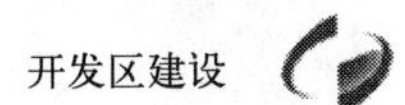

17-5 昆明倘甸产业园区轿子山旅游开发区建设发展情况

指　　　标	单位	2013年
规划面积	平方公里	1 837.50
已开发面积	平方公里	4.87
工商分局注册企业	个	56
规模以上工业总产值	万元	15 100
规模以上工业增加值	万元	5 159
规模以上固定资产投资	万元	83 100
工业固定资产投资	万元	28 890
基础设施投资额	万元	68 385
旅游服务总收入	万元	2 875
招商引资实际到位资金(内资)	万元	119 034
招商引资实际到位资金(外资)	万美元	280
财政总收入	万元	15 055
#地方公共财政预算收入	万元	12 379
农民人均纯收入	元	3 532

注：1.规划面积是昆明倘甸产业园区轿子旅游开发区的行政管辖总面积。
2.已开发面积是昆明倘甸产业园区轿子旅游开发区自成立以来三个重点集镇的已开发面积。
3.此表数据由昆明倘甸产业园区轿子山旅游开发区提供。

城市建设、环境保护

CHENGSHIJIANSHE HUANJINGBAOHU

18

18-1 城市市政设施水平

（2013年）

指　　标	单位	昆明	市辖区
人均日生活用水量	升	114.93	115.32
用水普及率	%	97.03	99.11
燃气普及率	%	82.53	88.83
建成区供水管道密度	公里/平方公里	9.06	8.34
人均城市道路面积	平方米	9.68	9.24
建成区排水管道密度	公里/平方公里	3.89	2.10
污水处理率	%	95.23	98.00
#污水处理厂集中处理率	%	92.35	95.04
建城区绿地率	%	35.85	36.02
建城区绿化覆盖率	%	39.25	39.40
生活垃圾处理率	%	93.34	97.88
#生活垃圾无害化处理率	%	84.47	89.00

注：1、市辖区是指五华区、盘龙区、官渡区、西山区、呈贡区、东川区数据。
　　2、资料取自昆明市住建局。

18-2 城市供水

（2013年）

指　　标	单位	昆明	市辖区
综合生产能力	万立方米/日	217.45	194.21
供水管道长度	公里	4 561.53	3 395.80
供水总量	万立方米	42 158.21	37 457.01
#售水量	万立方米	32 085.69	28 194.32
#生产运营用水	万立方米	10 396.24	10 016.78
居民家庭用水	万立方米	16 345.21	13 871.21
用水户数	万户	111.08	92.93
用水人口	万人	445.58	370.51

注：1、市辖区是指五华区、盘龙区、官渡区、西山区、呈贡区、东川区数据。
2、资料取自昆明市住建局。

18–3 城市供气

指　　标	单位	昆明	市辖区
一、人工煤气			
供气管道长度	公里	2 957.38	2 688.38
供气总量	万立方米	40 503.18	33 506.18
#家庭用气	万立方米	17 452.75	16 451.75
用气户数	户	884 539	839 497
#家庭用气户数	户	882 465	837 609
用气人口	万人	246.28	227.08
二、天然气			
供气管道长度	公里	304.26	39.83
供气总量	万立方米	1 882.35	899.88
#家庭用气	万立方米	85.67	
用气户数	户	14 969	15
#家庭用气户数	户	13 423	
用气人口	万人	9.26	
三、液化石油气			
供气管道长度	公里	40.72	38.72
供气总量	吨	163 656.78	153 575.06
#家庭用气	吨	46 235.36	39 295.36
用气户数	户	495 062	447 451
#家庭用气户数	户	428 145	397 745
用气人口	万人	123.46	105.00

注：1、市辖区是指五华区、盘龙区、官渡区、西山区、呈贡区、东川区数据。
　　2、资料取自昆明市住建局。

18-4 城市道路和桥梁

（2013年）

指　　标	单位	昆明	
			市辖区
道路长度	公里	2 473.69	1 913.21
道路面积	万平方米	4 446.24	3 453.59
#人行道面积	万平方米	474.81	229.55
年末实有桥梁数	座	428	372
#立交桥	座	34	33
道路照明灯盏数	盏	138 002	98 209
安装路灯的道路长度	公里	1 939	1 508

注：1、市辖区是指五华区、盘龙区、官渡区、西山区、呈贡区、东川区数据。
　　2、资料取自昆明市住建局。

18-5 园林绿化

（2013年）

指　　标	单位	昆明	市辖区
绿化覆盖面积	公顷	21 620.89	16 064.89
园林绿地面积	公顷	18 846.62	14 763.62
公园绿地面积	公顷	4 785.80	3 708.80
公园个数	个	504	452
公园面积	公顷	3 872.62	3 108.62

注：1、市辖区是指五华区、盘龙区、官渡区、西山区、呈贡区、东川区数据。
　　2、资料取自昆明市住建局。

18-6 城市环境卫生情况

（2013年）

指　　标	单位	昆明	市辖区
道路清扫保洁面积	万平方米	18 760	7 993
#机械清扫面积	万平方米	3 418	3 200
生活垃圾清运量	万吨	180.34	141.83
生活垃圾处理量	万吨	168.33	138.83
粪便清运量	万吨	3.22	0.04
生活垃圾转运站	座	150	114
公共厕所	座	1 701	1 449
市容环卫专用车辆设备总数	辆	2 991	2 809

注：1、市辖区是指五华区、盘龙区、官渡区、西山区、呈贡区、东川区数据。
　　2、资料取自昆明市住建局。

18-7 环境保护情况

指　　标	单位	2012年	2013年
环境保护投资额	万元	1 508 500	1 823 900
一、水质状况			
废水排放总量	万吨	52 631.26	53 696.51
#工业废水排放总量	万吨	5 210.95	4 808.46
工业化学COD需氧量排放总量	吨	8 261.07	8 114.83
二、废气排放			
工业二氧化硫排放量	吨	113 277.41	101 669.90
工业烟粉排放量	吨	59 255.12	54 335.08
三、声环境质量状况			
城市建城区域环境噪声平均等效声级	分贝	53	53.7
城市交通干道噪声平均等效声级	分贝	68.4	67.7
四、固体、废物综合利用			
一般工业固体废物综合利用量	万吨	1 356.02	1 359.71
一般工业固体废物处置利用率	%	96.46	97.68

注：资料取自市环保局。

主要统计指标解释

自来水生产能力 指年底城建部门管理的自来水厂实际生产能力。

生活用水量 指居民日常生活与公共福利设施的用水量。包括居民、饮食店、旅馆、医院、理发店、浴池、洗衣店、游泳地、商店、学校、机关、部队等单位的用水量。

实有桥梁 指城市范围内，修建在河道上的桥梁和道路与道路立交、道路跨越铁路的立交桥，以及人行天桥。包括永久性桥和半永久性桥，不包括临时性桥、铁路桥、涵洞。

公共绿地面积 指供游览休息的各种公园、运动场、植物园、陵园以及花园、游园和供游览休息用的林荫道绿地、广场绿地。不包括一般栽植的行道树及林荫道的面积。

科技、教育、文化、体育、卫生和其他

KEJI JIAOYU WENHUA TIYU WEISHENGHEQITA

19

19-1 全部工业企业全部R&D项目情况

（2013年）

指　　标	项目数(项)	参加项目人员(人)	项目人员折合全时当量(人年)	全部项目经费内部支出(万元)
总计	**912**	**8 282**	**5 757.1**	**199 235.2**
一、按企业规模分组				
大型	291	3 043	1 988.0	79 471.8
中型	311	3 173	2 252.2	74 122.5
小型	308	2 046	1 507.0	45 284.9
微型	2	20	9.9	356.0
二、按隶属关系分组				
中央	207	1 333	924.7	24 435.1
省(自治区、直辖市)	232	2 603	1 746.8	84 372.4
地(区、市、州、盟)	70	565	422.7	12 382.6
县(区、市、旗)	33	216	141.4	4 285.3
街道	2	9	1.9	18.1
镇	1	12	6.9	124.0
乡				
居委会	3	154	56.0	2 786.4
村委会	1	8	2.8	476.0
其他	363	3 382	2 453.8	70 355.3
三、按登记注册类型分组				
内资企业	817	7 416	5 204.4	182 269.5
国有企业	70	225	125.3	4 378.1
集体企业	2	116	12.8	791.0
股份合作企业	1	4	2.6	43.0
联营企业				
国有联营企业				
集体联营企业				
国有与集体联营企业				
其他联营企业				

19-1 续表

（2013年）

指　　标	项目数(项)	参加项目人员(人)	项目人员折合全时当量(人年)	全部项目经费内部支出(万元)
有限责任公司	382	2 907	1 964.7	62 136.8
国有独资公司	25	360	141.8	9 530.7
其他有限责任公司	357	2 547	1 822.9	52 606.1
股份有限公司	222	2 401	1 836.1	84 727.3
私营企业	140	1 763	1 262.9	30 193.3
私营独资企业	2	23	8.9	652.0
私营合伙企业				
私营有限责任公司	128	1 668	1 204.4	27 896.5
私营股份有限公司	10	72	49.6	1 644.8
其他企业				
港、澳、台商投资企业	48	554	365.3	11 521.4
合资经营企业(港或澳、台资)	12	100	80.4	3 013.4
合作经营企业(港或澳、台资)				
港、澳、台商独资经营企业	11	131	131.0	3 708.1
港、澳、台商投资股份有限公司	25	323	153.9	4 799.9
其他港澳台投资企业				
外商投资企业	47	312	187.4	5 444.3
中外合资经营企业	41	281	162.0	4 763.2
中外合作经营企业				
外资企业	6	31	25.4	681.1
外商投资股份有限公司				
其他外商投资企业				
四、按企业控股情况分组				
国有控股	485	3 839	2 614.5	117 455.1
集体控股	34	340	152.4	2 516.3
私人控股	277	3 191	2 410.7	63 247.0
港澳台商控股	42	486	306.5	8 745.0
外商控股	36	249	152.3	4 463.4
其他	38	177	120.8	2 808.4

19-2 全部工业企业限额以上R&D项目情况

（2013年）

指标	项目数合计(项)	参加项目人(人)	项目经费内部支出(万元)	政府资金
总计	**836**	**7 233**	**195 065.2**	**11 900.9**
一、按项目来源分组				
国家科技项目	80	540	15 252.1	5 719.6
地方科技项目	87	813	20 875.1	4 085.1
其他企业委托科技项目	26	121	2 246.1	135.6
本企业自选科技项目	611	5 606	151 161.9	1 909.6
来自境外的科技项目				
其他科技项目	32	153	5 530.0	51.0
二、按项目合作形式分组				
与境外机构合作	9	99	3 927.1	154.5
与境内高校合作	80	780	20 809.2	2 046.5
与境内独立研究院所合作	85	665	13 566.8	1 645.3
与境内注册的外商独资企业合作	2	20	760.0	540.0
与境内注册的其他企业合作	101	795	20 785.3	1 574.5
独立研究	522	4 733	132 942.2	5 639.9
其他	37	141	2 274.6	300.2
三、按项目活动类型分组				
基础研究	22	34	742.0	309.0
应用研究	31	164	2 374.7	278.5
试验发展	783	7 035	191 948.5	11 313.4
四、按项目成果形式分组				
论文或专著	147	897	37 158.1	1 585.9
自主研制的新产品原型或样机、样件、样品、配方、新装置	325	2 341	56 106.6	4 904.5
自主开发的新技术或新工艺、新工法	297	3 493	91 365.0	3 543.9
发明专利	60	429	8 635.5	1 317.0
实用新型专利				
外观设计专利				
带有技术、工艺参数的图纸、技术标准、操作规范				
基础软件	7	73	1 800.0	549.6
应用软件				
其他				

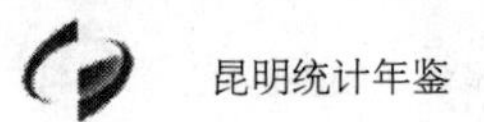

19-2 续表 1

（2013年）

指标	项目数合计(项)	参加项目人(人)	项目经费内部支出(万元)	政府资金
五、按项目技术经济目标分组				
科学原理的探索、发现	27	62	1 295.3	192.2
技术原理的研究	125	690	20 470.0	3 425.1
开发全新产品	350	2 999	85 337.0	3 890.5
增加产品功能或提高性能	169	1 171	39 220.6	2 703.0
提高劳动生产率	40	421	4 174.0	615.5
减少能源消耗或提高能源使用效率	42	501	11 066.5	447.6
节约原材料	18	566	3 421.0	416.0
减少环境污染	20	358	2 387.6	79.6
其他	45	465	27 693.2	131.4
六、按企业规模分组				
大型	286	2 563	79 378.7	2 532.2
中型	277	2 830	73 280.9	6 192.1
小型	271	1 820	42 049.6	3 176.6
微型	2	20	356.0	
七、按隶属关系分组				
中央	206	1 293	24 403.7	2 162.0
省(自治区、直辖市)	219	2 124	84 212.7	3 775.7
地(区、市、州、盟)	59	465	12 247.1	1 145.8
县(区、市、旗)	25	154	4 215.7	60.5
街道	2	9	18.0	5.0
镇	1	12	124.0	
乡				
居委会	3	118	1 792.7	155.0
村委会	1	8	476.0	
其他	320	3 050	67 575.3	4 596.9
八、按登记注册类型分组				
内资企业	750	6 625	179 418.9	10 865.7
国有企业	57	180	4 231.8	1 674.9
集体企业	2	116	791.0	35.0
股份合作企业	1	4	43.0	
联营企业				
国有联营企业				

19-2 续表 2

（2013年）

指　　　标	项目数合计(项)	参加项目人(人)	项目经费内部支出(万元)	政府资金
集体联营企业				
国有与集体联营企业				
其他联营企业				
有限责任公司	356	2 549	61 617.3	3 171.8
国有独资公司	25	278	9 530.7	255.0
其他有限责任公司	331	2 271	52 086.6	2 916.8
股份有限公司	203	2 148	84 614.0	5 119.9
私营企业	131	1 628	28 121.8	864.1
私营独资企业	2	18	652.0	49.0
私营合伙企业				
私营有限责任公司	119	1 538	25 827.7	815.1
私营股份有限公司	10	72	1 642.1	
其他企业				
港、澳、台商投资企业	48	385	10 421.4	712.7
合资经营企业(港或澳、台资)	12	64	1 913.4	141.0
合作经营企业(港或澳、台资)				
港、澳、台商独资经营企业	11	131	3 708.1	
港、澳、台商投资股份有限公司	25	190	4 799.9	571.7
其他港澳台投资企业				
外商投资企业	38	223	5 224.9	322.5
中外合资经营企业	32	192	4 573.8	322.5
中外合作经营企业				
外资企业	6	31	651.1	
外商投资股份有限公司				
其他外商投资企业				
九、按企业控股情况分组				
国有控股	458	3 378	117 088.8	7 728.1
集体控股	24	283	2 492.0	230.0
私人控股	249	2 886	59 680.7	2 811.6
港澳台商控股	42	353	8 738.7	592.7
外商控股	27	160	4 272.6	190.5
其他	36	173	2 792.4	348.0

19-3 全部工业

（2013年）

指标	企业数(个)	有R&D活动	有科技机构	从业人员期末人数(人)	从业人员平均人数(人)
总计	**968**	**192**	**154**	**259 560**	**260 726**
一、按企业规模分组					
大型	36	26	22	99 002	100 256
中型	128	47	36	76 128	76 234
小型	778	117	94	84 128	83 757
微型	26	2	2	302	479
二、按隶属关系分组					
中央	33	15	11	35 816	35 736
省(自治区、直辖市)	99	32	25	81 623	82 664
地(区、市、州、盟)	61	19	14	15 266	15 508
县(区、市、旗)	79	10	10	18 808	17 818
街道	35	1		5 748	5 664
镇	5	1	1	1 284	1 317
乡	1		1	85	85
居委会	2	2	2	840	826
村委会	4	1		559	586
其他	649	111	90	99 531	100 522
三、按登记注册类型分组					
内资企业	877	174	140	235 687	236 602
国有企业	32	7	2	16 663	16 847
集体企业	13	2	1	1 866	1 887
股份合作企业	3	1	1	507	523
联营企业	1			89	89
国有联营企业	1			89	89
集体联营企业					
国有与集体联营企业					
其他联营企业					

企业基本情况

工业总产值(万元)	主营业务收入(万元)	利润总额(万元)	主营业务税金及附加(万元)	管理费用中的税金(万元)	应交增值税(万元)	资产总计(万元)	出口交货值(万元)
36 585 843.3	**38 061 461.9**	**2 772 260.6**	**3 625 939.6**	**74 373.2**	**1 985 075.9**	**56 057 378.3**	**467 484.6**
19 610 680.1	21 348 384.0	1 758 665.2	3 532 903.3	36 118.3	1 399 686.6	35 553 776.2	138 032.1
6 771 869.3	6 664 589.3	516 198.7	45 087.1	16 785.9	268 679.7	10 892 302.4	173 346.8
10 085 182.3	9 936 677.7	491 803.9	47 620.6	21 306.2	313 566.1	9 353 141.2	153 027.4
118 111.6	111 810.9	5 592.8	328.6	162.8	3 143.5	258 158.5	3 078.3
13 421 313.3	13 691 951.1	1 579 331.5	3 466 535.1	21 026.5	1 248 189.0	24 748 847.6	41 117.1
9 440 701.0	11 102 217.0	342 352.8	59 270.9	20 074.9	310 963.3	16 666 567.3	50 774.2
1 132 780.3	1 198 911.7	12 803.6	4 878.4	2 698.0	24 938.9	2 093 262.5	53 089.8
1 660 811.8	1 514 651.7	62 704.5	11 717.7	3 225.0	64 391.5	2 065 043.8	9 374.4
621 445.7	555 387.7	58 419.3	1 786.9	1 343.0	12 906.3	480 006.8	
75 817.7	80 564.9	9 029.4	898.8	79.1	1 572.7	68 595.3	
7 496.0	6 683.7	100.0				1 133.2	
99 558.0	100 248.8	11 035.4	296.3	74.1	2 155.6	58 886.7	
23 247.5	22 576.3	206.3	64.1	18.6	572.8	10 199.3	
10 102 672.0	9 788 269.0	696 277.8	80 491.4	25 834.0	319 385.8	9 864 835.8	313 129.1
34 137 553.5	35 571 843.7	2 570 015.0	3 590 612.2	67 928.0	1 872 600.9	53 107 928.8	433 494.2
2 430 500.2	2 408 368.7	87 999.8	9 781.9	3 414.3	124 934.9	2 910 214.6	1 782.8
87 188.6	90 161.3	4 138.3	1 268.8	205.3	4 760.3	71 941.3	
8 882.3	8 832.8	-260.6	30.9	54.4	318.2	18 623.1	190.6
4 029.4	3 914.3	12.8	19.0	1.3	158.2	2 072.6	
4 029.4	3 914.3	12.8	19.0	1.3	158.2	2 072.6	

19-3 续表

（2013年）

指　　标	企业数(个)	有R&D活动	有科技机构	从业人员期末人数(人)	从业人员平均人数(人)
有限责任公司	337	78	61	115 933	115 436
国有独资公司	24	7	6	19 739	20 459
其他有限责任公司	313	71	55	96 194	94 977
股份有限公司	48	22	20	43 194	43 208
私营企业	442	64	55	57 304	58 543
私营独资企业	23	2	1	2 348	2 342
私营合伙企业	1			31	31
私营有限责任公司	394	57	50	51 333	52 582
私营股份有限公司	24	5	4	3 592	3 588
其他企业	1			131	69
港、澳、台商投资企业	39	7	9	11 003	11 245
合资经营企业(港或澳、台资)	23	3	4	4 567	4 608
合作经营企业(港或澳、台资)	3		1	611	608
港、澳、台商独资经营企业	10	2	1	2 156	2 239
港、澳、台商投资股份有限公司	3	2	3	3 669	3 790
其他港澳台投资企业					
外商投资企业	52	11	5	12 870	12 879
中外合资经营企业	30	9	4	7 972	7 920
中外合作经营企业	3			1 135	1 125
外资企业	19	2	1	3 763	3 834
外商投资股份有限公司					
其他外商投资企业					
四 、按企业控股情况分组					
国有控股	162	57	37	123 108	123 663
集体控股	46	9	10	10 416	10 714
私人控股	659	105	89	100 838	100 997
港澳台商控股	24	5	7	7 571	7 800
外商控股	37	8	4	9 806	9 829
其他	40	8	7	7 821	7 723

工业总产值(万元)	主营业务收入(万元)	利润总额(万元)	主营业务税金及附加(万元)	管理费用中的税金(万元)	应交增值税(万元)	资产总计(万元)	出口交货值(万元)
17 989 659.3	17 645 360.5	2 003 773.7	3 524 147.5	35 375.7	1 426 114.8	35 700 847.5	170 268.3
2 581 873.0	2 699 074.8	-13 315.6	9 955.3	3 548.1	103 134.4	4 230 003.9	34 621.3
15 407 786.3	14 946 285.7	2 017 089.3	3 514 192.2	31 827.6	1 322 980.4	31 470 843.6	135 647.0
8 057 530.3	10 060 705.2	126 972.4	27 052.8	14 639.3	195 941.9	10 027 263.1	44 552.5
5 528 854.8	5 323 592.3	346 387.8	28 306.5	14 139.7	119 227.0	4 356 156.7	207 395.2
194 478.9	183 432.9	16 503.6	972.6	95.0	6 138.0	91 627.2	
7 428.2	7 428.2	320.8	13.7		171.9	6 205.4	
4 772 251.5	4 609 852.8	224 424.6	19 633.6	11 465.0	98 209.8	3 696 039.7	206 658.0
554 696.2	522 878.4	105 138.8	7 686.6	2 579.7	14 707.3	562 284.4	737.2
30 908.6	30 908.6	990.8	4.8	98.0	1 145.6	20 809.9	9 304.8
1 032 443.9	1 065 814.6	131 094.5	9 218.7	1 790.7	50 969.9	1 185 755.7	12 980.1
556 331.5	562 242.7	71 514.6	2 791.8	647.3	26 044.6	520 405.5	
39 766.7	42 815.7	2 397.5	334.6	134.2	1 817.2	74 271.7	1 519.8
238 426.1	228 044.9	41 851.7	4 495.2	142.9	9 271.8	215 540.1	9 140.5
197 919.6	232 711.3	15 330.7	1 597.1	866.3	13 836.3	375 538.4	2 319.8
1 415 845.9	1 423 803.6	71 151.1	26 108.7	4 654.5	61 505.1	1 763 693.8	21 010.3
789 383.0	826 478.9	40 386.3	23 939.0	1 911.7	44 765.8	1 045 553.3	11 819.4
308 320.8	268 729.7	15 652.1	77.4	96.5	941.5	216 086.7	
318 142.1	328 595.0	15 112.7	2 092.3	2 646.3	15 797.8	502 053.8	9 190.9
24 199 191.0	25 903 475.2	2 031 511.4	3 555 112.6	43 478.1	1 597 612.8	40 967 810.8	129 697.5
619 068.0	616 137.5	26 829.3	4 940.7	1 577.5	34 170.0	1 516 842.3	190.6
9 772 478.1	9 442 000.6	577 402.2	44 935.9	21 879.9	254 135.1	11 092 436.1	303 351.7
561 749.8	582 740.8	63 058.8	6 957.1	1 225.4	27 412.3	782 908.2	12 980.1
828 366.4	856 621.9	37 958.1	4 498.2	3 944.9	53 647.5	912 522.9	15 525.6
604 990.0	660 485.9	35 500.8	9 495.1	2 267.4	18 098.2	784 858.0	5 739.1

19-4 全部工业

（2013年）

指　　标	R&D人员合计(人)	参加项目人员	管理和服务人员	女性
总计	**8 903**	**8 282**	**621**	**1 903**
一、按企业规模分组				
大型	3 282	3 043	239	704
中型	3 352	3 173	179	739
小型	2 247	2 046	201	455
微型	22	20	2	5
二、按隶属关系分组				
中央	1 408	1 333	75	223
省(自治区、直辖市)	2 861	2 603	258	704
地(区、市、州、盟)	599	565	34	99
县(区、市、旗)	254	216	38	62
街道	18	9	9	2
镇	14	12	2	12
乡				
居委会	165	154	11	80
村委会	9	8	1	3
其他	3 575	3 382	193	718
三、按登记注册类型分组				
内资企业	8 002	7 416	586	1 663
国有企业	239	225	14	78
集体企业	126	116	10	46
股份合作企业	5	4	1	1
联营企业				
国有联营企业				
集体联营企业				
国有与集体联营企业				
其他联营企业				

企业R&D人员情况

			R&D人员折合全时当量合计(人年)				
研究人员	全时人员	非全时人员		研究人员	基础研究人员	应用研究人员	试验发展人员
3 710	**4 950**	**3 953**	**6 153.2**	**2 587.3**	**32.5**	**125.6**	**5 995.2**
1 851	1 618	1 664	2 106.5	1 224.9		41.8	2 064.7
1 090	1 988	1 364	2 378.3	784.1	32.5	55.9	2 289.9
765	1 341	906	1 657.5	577.0		27.9	1 629.6
4	3	19	11.0	1.3			11.0
829	598	810	986.1	632.0	32.5	22.1	931.4
1 436	1 482	1 379	1 882.2	915.9		38.2	1 844.0
258	384	215	447.0	179.8		18.4	428.5
72	134	120	168.7	51.3		5.9	162.8
4	4	14	3.9	0.9			3.9
1	14		8.1	0.6			8.1
60	154	11	58.8	25.5			58.8
7		9	3.1	2.4			3.1
1 043	2 180	1 395	2 595.3	778.9		40.8	2 554.5
3 487	4 222	3 780	5 575.4	2 437.3	32.5	122.7	5 420.2
119	73	166	134.3	82.4	32.5	1.5	100.3
45	117	9	14.0	5.9			14.0
2	4	1	3.2	1.3			3.2

19-4 续表

（2013年）

指　　标	R&D人员合计(人)	参加项目人员	管理和服务人员	女性
有限责任公司	3 169	2 907	262	688
国有独资公司	431	360	71	114
其他有限责任公司	2 738	2 547	191	574
股份有限公司	2 591	2 401	190	646
私营企业	1 872	1 763	109	204
私营独资企业	29	23	6	4
私营合伙企业				
私营有限责任公司	1 765	1 668	97	194
私营股份有限公司	78	72	6	6
其他企业				
港、澳、台商投资企业	572	554	18	142
合资经营企业(港或澳、台资)	109	100	9	51
合作经营企业(港或澳、台资)				
港、澳、台商独资经营企业	134	131	3	44
港、澳、台商投资股份有限公司	329	323	6	47
其他港澳台投资企业				
外商投资企业	329	312	17	98
中外合资经营企业	291	281	10	95
中外合作经营企业				
外资企业	38	31	7	3
外商投资股份有限公司				
其他外商投资企业				
四、按企业控股情况分组				
国有控股	4 180	3 839	341	821
集体控股	360	340	20	138
私人控股	3 392	3 191	201	704
港澳台商控股	501	486	15	102
外商控股	265	249	16	89
其他	205	177	28	49

研究人员	全时人员	非全时人员	R&D人员折合全时当量合计(人年)	研究人员	基础研究人员	应用研究人员	试验发展人员
1 284	1 682	1 487	2 124.4	871.6		52.6	2 071.8
177	133	298	153.2	49.5		9.7	143.5
1 107	1 549	1 189	1 971.1	822.0		42.9	1 928.3
1 466	1 208	1 383	1 959.5	1 062.9		65.2	1 894.3
571	1 138	734	1 340.0	413.2		3.4	1 336.6
6	11	18	12.3	2.2			12.3
555	1 096	669	1 273.9	405.2		3.4	1 270.5
10	31	47	53.9	5.8			53.9
126	524	48	378.6	90.4		0.6	377.9
40	80	29	87.1	33.9		0.6	86.4
30	118	16	134.0	30.0			134.0
56	326	3	157.5	26.5			157.5
97	204	125	199.3	59.6		2.2	197.1
89	193	98	168.5	52.9		2.2	166.3
8	11	27	30.8	6.6			30.8
2 407	1 836	2 344	2 811.6	1 655.0	32.5	69.6	2 709.5
95	273	87	159.3	38.9			159.3
947	2 107	1 285	2 558.9	711.2		53.1	2 505.8
101	471	30	317.1	66.6		0.6	316.5
73	161	104	163.2	42.6		2.2	160.9
87	102	103	143.1	72.9			143.1

19-5 全部工业

（2013年）

指标	R&D经费内部支出合计	按活动类型分组			按支出用途分组	
		基础研究支出	应用研究支出	试验发展支出	经常费支出	人员劳务费
总计	**234 288.7**	**742.0**	**4 391.1**	**229 155.6**	**216 059.8**	**46 068.5**
一、按企业规模分组						
大型	109 382.1		2 575.0	106 807.1	101 822.1	18 795.2
中型	75 909.8	742.0	1 420.8	73 747.0	71 576.0	16 597.6
小型	48 600.8		395.3	48 205.5	42 313.7	10 582.7
微型	396.0			396.0	348.0	93.0
二、按隶属关系分组						
中央	53 066.6	742.0	2 274.5	50 050.1	49 690.4	11 975.5
省(自治区、直辖市)	86 039.6		390.8	85 648.8	82 056.2	13 346.7
地(区、市、州、盟)	12 583.8		209.1	12 374.7	12 266.0	2 767.6
县(区、市、旗)	4 410.2		372.1	4 038.1	3 388.5	1 647.4
街道	48.4			48.4	34.8	0.9
镇	124.0			124.0	124.0	35.5
乡						
居委会	2 795.3			2 795.3	1 960.2	724.8
村委会	476.0			476.0	476.0	21.5
其他	74 744.8		1 144.6	73 600.2	66 063.7	15 548.6
三、按登记注册类型分组						
内资企业	216 056.1	742.0	4 060.2	211 253.9	199 533.3	40 685.6
国有企业	4 429.9	742.0	38.8	3 649.1	4 227.2	1 781.4
集体企业	795.9			795.9	795.9	37.5
股份合作企业	43.0			43.0	43.0	22.4
联营企业						
国有联营企业						
集体联营企业						
国有与集体联营企业						
其他联营企业						

企业R&D经费情况

单位：万元

资产性支出			按资金来源分组				R&D经费外部支出			
资产性支出	土建工程支出	仪器设备	政府资金	企业资金	境外资金	其他资金	R&D经费外部支出	对境内研究机构支出	对境内高等学校支出	对境外支出
18 228.9	**927.5**	**17 301.4**	**13 621.1**	**210 795.8**		**9 871.8**	**20 294.6**	**15 036.0**	**3 377.3**	**456.1**
7 560.0	559.1	7 000.9	3 508.3	97 460.3		8 413.5	7 413.4	4 584.3	1 398.0	250.5
4 333.8	263.8	4 070.0	6 691.7	68 877.3		340.8	10 227.0	8 312.0	1 600.3	205.3
6 287.1	104.6	6 182.5	3 421.1	44 062.2		1 117.5	2 654.2	2 139.7	379.0	0.3
48.0		48.0		396.0						
3 376.2	473.3	2 902.9	2 365.1	41 847.8		8 853.7	3 105.0	1 962.9	188.9	106.6
3 983.4	103.7	3 879.7	4 172.2	81 560.7		306.7	13 470.8	10 770.9	2 575.5	120.2
317.8	127.0	190.8	1 148.8	11 402.1		32.9	386.2	120.2	228.8	
1 021.7	18.9	1 002.8	62.9	4 347.3			58.6	37.0	21.6	
13.6		13.6	30.0	18.4						
				124.0						
835.1	4.0	831.1	157.5	2 637.8			1 574.3	1 522.2	52.1	
				476.0						
8 681.1	200.6	8 480.5	5 684.6	68 381.7		678.5	1 699.7	622.8	310.4	229.3
16 522.8	873.3	15 649.5	12 566.3	193 618.0		9 871.8	18 275.1	13 329.7	3 167.6	352.7
202.7		202.7	1 697.2	2 731.5		1.2	33.6	33.6		
			35.0	760.9						
				43.0						

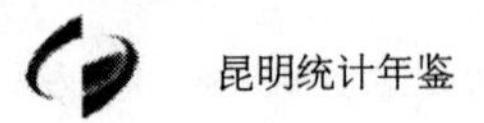

19-5 续表

（2013年）

指标	R&D经费内部支出合计	按活动类型分组			按支出用途分组	
		基础研究支出	应用研究支出	试验发展支出	经常费支出	人员劳务费
有限责任公司	91 055.8		2 614.1	88 441.7	81 777.0	21 422.6
国有独资公司	10 059.9		85.0	9 974.9	7 741.6	2 158.6
其他有限责任公司	80 995.9		2 529.1	78 466.8	74 035.4	19 264.0
股份有限公司	86 548.7		1 328.4	85 220.3	83 713.1	11 071.4
私营企业	33 182.8		78.9	33 103.9	28 977.1	6 350.3
私营独资企业	841.0			841.0	701.0	412.0
私营合伙企业						
私营有限责任公司	30 682.5		78.9	30 603.6	27 005.9	5 686.0
私营股份有限公司	1 659.3			1 659.3	1 270.2	252.3
其他企业						
港、澳、台商投资企业	12 511.6		33.2	12 478.4	11 526.2	3 977.2
合资经营企业(港或澳、台资)	3 078.0		33.2	3 044.8	2 203.1	916.7
合作经营企业(港或澳、台资)						
港、澳、台商独资经营企业	3 708.1			3 708.1	3 708.1	807.8
港、澳、台商投资股份有限公司	5 725.5			5 725.5	5 615.0	2 252.7
其他港澳台投资企业						
外商投资企业	5 721.0		297.7	5 423.3	5 000.3	1 405.7
中外合资经营企业	4 984.4		297.7	4 686.7	4 432.1	1 207.2
中外合作经营企业						
外资企业	736.6			736.6	568.2	198.5
外商投资股份有限公司						
其他外商投资企业						
四 、按企业控股情况分组						
国有控股	147 045.4	742.0	2 837.1	143 466.3	139 529.6	26 712.7
集体控股	2 598.8			2 598.8	2 505.6	830.7
私人控股	67 221.6		1 223.1	65 998.5	58 331.4	13 330.2
港澳台商控股	9 731.2		33.2	9 698.0	9 580.9	3 201.4
外商控股	4 663.1		297.7	4 365.4	3 984.5	1 330.2
其他	3 028.6			3 028.6	2 127.8	663.3

单位：万元

资产性支出	土建工程支出	仪器设备	按资金来源分组：政府资金	企业资金	境外资金	其他资金	R&D经费外部支出	对境内研究机构支出	对境内高等学校支出	对境外支出
9 278.8	722.0	8 556.8	3 413.2	78 450.5		9 192.1	4 070.3	2 375.8	542.6	229.8
2 318.3	12.8	2 305.5	265.0	9 794.9			336.7	297.8	38.9	
6 960.5	709.2	6 251.3	3 148.2	68 655.6		9 192.1	3 733.6	2 078.0	503.7	229.8
2 835.6	72.8	2 762.8	6 382.9	80 165.8			13 873.3	10 853.6	2 528.8	122.6
4 205.7	78.5	4 127.2	1 038.0	31 466.3		678.5	297.9	66.7	96.2	0.3
140.0		140.0	49.0	442.0		350.0				
3 676.6	66.6	3 610.0	955.6	29 398.4		328.5	274.8	66.7	73.1	0.3
389.1	11.9	377.2	33.4	1 625.9			23.1		23.1	
985.4	41.0	944.4	715.2	11 796.4			1 576.1	1 524.0	52.1	
874.9	41.0	833.9	143.5	2 934.5			1 576.1	1 524.0	52.1	
				3 708.1						
110.5		110.5	571.7	5 153.8						
720.7	13.2	707.5	339.6	5 381.4			443.4	182.3	157.6	103.4
552.3	10.1	542.2	322.5	4 661.9			443.4	182.3	157.6	103.4
168.4	3.1	165.3	17.1	719.5						
7 515.8	570.9	6 944.9	9 204.4	128 680.6		9 160.4	13 293.7	9 646.3	2 213.2	253.5
93.2	17.7	75.5	232.9	2 365.9			82.6	57.6	25.0	
8 890.2	287.3	8 602.9	3 035.5	63 474.7		711.4	6 319.5	5 019.9	956.5	99.2
150.3	37.0	113.3	592.7	9 138.5			1.8	1.8		
678.6	3.1	675.5	207.6	4 455.5			443.4	182.3	157.6	103.4
900.8	11.5	889.3	348.0	2 680.6			153.6	128.1	25.0	

19-6 全部工业企

（2013年）

指　　标	机构数(个)	机构人员合计(人)	博士毕业
总计	**189**	**7 577**	**173**
一、按企业规模分组			
大型	25	3 035	86
中型	49	2 898	33
小型	113	1 620	54
微型	2	24	
二、按隶属关系分组			
中央	15	1 331	21
省(自治区、直辖市)	29	2 052	46
地(区、市、州、盟)	16	461	1
县(区、市、旗)	17	333	5
街道			
镇	1	17	2
乡	1	8	
居委会	2	173	1
村委会			
其他	108	3 202	97
三、按登记注册类型分组			
内资企业	169	6 959	162
国有企业	2	95	
集体企业	1	126	
股份合作企业	3	33	
联营企业			
国有联营企业			
集体联营企业			
国有与集体联营企业			
其他联营企业			

业办科技机构情况

硕士毕业	本科毕业	机构经费支出(万元)	仪器和设备原价(万元)	进口
905	**3 858**	**284 551.2**	**159 917.2**	**51 624.0**
442	1 751	202 397.9	70 525.2	22 532.2
272	1 201	51 459.2	67 594.3	27 409.1
188	899	30 346.1	21 749.7	1 682.7
3	7	348.0	48.0	
195	599	104 892.7	38 214.2	11 122.2
271	1 405	102 635.3	69 749.7	30 069.4
12	224	6 436.6	3 089.2	884.0
22	113	5 105.5	1 688.4	5.1
	4	79.3	1.4	
1	5	258.0	22.4	
9	45	2 710.9	259.3	
395	1 463	62 432.9	46 892.6	9 543.3
826	3 460	269 741.8	106 320.2	24 563.8
8	57	6 120.2	998.9	
	12	315.0	160.0	
	6	230.0	101.0	76.0

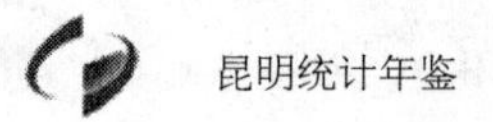

19-6 续表

（2013年）

指　　标	机构数(个)	机构人员合计(人)	博士毕业
有限责任公司	72	2 777	54
国有独资公司	7	153	1
其他有限责任公司	65	2 624	53
股份有限公司	24	2 281	54
私营企业	67	1 647	54
私营独资企业	1	13	
私营合伙企业			
私营有限责任公司	61	1 562	54
私营股份有限公司	5	72	
其他企业			
港、澳、台商投资企业	11	418	8
合资经营企业(港或澳、台资)	6	130	1
合作经营企业(港或澳、台资)	1	37	
港、澳、台商独资经营企业	1	15	
港、澳、台商投资股份有限公司	3	236	7
其他港澳台投资企业			
外商投资企业	9	200	3
中外合资经营企业	8	187	3
中外合作经营企业			
外资企业	1	13	
外商投资股份有限公司			
其他外商投资企业			
四、按企业控股情况分组			
国有控股	45	3 242	55
集体控股	17	572	12
私人控股	102	3 099	89
港澳台商控股	7	349	7
外商控股	8	158	2
其他	10	157	8

硕士毕业	本科毕业	机构经费支出(万元)	仪器和设备原价(万元)	进口
358	1 402	127 071.8	54 745.6	12 548.9
9	75	2 567.2	6 543.7	143.4
349	1 327	124 504.6	48 201.9	12 405.5
314	1 500	113 009.0	31 085.4	11 301.2
146	483	22 995.8	19 229.3	637.7
	1	52.0	40.0	
141	455	21 881.1	18 121.3	637.7
5	27	1 062.7	1 068.0	
50	292	9 658.7	6 574.3	706.8
13	67	4 130.3	5 135.1	706.8
7	30	55.4	4.8	
	2	25.0	103.2	
30	193	5 448.0	1 331.2	
29	106	5 150.7	47 022.7	26 353.4
28	96	4 757.6	46 809.5	26 353.4
1	10	393.1	213.2	
442	1 830	206 519.8	112 289.4	44 431.3
111	269	5 969.7	1 265.7	76.0
271	1 328	59 037.4	35 095.2	5 390.8
38	240	6 367.1	4 413.5	706.8
27	88	4 045.7	998.7	23.1
16	103	2 611.5	5 854.7	996.0

19-7 全部工业企业

（2013年）

指　　标	专利申请数(件)	发明专利	有效发明专利数(件)	境外授权
总计	**1 333**	**599**	**1 334**	**18**
一、按企业规模分组				
大型	627	292	631	1
中型	229	104	361	14
小型	477	203	342	3
微型				
二、按隶属关系分组				
中央	480	197	296	
省(自治区、直辖市)	297	146	529	12
地(区、市、州、盟)	56	23	45	
县(区、市、旗)	16	10	18	
街道	1	1		
镇	6	6		
乡	1	1		
居委会	10	10	34	1
村委会	10	1	1	
其他	456	204	411	5
三、按登记注册类型分组				
内资企业	1 269	571	1 206	15
国有企业	35	8	17	
集体企业	17	8	10	
股份合作企业				
联营企业				
国有联营企业				
集体联营企业				
国有与集体联营企业				
其他联营企业				

自主知识产权保护情况

专利所有权转让及许可数(项)	专利所有权转让与许可收入(万元)	发表科技论文(篇)	拥有注册商标数(件)	境外注册	形成国家或行业标准数(项)
82	**1741.2**	**825**	**2 681**	**454**	**104**
39	691.2	453	2 161	451	34
34	750.0	270	265	1	40
9	300.0	102	255	2	30
1	17.0	311	743	206	14
30		327	1 074	162	23
1		40	55		11
			31		1
21			3		
		1	1		
		2	2		
29	1 724.2	144	772	86	55
79	1 741.2	793	2 601	453	94
		196	14		8
		2	2		
			1		

19-7 续表

（2013年）

指　　标	专利申请数(件)	发明专利	有效发明专利数(件)	境外授权
有限责任公司	650	329	404	1
国有独资公司	35	13	12	
其他有限责任公司	615	316	392	1
股份有限公司	343	130	608	12
私营企业	224	96	167	2
私营独资企业				
私营合伙企业				
私营有限责任公司	206	89	149	2
私营股份有限公司	18	7	18	
其他企业				
港、澳、台商投资企业	49	18	102	1
合资经营企业(港或澳、台资)	17	6	86	1
合作经营企业(港或澳、台资)			9	
港、澳、台商独资经营企业	26	7		
港、澳、台商投资股份有限公司	6	5	7	
其他港澳台投资企业				
外商投资企业	15	10	26	2
中外合资经营企业	11	8	24	2
中外合作经营企业				
外资企业	4	2	2	
外商投资股份有限公司				
其他外商投资企业				
四、按企业控股情况分组				
国有控股	818	347	769	
集体控股	38	23	113	
私人控股	353	174	391	16
港澳台商控股	32	12	16	
外商控股	14	10	17	2
其他	78	33	28	

专利所有权转让及许可数(项)	专利所有权转让与许可收入(万元)	发表科技论文(篇)	拥有注册商标数(件)	境外注册	形成国家或行业标准数(项)
2		285	1 001	203	40
		35	69		2
2		250	932	203	38
52	17.0	265	1 484	247	17
25	1 724.2	45	99	3	29
25	1 724.2	39	89	3	28
		6	10		1
2		31	7		
		22	4		
		4	2		
2		5	1		
1		1	73	1	10
1			70	1	7
		1	3		3
29	17.0	564	1 787	360	42
		88	28		6
50	1 724.2	156	764	93	50
2		10	3		
		1	71	1	4
1		6	28		2

19-8 全部工业企业新产品开发、生产及销售情况

(2013年)

指标	新产品开发项目数(项)	新产品开发经费支出(万元)	新产品产值(万元)	新产品销售收入(万元)	出口
总计	**1 212**	**267 435.9**	**2 497 892.8**	**2 330 246.3**	**104 247.0**
一、按企业规模分组					
大型	283	141 398.9	1 321 290.9	1 197 295.2	53 083.8
中型	282	55 122.3	651 637.7	617 123.2	16 627.9
小型	646	70 610.7	522 464.2	513 577.9	34 535.3
微型	1	304.0	2 500.0	2 250.0	
二、按隶属关系分组					
中央	159	48 804.1	1 077 554.1	1 003 633.9	9 517.4
省(自治区、直辖市)	208	93 499.5	547 692.9	482 896.6	18 700.2
地(区、市、州、盟)	104	14 625.0	217 519.4	215 189.8	40 757.7
县(区、市、旗)	26	6 157.6	11 482.0	10 121.0	
街道	3	578.7	190.9	172.3	
镇	1	124.0	1 515.7	1 773.2	
乡	1	298.4	763.0	763.0	
居委会	2	2 475.4			
村委会	1	476.0	7 662.0	7 616.0	
其他	707	100 397.2	633 512.8	608 080.5	35 271.7
三、按登记注册类型分组					
内资企业	855	245 394.8	2 309 133.8	2 106 136.1	102 506.5
国有企业	55	9 804.8	3 576.2	3 451.2	158.7
集体企业	1	476.0	7 662.0	7 616.0	
股份合作企业	5	230.0	50.9	30.5	
联营企业					
国有联营企业					
集体联营企业					
国有与集体联营企业					
其他联营企业					

19-8 续表

（2013年）

指　　标	新产品开发项目数(项)	新产品开发经费支出(万元)	新产品产值(万元)	新产品销售收入(万元)	出口
有限责任公司	370	85 801.3	1 219 883.5	1 121 815.4	48 946.7
国有独资公司	17	8 110.9	156 097.0	156 939.3	26 212.9
其他有限责任公司	353	77 690.4	1 063 786.5	964 876.1	22 733.8
股份有限公司	232	102 017.5	913 444.3	815 253.2	26 564.5
私营企业	192	47 065.2	164 516.9	157 969.8	26 836.6
私营独资企业	1	749.0	1 000.0	1 000.0	
私营合伙企业					
私营有限责任公司	175	43 648.1	150 992.6	144 743.7	26 836.6
私营股份有限公司	16	2 668.1	12 524.3	12 226.1	
其他企业					
港、澳、台商投资企业	314	14 466.7	173 092.6	208 867.7	212.8
合资经营企业(港或澳、台资)	19	4 854.3	38 036.7	38 335.3	110.4
合作经营企业(港或澳、台资)	6	55.4			
港、澳、台商独资经营企业	264	3 831.5	112 211.7	114 706.6	
港、澳、台商投资股份有限公司	25	5 725.5	22 844.2	55 825.8	102.4
其他港澳台投资企业					
外商投资企业	43	7 574.4	15 666.4	15 242.5	1 527.7
中外合资经营企业	36	6 477.8	15 587.1	15 163.2	1 527.7
中外合作经营企业					
外资企业	7	1 096.6	79.3	79.3	
外商投资股份有限公司					
其他外商投资企业					
四、按企业控股情况分组					
国有控股	428	157 026.5	1 727 862.7	1 568 407.5	58 009.8
集体控股	57	6 157.5	30 480.5	30 141.1	
私人控股	351	83 383.8	526 244.7	485 196.1	46 046.1
港澳台商控股	301	10 105.0	138 632.2	174 108.7	102.4
外商控股	33	4 612.2	10 703.1	10 445.0	
其他	42	6 150.9	63 969.6	61 947.9	88.7

19-9 全部工业企业技术获取和技术改造情况

（2013年）

指标	引进技术经费支出(万元)	消化吸收经费支出(万元)	购买国内技术经费支出(万元)	技术改造经费支出(万元)
总计	**11 903.7**	**7 726.7**	**4 553.1**	**110 662.8**
一、按企业规模分组				
大型	11 608.3	1 822.6	3 520.1	85 386.3
中型	253.4	5 782.0	276.3	13 158.4
小型	42.0	122.1	756.7	12 118.1
微型				
二、按隶属关系分组				
中央	11 316.9	278.7	1 645.9	15 032.0
省(自治区、直辖市)	240.0	6 782.1	1 984.9	79 450.4
地(区、市、州、盟)			65.0	860.7
县(区、市、旗)	55.4	87.7	21.3	182.1
街道				
镇				1 118.2
乡				
居委会				
村委会				
其他	291.4	578.2	836.0	14 019.4
三、按登记注册类型分组				
内资企业	11 848.3	7 700.3	3 808.1	106 399.1
国有企业				8 163.2
集体企业				
股份合作企业				
联营企业				
国有联营企业				
集体联营企业				
国有与集体联营企业				
其他联营企业				

19-9 续表

（2013年）

指　　标	引进技术经费支出(万元)	消化吸收经费支出(万元)	购买国内技术经费支出(万元)	技术改造经费支出(万元)
有限责任公司	11 358.9	6 656.5	2 600.1	52 626.1
国有独资公司		591.5	1 334.9	1 499.7
其他有限责任公司	11 358.9	6 065.0	1 265.2	51 126.4
股份有限公司	198.0	475.6	730.9	33 910.8
私营企业	291.4	568.2	477.1	11 699.0
私营独资企业				
私营合伙企业				
私营有限责任公司	291.4	568.2	477.1	3 920.2
私营股份有限公司				7 778.8
其他企业				
港、澳、台商投资企业			723.7	4 151.7
合资经营企业(港或澳、台资)			723.7	863.7
合作经营企业(港或澳、台资)				
港、澳、台商独资经营企业				
港、澳、台商投资股份有限公司				3 288.0
其他港澳台投资企业				
外商投资企业	55.4	26.4	21.3	112.0
中外合资经营企业	55.4	26.4	21.3	112.0
中外合作经营企业				
外资企业				
外商投资股份有限公司				
其他外商投资企业				
四、按企业控股情况分组				
国有控股	11 514.9	6 625.8	3 430.8	79 756.8
集体控股			65.0	6 615.7
私人控股	291.4	1 039.5	1 036.0	20 257.9
港澳台商控股				3 288.0
外商控股	55.4	26.4	21.3	112.0
其他	42.0	35.0		632.4

19-10 全部工业企业政府相关政策落实情况

（2013年）

指　　标	来自政府部门的科技活动资金(万元)	研究开发费用加计扣除减免税(万元)	高新技术企业减免税(万元)
总计	**24 017.7**	**6 885.5**	**9 775.3**
一、按企业规模分组			
大型	7 750.7	5 220.8	4 195.4
中型	8 605.5	1 026.9	4 130.5
小型	7 661.5	637.8	1 449.4
微型			
二、按隶属关系分组			
中央	3 264.2	2 921.7	2 358.1
省(自治区、直辖市)	6 354.5	1 781.2	3 297.4
地(区、市、州、盟)	1 271.2	205.2	93.8
县(区、市、旗)	309.5	95.9	
街道	30.0		
镇	10.0		
乡	18.0		
居委会	157.5		
村委会			
其他	12 602.8	1 881.5	4 026.0
三、按登记注册类型分组			
内资企业	22 764.0	5 377.4	9 775.3
国有企业	2 126.2	181.4	489.1
集体企业	35.0		
股份合作企业			
联营企业			
国有联营企业			
集体联营企业			
国有与集体联营企业			
其他联营企业			

19-10 续表

（2013年）

指　　标	来自政府部门的科技活动资金(万元)	研究开发费用加计扣除减免税(万元)	高新技术企业减免税(万元)
有限责任公司	7 394.2	2 033.1	4 590.9
国有独资公司	285.0	15.4	
其他有限责任公司	7 109.2	2 017.7	4 590.9
股份有限公司	10 454.0	2 203.9	3 725.4
私营企业	2 754.6	959.0	969.9
私营独资企业	49.0		
私营合伙企业			
私营有限责任公司	2 595.6	880.8	539.4
私营股份有限公司	110.0	78.2	430.5
其他企业			
港、澳、台商投资企业	820.2	1 403.2	
合资经营企业(港或澳、台资)	248.5		
合作经营企业(港或澳、台资)			
港、澳、台商独资经营企业		25.0	
港、澳、台商投资股份有限公司	571.7	1 378.2	
其他港澳台投资企业			
外商投资企业	433.5	104.9	
中外合资经营企业	374.5	104.9	
中外合作经营企业			
外资企业	59.0		
外商投资股份有限公司			
其他外商投资企业			
四、按企业控股情况分组			
国有控股	13 933.2	3 853.5	5 610.3
集体控股	580.0	78.0	
私人控股	7 021.4	1 516.9	3 515.0
港澳台商控股	592.7	1 403.2	
外商控股	249.5		
其他	1 640.9	33.9	650.0

19-11 主要年份全市医疗卫生机构数、卫生技术人员、医疗床位数

年份	卫生机构数合计(个)	医院	卫生技术人员合计(人)	医生	卫生机构床位数合计(张)	医院
1978	1 253	218	17 754	8 035	14 304	13 151
1980	1 335	229	20 336	8 459	16 697	13 682
1985	1 523	228	25 363	12 528	18 421	15 897
1990	1 622	270	28 820	14 576	24 356	20 917
1995	1 586	288	30 527	15 094	27 044	22 143
1996	2 474	274	31 115	15 107	24 906	20 646
1997	2 326	277	33 146	16 074	25 906	21 690
1998	2 715	280	32 637	15 705	26 043	22 111
1999	2 922	155	33 186	16 310	26 127	19 558
2000	2 753	157	32 190	15 220	25 027	19 756
2001	2 580	153	31 171	14 428	25 345	19 268
2002	1 427	169	27 173	12 136	24 610	20 793
2003	1 977	174	29 647	13 405	25 704	20 514
2004	2 072	197	31 660	14 324	27 104	21 757
2005	2 575	218	33 123	15 381	28 710	22 744
2006	2 777	207	34 143	15 441	28 955	22 958
2007	2 798	202	35 031	16 017	31 003	24 501
2008	2 730	205	35 664	16 700	32 457	25 952
2009	2 755	201	37 015	18 101	33 607	26 887
2010	3 004	218	40 165	18 636	38 056	30 434
2011	3 103	225	42 371	18 812	41 363	33 387
2012	3 163	236	46 647	19 920	44 507	35 878
2013	4 552	253	53 742	22 128	48 087	39 467

注：2000年卫生系统统计报表制度变动，口径有所调整。

19-12 卫生机构、床位、人员数

（2013年）

指标	机构数(个)	卫生技术人员数合计(人)	执业(助理)医师	实有床位数(张)
总计	**4 552**	**53 742**	**22 128**	**48 087**
一、医院	253	37 796	13 538	39 467
二、疗养院	5	208	97	807
三、社区卫生服务中心(站)	311	3 717	1 613	3 126
四、卫生院	112	2 107	1 010	3 976
五、门诊部	109	1 093	680	121
六、急救中心(站)	2	140	62	
七、采供血机构	1	138	27	
八、妇幼保健院(所、站)	17	1 063	484	550
九、专科疾病防治院(所、站)	5	43	19	40
十、疾病预防控制中心	17	1 147	666	
十一、卫生监督所	16	298		
十二、卫生监督检验(监测、检测)所(站)	1	87	3	
十三、医学科学研究机构	5	316	81	
十四、健康教育所(站、中心)	4	48	18	
十五、其他卫生机构	8	104	42	
十六、县(区)诊所、卫生所、医务室	2 342	4 891	3 395	
十七、计划生育技术服务机构	32	179	95	
十八、村卫生室	1 312	367	298	

19-13 妇幼卫生健康情况

指　　标	单位	全市				市区			
		2010年	2011年	2012年	2013年	2010年	2011年	2012年	2013年
0～3岁儿童健康管理覆盖率	%	91.75	93.19	93.03	93.72	92.83	94.27	94.26	94.89
孕产妇保健覆盖率	%	94.31	96.63	99.25	98.98	92.72	97.06	99.16	98.46
产妇住院分娩率	%	99.09	99.23	99.69	99.88	99.86	99.80	99.95	99.96
产妇新法接生率	%	99.91	99.87	99.96	99.97	99.96	99.97	100.00	99.98
妇女病筛查数	人	137 629	136 782	133 243	244 834	72 645	83 915	86 472	180 447
#妇女病查出率	%	42.42	42.15	34.02	34.16	52.41	38.54	31.32	37.91
婚前健康检查率	%	3.16	83.19	99.26	75.54	2.12	76.78	100.12	64.32
四项节育手术数	人	206 720	207 832	48 494	76 163	171 277	170 461	31 249	59 134
#节育手术并发症	1/万	6.05	26.08	0.60	1.96	6.66	29.86	0.32	1.52

注：1.四项节育手术数及其并发症均为卫生部门的情况，不包括计生技术服务部门的数据。
2.市区为：五华区、盘龙区、官渡区、西山区、东川区。

19-14 计划生育情况

指　　标	单位	全市				市区			
		2010年	2011年	2012年	2013年	2010年	2011年	2012年	2013年
出生人数	人	38 854	40 200	42 497	42 581	14 487	18 460	19 316	14 019
一孩数	人	25 172	26 610	27 409	27 452	11 285	13 911	14 168	10 628
比重	%	64.78	66.19	64.50	64.47	77.90	75.36	73.35	0.76
二孩数	人	13 493	13 376	14 736	14 570	3 148	4 484	5 001	3 178
比重	%	34.73	33.27	34.68	34.22	21.73	24.29	25.89	0.23
多孩及以上	人	189	214	352	559	54	65	147	213
比重	%	0.49	0.53	0.83	1.31	0.37	0.35	0.76	0.02
已婚育龄妇女人数	人	1 057 612	1 102 462	1 144 312	1 157 496	467 952	578 097	590 929	497 760
领取独生子女证人数	人	396 854	401 144	415 091	415 591	227 159	259 039	248 277	222 621

注：市区为五华区、盘龙区、官渡区、西山区、东川区。

19-15 民政事业基本情况

指　　标	单位	2012年	2013年
1.民政经费	万元	244 401	270 472
2.城市居民最低生活保障人数	人	77 588	93 691
3.农村社会救济人数	人	590 401	743 567
其中：农村居民最低生活保障人数	人	153 448	161 606
4.收养性社会福利单位数	个	107	96
5.收养性社会福利单位床位数	张	11 224	11 263
6.收养性社会福利单位收养人数	人	8 854	8 648
7.社区服务中心	个	565	603
8.城镇社区服务设施数	个	1 858	1 896
9.每千居民之离婚宗数	‰	2.70	3.60
10.社会组织单位数	个	3 640	3 977
11.城市居民最低生活保障人数	万人	7.76	9.37
12.农村居民最低生活保障人数	万人	15.24	16.16
13.每千老年人口养老床位数	张	18.30	21.76

19-16 昆明市教育统计监测

(2013年)　　单位：%

地　区	小学学龄儿童入学率	小学毕业生升学率
合计	**99.86**	**97.50**
五华区	100.00	100.67
盘龙区	99.98	100.00
官渡区	100.00	100.00
西山区	99.86	99.84
东川区	99.70	98.33
呈贡区	99.92	100.00
晋宁县	99.86	93.82
富民县	99.88	90.74
宜良县	100.00	97.56
石林县	100.00	97.43
嵩明县	99.92	96.42
禄劝县	99.29	100.46
寻甸县	99.36	98.82
安宁市	99.52	94.13

19-17 基础教育学生情况

（2013年）

单位：人

名　　称	毕业生数	招生数	在校生数
总计	**258 559**	**274 756**	**994 853**
学前教育	78 047	84 057	196 787
义务教育	151 536	156 841	700 607
小学	83 330	79 671	483 784
小学	74 053	70 296	426 071
九年一贯制学校	7 896	7 602	48 275
十二年一贯制学校	1 381	1 773	9 438
初中	68 206	77 170	216 823
初级中学	43 025	45 276	130 695
九年一贯制学校	6 747	7 677	21 275
十二年一贯制学校	2 053	2 167	6 452
完全中学	16 381	22 050	58 401
职业初中			
高中	28 771	33 686	96 896
完全中学	14 175	16 790	48 936
高级中学	13 145	15 164	43 392
十二年一贯制学校	1 451	1 732	4 568
特殊教育	95	101	478
工读学校	110	71	85

19-18 基础教育学校教职工情况

（2013年）

单位：人

名　　称	教职工	专任教师
总　计	**72 075**	**58 652**
幼儿园	19 437	10 580
小学	24 935	23 543
初级中学	10 219	9 346
九年一贯制学校	4 386	3 876
职业初中		
完全中学	8 051	7 198
高级中学	3 098	2 639
十二年一贯制学校	1 717	1 264
特殊教育	183	166

19-19 基础教育学校办学情况

（2013年）

名　称	学校占地面积(平方米)	校舍建筑面积(平方米)					图书(册)
			教学及辅助用房	行政办公用房	生活用房	其他用房	
总　计	**21 723 271**	**9 091 715**	**4 408 974**	**662 710**	**3 268 361**	**751 670**	**18 778 869**
幼儿园	2 439 493	1 382 961	928 697	91 575	187 651	175 038	1 839 684
小学	8 774 056	2 966 847	1 562 105	198 157	1 009 004	197 581	8 692 558
初级中学	3 964 794	1 513 756	594 903	101 823	740 590	76 440	3 137 216
九年一贯制学校	1 479 715	683 790	328 221	61 811	238 589	55 169	1 350 197
职业初中							
完全中学	2 725 206	1 458 369	595 133	127 297	599 501	136 438	2 544 271
高级中学	1 649 974	709 198	270 662	48 197	329 997	60 342	812 551
十二年一贯制学校	639 136	343 244	110 260	31 100	154 729	47 155	375 580
特殊教育	50 897	33 550	18 993	2 750	8 300	3 507	26 812

19-20 文化事业基本情况(市属)

指　　　标	单位	2013年
国家文物保护机构	个	19
省级文物保护机构	个	56
广播电台	个	3
电视台(含有线电视台)	个	11
剧团	个	1
群众艺术馆、文化馆	个	15
文化站	个	135
图书馆	个	15
博物馆、展览馆	个	116
剧场演出场次	场	89
国内艺术表演场次	场	180
#农村	场	46
国内艺术表演观众	万人次	39.5
公共图书馆藏书	千册	2 646

主要统计指标解释

卫生技术人员 指卫生事业机构支付工资的全部固定职工和合同制职工中现任职务为卫生技术工作的专业人员。包括中医师、西医师、中西医结合高级医师、护师、中药师、西药师、检验师、其它技工、其它中医、护理员、中药剂师、西药剂员、检验员、其它初级卫生技术人员。

普通高等学校 指按国家规定的审批程序批准举办，通过全国统一招生考试，招收高级中等学校毕业生和具有同等学历者，实施高等教育，培养高等专门人才的学校。包括大学、专门学院、专科学校和短期职业大学。

毕业生数 指上学年度内，具有学籍的学生学完教学计划规定的全部课程，考试及格，实际毕业的学生数。不包括结业生和肄业生数。

招生数 指新学年开始时，一年级实际招收入学的新生数。不包括留级生和复读学生数。

在校学生数 指学年初具有学籍的在校生总数。

学龄儿童入学率 指调查范围内已入小学学习的学龄儿童占校内外学龄儿童总数(包括弱智儿在内，但不包括盲聋哑儿童)的比重。

计算公式：

$$学龄儿童入学率=\frac{已入学的小学学龄儿童数}{校内外学龄儿童总数}\times 100\%$$

专任教师 指主要从事教学工作的人员。包括临时(一年以内)调去帮助做其他工作的教学人员。高等学校函授部、夜大学校的专任教师和承担科研任务，为担任教学工作仍属教师编制的人员，应计入专任教师中。专任教师不包括调离教学岗位，担任行政领导工作或其他工作的原教学人员。

平均每万人口学生数 指一个国家或一个地区各级各类学校学生数与同范围的年平均人口数(以万人为单位)之比。它反映一个国家或地区人民受教育的密度。

计算公式：

$$平均每万人口学生数=\frac{学生数(人)}{年平均人口数}$$

平均每一教师负担学生数 指各级各类学校年初在校学生数与专任教师数之比。它反映教师负担学生的教学工作量。

计算公式为

$$平均每一教师负担学生数=\frac{学年初在校学生数}{学年初专任教师数}$$

文化事业机构 指从事专业文化工作和为专业文化工作服务的单独核算、独立建制的单位。不包括文化主管部门直属单位举办的其他行业和各部门的业余文化组织。

艺术表演团体　指从事戏曲、音乐、舞蹈、杂技等专业艺术表演，有独立帐户，实行单独核算的团体。不包括半工半艺、半农半艺的业余剧团。

电影放映单位　指具有放映机器设备、固定或不固定的放映场所与专职或兼职的放映技术人员，经有关部门登记批准，经常为一定的观众对象放映电影的机构。包括经批准对外开放进行营业，并与电影发行放映管理机构分帐的专用放映单位和军委系统租片单位。

艺术表演观众人数(人次)　指售票、包场演出或民族地区免费演出的艺术表演观众人次数。不包括彩排审查和内部观摩演出的观看人次数。

电影观众人数(人次)　指各类型放映单位及军委系统租片单位映出的观众人次数。一个观众连续看了一部长片和短片专场规定的短片，为二人次。

各州市主要经济指标

GEZHOUSHIZHUYAOJINGJIZHIBIAO

20

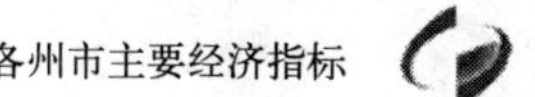

20-1 各州市年末总人口

（2013年）

单位：万人

地　　区	年末总人口	按城乡分	
		城镇人口	乡村人口
全　　省	**4 686.6**	**1 897.1**	**2 789.5**
昆 明 市	**657.9**	**447.7**	**210.2**
曲 靖 市	597.4	248.5	348.9
玉 溪 市	234.0	103.2	130.8
保 山 市	255.4	74.1	181.3
昭 通 市	534.2	140.0	394.2
丽 江 市	126.9	41.4	85.5
普 洱 市	258.4	92.8	165.6
临 沧 市	247.9	84.0	163.9
楚 雄 州	272.4	102.0	170.4
红 河 州	459.1	183.5	275.6
文 山 州	357.8	122.4	235.4
西双版纳州	115.2	46.6	68.6
大 理 州	351.0	137.6	213.4
德 宏 州	124.5	48.2	76.3
怒 江 州	53.9	13.6	40.3
迪 庆 州	40.6	11.4	29.2

20-2 各州市生产总值

（2013年） 单位：万元

地 区	生产总值	第一产业增加值	第二产业增加值	第三产业增加值
全 省	**11 720.91**	**1 895.34**	**4 927.82**	**4 897.75**
昆 明 市	**3 415.31**	**169.68**	**1 537.11**	**1 708.52**
曲 靖 市	1 583.94	289.19	838.45	456.30
玉 溪 市	1 102.47	112.38	664.82	325.27
保 山 市	449.74	128.53	155.26	165.95
昭 通 市	634.70	128.65	318.94	187.11
丽 江 市	248.81	41.14	112.69	94.98
普 洱 市	425.39	130.58	162.31	132.50
临 沧 市	416.10	130.35	175.68	110.06
楚 雄 州	632.50	145.29	264.35	222.86
红 河 州	1 026.95	183.12	539.15	304.68
文 山 州	553.36	133.39	217.07	202.90
西双版纳州	272.32	80.00	80.48	111.84
大 理 州	760.77	162.01	319.67	279.09
德 宏 州	230.90	67.34	74.88	88.68
怒 江 州	85.82	13.62	29.13	43.07
迪 庆 州	131.30	10.66	54.33	66.31

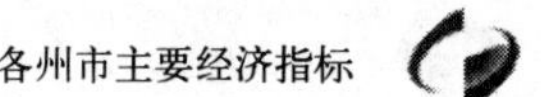

20-3 各州市生产总值指数

（2013年） 单位：%

地　区	生产总值	第一产业增加值	第二产业增加值	第三产业增加值
全　省	112.1	106.8	113.3	112.4
昆明市	112.8	106.8	113.2	113.1
曲靖市	113.1	107.0	115.2	112.4
玉溪市	110.2	107.2	109.1	113.7
保山市	113.2	107.2	118.1	112.9
昭通市	113.4	107.2	119.8	106.2
丽江市	114.2	106.6	123.2	107.7
普洱市	113.4	107.1	123.1	107.1
临沧市	113.6	107.1	118.5	112.9
楚雄州	110.6	107.1	112.3	110.4
红河州	112.0	106.9	113.3	112.0
文山州	113.5	106.8	120.0	109.9
西双版纳州	113.5	107.1	119.6	112.6
大理州	112.2	106.9	114.3	112.7
德宏州	112.0	107.2	112.9	113.9
怒江州	108.0	106.6	110.2	106.8
迪庆州	113.6	107.0	119.7	109.9

20-4 各州市固定资产投资

（2013年）

地　　区	固定资产投资 (亿元)	比上年增长 (±%)
全　　省	**9 621.83**	**27.4**
昆 明 市	**2 931.50**	**25.0**
曲 靖 市	1 020.83	23.7
玉 溪 市	393.71	37.1
保 山 市	288.33	29.5
昭 通 市	548.50	30.0
丽 江 市	372.67	26.1
普 洱 市	450.60	28.4
临 沧 市	417.26	37.6
楚 雄 州	451.80	30.0
红 河 州	801.42	42.9
文 山 州	355.79	28.3
西双版纳州	209.12	30.5
大 理 州	521.54	28.3
德 宏 州	212.82	34.8
怒 江 州	82.87	30.2
迪 庆 州	195.99	26.2

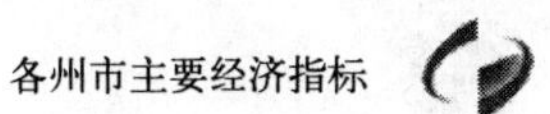

20-5 各州市社会消费品零售总额

（2013年）

地　　区	社会消费品零售总额（亿元）	比上年增长（±%）
全　　省	**4 036.01**	**14.0**
昆 明 市	**1 702.30**	**14.0**
曲 靖 市	378.32	14.1
玉 溪 市	226.35	14.0
保 山 市	136.39	14.0
昭 通 市	169.88	13.6
丽 江 市	74.85	14.0
普 洱 市	116.23	13.8
临 沧 市	116.30	14.1
楚 雄 州	210.65	14.1
红 河 州	247.64	14.0
文 山 州	233.38	14.0
西双版纳州	81.00	13.8
大 理 州	233.30	14.0
德 宏 州	89.21	13.9
怒 江 州	23.51	13.9
迪 庆 州	34.22	14.0

20-6 各州市地方公共财政预算收支

地　　区	地方公共财政预算收入		地方公共财政预算支出	
	绝对值(亿元)	比上年增长(±%)	绝对值(亿元)	比上年增长(±%)
全　　省	**1 610.69**	**20.4**	**4 096.56**	**14.7**
昆 明 市	**450.75**	**19.1**	**585.76**	**11.5**
曲 靖 市	121.53	17.0	297.26	5.4
玉 溪 市	105.97	17.5	186.28	15.1
保 山 市	42.84	20.5	150.31	6.2
昭 通 市	47.47	20.3	261.13	5.3
丽 江 市	45.78	20.4	113.20	6.1
普 洱 市	53.72	12.2	201.60	18.6
临 沧 市	36.85	21.9	181.33	12.9
楚 雄 州	56.37	21.7	172.70	9.3
红 河 州	97.25	15.1	310.71	25.2
文 山 州	42.72	18.2	195.46	16.5
西双版纳州	26.81	20.4	81.26	0.8
大 理 州	71.97	21.4	222.93	11.2
德 宏 州	27.96	14.9	99.60	-2.5
怒 江 州	8.41	12.1	55.29	9.7
迪 庆 州	13.05	21.3	108.85	48.8

20-7 各州市农村居民收入

（2013年）

地　区	农村居民人均纯收入(元)	比上年增长(±%)
全　省	**6 141**	**13.4**
昆明市	**9 273**	**15.3**
曲靖市	6 861	15.3
玉溪市	8 925	17.0
保山市	6 275	17.7
昭通市	4 604	18.1
丽江市	6 037	18.5
普洱市	5 873	17.0
临沧市	6 066	17.6
楚雄州	6 357	17.3
红河州	6 368	16.5
文山州	5 460	17.6
西双版纳州	7 107	15.1
大理州	6 677	17.4
德宏州	5 608	17.7
怒江州	3 251	17.2
迪庆州	5 571	16.8

注：农村居民人均纯收入增速未扣除价格因素。

20–8 各州市城镇居民收入

（2013年）

地　　区	城镇居民人均可支配收入(元)	比上年增长(±%)
全　　省	**23 236**	**10.3**
昆 明 市	**28 354**	**12.3**
曲 靖 市	24 262	12.2
玉 溪 市	24 276	13.5
保 山 市	21 555	14.0
昭 通 市	18 724	14.2
丽 江 市	21 229	14.0
普 洱 市	19 170	11.0
临 沧 市	18 563	13.2
楚 雄 州	22 934	13.0
红 河 州	22 294	13.1
文 山 州	21 080	11.6
西双版纳州	20 094	12.2
大 理 州	22 690	12.7
德 宏 州	19 659	11.3
怒 江 州	15 999	12.5
迪 庆 州	23 902	11.0

注：城镇居民人均可支配收入增速未扣除价格因素。

全国省会城市主要经济指标

QUANGUOSHENGHUICHENGSHIZHUYAOJINGJIZHIBIAO

21

21-1 年末总人口

单位：万人

城市名称		2013年	位次			
			全部	西部	中部	东部
西部城市	昆明市	657.90	17	4	7	8
	成都市	1 429.78	1	1		
	贵阳市	452.19	19	5		
	西安市	858.81	8	2		
	兰州市	364.16	21	6		
	西宁市	226.76	24	9		
	银川市	208.27	26	10		
	南宁市	685.37	16	3		
	乌鲁木齐市	346.00	22	7		
	呼和浩特市	300.11	23	8		
	拉萨市	60.12	27	11		
中部城市	哈尔滨市	995.20	4		2	
	武汉市	1 022.00	3		1	
	郑州市	919.10	6		3	
	长沙市	722.14	14		6	
	南昌市	518.42	18		8	
	合肥市	761.10	11		4	
	太原市	427.77	20		9	
	长春市	752.67	12		5	
东部城市	广州市	1 292.68	2			1
	石家庄市	987.30	5			2
	沈阳市	825.70	9			4
	福州市	734.00	13			6
	济南市	699.88	15			7
	海口市	217.11	25			9
	杭州市	884.40	7			3
	南京市	818.78	10			5

注：哈尔滨、长春为年末户籍人口。

21-2 地区生产总值

单位：亿元

城市名称		2013年	位次				同比±%	位次			
			全部	西部	中部	东部		全部	西部	中部	东部
西部城市	昆明市	3 415.31	16	3	7	8	12.8	5	5	1	6
	成都市	9 108.89	2	1			10.2	15	9		
	贵阳市	2 085.42	22	7			16.0	1	1		
	西安市	4 884.13	12	2			11.1	11	7		
	兰州市	1 776.83	23	8			13.4	4	4		
	西宁市	978.53	25	10			14.1	3	3		
	银川市	1 273.49	24	9			10.0	16	10		
	南宁市	2 803.54	18	4			10.3	14	8		
	乌鲁木齐市	2 400.00	21	6			15.0	2	2		
	呼和浩特市	2 710.39	19	5			10.0	16	10		
	拉萨市	304.87	27	11			12.4	6	6		
中部城市	哈尔滨市	5 017.00	10		4		8.9	23		7	
	武汉市	9 051.27	3		1		10.0	16		5	
	郑州市	6 201.85	8		3		10.0	16		5	
	长沙市	7 153.13	7		2		12.0	7		2	
	南昌市	3 336.03	17		8		10.7	13		4	
	合肥市	4 672.91	15		6		11.5	9		3	
	太原市	2 412.87	20		9		8.1	26		9	
	长春市	5 003.20	11		5		8.3	25		8	
东部城市	广州市	15 420.14	1			1	11.6	8			8
	石家庄市	4 863.60	13			6	9.5	22			13
	沈阳市	7 158.57	6			4	8.8	24			15
	福州市	4 678.50	14			7	11.5	9			9
	济南市	5 230.19	9			5	9.6	21			12
	海口市	904.64	26			9	9.9	20			11
	杭州市	8 343.52	4			2	8.0	27			16
	南京市	8 011.78	5			3	11.0	12			10

21-3 第一产业增加值

单位：亿元

城市名称		2013年	位次				同比±%	位次			
			全部	西部	中部	东部		全部	西部	中部	东部
西部城市	昆明市	169.68	16	4	6	8	6.8	2	1	2	8
	成都市	353.17	4	1			3.6	17	11		
	贵阳市	81.52	20	6			6.3	4	3		
	西安市	217.76	14	3			4.8	9	7		
	兰州市	49.70	23	8			6.7	3	2		
	西宁市	36.10	25	9			5.1	8	6		
	银川市	55.71	22	7			3.8	16	10		
	南宁市	349.93	5	2			4.8	9	7		
	乌鲁木齐市	27.00	26	10			6.2	6	4		
	呼和浩特市	134.72	19	5			5.3	7	5		
	拉萨市	11.72	27	11			4.1	14	9		
中部城市	哈尔滨市	587.10	1		1		8.6	1		1	
	武汉市	335.40	7		2		4.5	13		3	
	郑州市	146.96	18		8		3.2	20		5	
	长沙市	291.16	9		4		3.0	24		9	
	南昌市	157.24	17		7		3.1	23		8	
	合肥市	247.21	12		5		3.2	20		5	
	太原市	38.73	24		9		3.2	20		5	
	长春市	332.00	8		3		3.5	18		4	
东部城市	广州市	228.87	13			6	2.7	26			16
	石家庄市	488.70	2			1	3.0	24			15
	沈阳市	335.52	6			3	4.7	11			10
	福州市	402.26	3			2	4.6	12			11
	济南市	284.71	10			4	3.9	15			13
	海口市	58.54	21			9	6.3	4			9
	杭州市	265.42	11			5	1.5	27			17
	南京市	204.64	15			7	3.4	19			14

21-4 第二产业增加值

单位：亿元

城市名称		2013年	位次				同比±%	位次			
			全部	西部	中部	东部		全部	西部	中部	东部
西部城市	昆明市	1 537.11	17	3	8	8	13.2	9	9	1	8
	成都市	4 181.49	3	1			12.2	13	10		
	贵阳市	848.64	22	7			18.6	1	1		
	西安市	2 117.66	13	2			13.9	7	7		
	兰州市	820.42	23	8			13.5	8	8		
	西宁市	514.50	25	10			18.0	2	2		
	银川市	678.80	24	9			11.8	15	11		
	南宁市	1 110.89	18	4			14.6	5	5		
	乌鲁木齐市	930.00	20	5			14.8	4	4		
	呼和浩特市	866.74	21	6			14.5	6	6		
	拉萨市	107.56	27	11			17.5	3	3		
中部城市	哈尔滨市	1 743.90	16		7		9.0	25		9	
	武汉市	4 396.17	2		1		10.3	19		7	
	郑州市	3 470.52	7		3		10.4	18		6	
	长沙市	3 946.97	4		2		12.5	12		3	
	南昌市	1 850.49	15		6		11.9	14		4	
	合肥市	2 583.75	10		5		12.9	11		2	
	太原市	1 052.08	19		9		10.6	17		5	
	长春市	2 658.70	9		4		9.4	23		8	
东部城市	广州市	5 227.38	1			1	9.2	24			14
	石家庄市	2 359.50	11			5	9.8	22			13
	沈阳市	3 709.25	5			2	10.1	20			11
	福州市	2 133.60	12			6	13.2	9			8
	济南市	2 053.24	14			7	10.1	20			11
	海口市	217.03	26			9	8.9	26			16
	杭州市	3 661.98	6			3	7.4	27			17
	南京市	3 450.58	8			4	11.1	16			10

21-5 工业增加值

单位：亿元

	城市名称	2013年	位次				同比±%	位次			
			全部	西部	中部	东部		全部	西部	中部	东部
西部城市	昆明市	1 100.06	16	3	8	7	11.4	14	10	4	2
	成都市	3 493.08	3	1			13.0	11	8		
	贵阳市	608.32	22	8			16.8	2	2		
	西安市	1 484.63	13	2			14.5	6	6		
	兰州市	614.50	21	7			14.1	7	7		
	西宁市	440.75	24	10			18.3	1	1		
	银川市	524.11	23	9			12.0	12	9		
	南宁市	820.60	17	4			14.8	4	4		
	乌鲁木齐市	794.00	18	5			14.7	5	5		
	呼和浩特市	690.35	20	6			16.4	3	3		
	拉萨市	30.96	26	11			3.6	26	11		
中部城市	哈尔滨市	1 191.90	15		7		9.5	23		9	
	武汉市	3 645.32	2		1		10.3	17		5	
	郑州市	3 101.38	7		3		10.3	17		5	
	长沙市	3 352.34	4		2		13.2	9		2	
	南昌市	1 398.63	14		6		11.7	13		3	
	合肥市	2 053.57	10		5		14.1	7		1	
	太原市	772.27	19		9		10.1	19		7	
	长春市	2 222.20	9		4		10.0	20		8	
东部城市	广州市	4 754.85	1			1	9.9	22			6
	石家庄市										
	沈阳市	3 348.55	5			2	10.0	20			5
	福州市	1 654.51	12			6	13.2	9			1
	济南市	1 690.63	11			5	10.6	16			4
	海口市	144.72	25			8	6.0	25			8
	杭州市	3 246.67	6			3	7.8	24			7
	南京市	2 997.63	8			4	11.1	15			3

21-6 第三产业增加值

单位：亿元

城市名称		2013年	位次				同比±%	位次			
			全部	西部	中部	东部		全部	西部	中部	东部
西部城市	昆明市	1 708.52	17	4	7	8	13.1	5	4	1	5
	成都市	4 574.23	2	1			8.8	21	8		
	贵阳市	1 155.26	22	7			14.6	2	2		
	西安市	2 548.71	11	2			9.3	18	7		
	兰州市	906.74	23	8			13.6	3	3		
	西宁市	427.93	26	10			9.7	15	6		
	银川市	529.97	25	9			8.3	22	9		
	南宁市	1 342.73	19	6			8.1	23	10		
	乌鲁木齐市	1 443.00	18	5			15.3	1	1		
	呼和浩特市	1 708.93	16	3			7.9	24	11		
	拉萨市	185.59	27	11			10.0	12	5		
中部城市	哈尔滨市	2 686.00	9		3		9.0	19		7	
	武汉市	4 319.70	5		1		10.0	12		4	
	郑州市	2 584.37	10		4		9.6	17		6	
	长沙市	2 915.01	7		2		12.1	6		2	
	南昌市	1 328.30	20		8		9.8	14		5	
	合肥市	1 841.95	15		6		10.6	9		3	
	太原市	1 322.06	21		9		6.1	27		9	
	长春市	2 012.50	14		5		7.8	25		8	
东部城市	广州市	9 963.89	1			1	13.3	4			4
	石家庄市	2 015.40	13			7	10.4	11			10
	沈阳市	3 113.80	6			4	7.6	26			15
	福州市	2 142.63	12			6	10.8	8			8
	济南市	2 892.24	8			5	9.7	15			12
	海口市	629.07	24			9	10.5	10			9
	杭州市	4 416.12	3			2	9.0	19			13
	南京市	4 356.56	4			3	11.3	7			6

21-7 固定资产投资

单位：亿元

城市名称		2013年	同比 ±%
西部城市	昆明市	2 931.50	25.0
	成都市	6 501.10	10.4
	贵阳市	3 030.38	22.1
	西安市	5 134.56	21.0
	兰州市	1 623.70	31.0
	西宁市	925.44	32.1
	银川市	1 149.00	25.1
	南宁市	2 475.01	23.4
	乌鲁木齐市	1 271.59	25.9
	呼和浩特市	1 504.83	15.6
	拉萨市	376.16	32.0
中部城市	哈尔滨市	4 940.00	25.1
	武汉市	6 001.96	19.3
	郑州市	4 400.21	23.6
	长沙市	4 593.39	20.1
	南昌市	2 909.76	21.6
	合肥市	4 707.99	23.1
	太原市	1 670.74	26.5
	长春市	3 408.40	20.0
东部城市	广州市	4 454.55	18.5
	石家庄市	4 369.20	20.0
	沈阳市	6 383.91	13.5
	福州市	3 834.22	18.5
	济南市	2 638.30	20.7
	海口市	649.33	27.2
	杭州市	4 263.87	14.5
	南京市	5 265.55	12.4

注：以上城市统计口径不一致，不可比。

21-8 房地产投资

单位：亿元

城市名称		2013年	位次				同比±%	位次			
			全部	西部	中部	东部		全部	西部	中部	东部
西部城市	昆明市	1 291.71	8	3	3	4	40.5	2	1	1	2
	成都市	2 110.30	2	1			11.7	21	10		
	贵阳市	983.09	13	4			8.2	26	11		
	西安市	1 595.64	5	2			24.5	9	6		
	兰州市	286.80	23	8			28.4	7	4		
	西宁市	195.29	26	10			23.4	10	7		
	银川市	330.81	22	7			20.0	13	8		
	南宁市	416.37	20	6			14.8	18	9		
	乌鲁木齐市	271.43	24	9			25.5	8	5		
	呼和浩特市	581.68	18	5			29.8	6	3		
	拉萨市	7.21	27	11			32.5	3	2		
中部城市	哈尔滨市	849.70	15		6		10.1	24		8	
	武汉市	1 905.60	3		1		21.0	11		3	
	郑州市	1 445.33	7		2		32.0	4		2	
	长沙市	1 153.61	10		4		11.8	20		7	
	南昌市	406.14	21		9		17.9	14		5	
	合肥市	1 105.81	12		5		21.0	11		3	
	太原市	429.92	19		8		17.9	14		5	
	长春市	613.60	17		7		-5.6	27		9	
东部城市	广州市	1 579.68	6			3	15.3	17			5
	石家庄市	920.20	14			7	11.7	21			7
	沈阳市	2 184.01	1			1	12.4	19			6
	福州市	1 264.79	9			5	30.1	5			3
	济南市	721.17	16			8	8.7	25			9
	海口市	256.40	25			9	46.1	1			1
	杭州市	1 853.28	4			2	16.0	16			4
	南京市	1 120.18	11			6	10.3	23			8

21–9 社会消费品零售总额

单位：亿元

	城市名称	2013年	位次				同比±%	位次			
			全部	西部	中部	东部		全部	西部	中部	东部
西部城市	昆明市	1 702.30	15	3	6	8	14.0	10	6	3	7
	成都市	3 752.90	3	1			13.1	21	9		
	贵阳市	785.66	23	8			15.0	5	3		
	西安市	2 548.02	12	2			14.0	10	6		
	兰州市	843.80	22	7			14.7	8	5		
	西宁市	365.07	25	9			15.0	5	3		
	银川市	348.06	26	10			12.2	26	10		
	南宁市	1 450.84	17	4			14.0	10	6		
	乌鲁木齐市	970.05	21	6			16.2	1	1		
	呼和浩特市	1 142.36	20	5			11.8	27	11		
	拉萨市	144.11	27	11			15.7	2	2		
中部城市	哈尔滨市	2 728.30	8		3		13.9	13		4	
	武汉市	3 878.60	2		1		13.0	22		8	
	郑州市	2 586.42	11		4		13.0	22		8	
	长沙市	2 801.97	7		2		14.1	9		2	
	南昌市	1 270.01	19		9		13.7	16		5	
	合肥市	1 480.84	16		7		14.8	7		1	
	太原市	1 281.46	18		8		13.5	18		6	
	长春市	1 970.04	14		5		13.2	20		7	
东部城市	广州市	6 882.85	1			1	15.2	4			6
	石家庄市	2 154.50	13			7	13.8	14			10
	沈阳市	3 186.09	6			4	13.7	16			12
	福州市	2 681.72	9			5	15.6	3			5
	济南市	2 633.90	10			6	13.4	19			13
	海口市	490.05	24			9	12.3	25			15
	杭州市	3 531.17	4			2	13.0	22			14
	南京市	3 504.17	5			3	13.8	14			10

21-10 公共财政预算收入

单位：亿元

城市名称		2013年	位次				同比±%	位次			
			全部	西部	中部	东部		全部	西部	中部	东部
西部城市	昆明市	450.75	12	3	4	7	19.1	10	7	4	4
	成都市	898.50	4	1			16.6	14	9		
	贵阳市	277.21	19	5			20.2	6	4		
	西安市	501.98	9	2			26.5	2	2		
	兰州市	124.50	24	9			20.0	7	5		
	西宁市	67.11	26	10			22.5	4	3		
	银川市	134.60	23	8			19.0	11	8		
	南宁市	256.25	20	6			11.5	24	10		
	乌鲁木齐市	301.90	17	4			19.8	8	6		
	呼和浩特市	182.02	22	7			1.9	27	11		
	拉萨市	50.16	27	11			46.0	1	1		
中部城市	哈尔滨市	402.30	14		6		13.4	19		7	
	武汉市	978.52	2		1		18.1	13		5	
	郑州市	723.63	7		2		19.3	9		3	
	长沙市	536.63	8		3		23.8	3		1	
	南昌市	291.91	18		8		21.6	5		2	
	合肥市	438.62	13		5		12.6	21		8	
	太原市	247.33	21		9		14.7	17		6	
	长春市	381.80	15		7		12.0	22		9	
东部城市	广州市	1 141.79	1			1	10.8	25			16
	石家庄市	315.20	16			8	15.8	15			9
	沈阳市	801.00	6			4	12.0	22			14
	福州市	453.97	11			6	18.8	12			6
	济南市	482.10	10			5	13.9	18			12
	海口市	86.73	25			9	15.1	16			10
	杭州市	945.20	3			2	9.9	26			17
	南京市	831.31	5			3	13.4	19			13

21–11 公共财政预算支出

单位：亿元

城市名称		2013年	位次				同比±%	位次			
			全部	西部	中部	东部		全部	西部	中部	东部
西部城市	昆明市	585.76	13	3	7	5	11.5	20	10	7	11
	成都市	1 162.60	2	1			20.4	6	3		
	贵阳市	393.49	19	5			14.4	15	8		
	西安市	729.81	8	2			22.1	4	2		
	兰州市	242.30	23	8			19.6	7	4		
	西宁市	207.57	25	10			12.0	18	9		
	银川市	223.31	24	9			17.8	9	6		
	南宁市	418.40	17	4			15.3	12	7		
	乌鲁木齐市	353.20	20	6			19.5	8	5		
	呼和浩特市	292.90	22	7			6.0	27	11		
	拉萨市	131.92	27	11			23.4	3	1		
中部城市	哈尔滨市	709.80	9		3		11.7	19		6	
	武汉市	1 103.59	3		1		24.6	2		1	
	郑州市	815.68	7		2		16.4	10		3	
	长沙市	695.84	10		4		11.4	21		8	
	南昌市	417.77	18		8		20.9	5		2	
	合肥市	630.89	12		6		10.2	24		9	
	太原市	319.11	21		9		15.0	14		4	
	长春市	633.00	11		5		13.9	16		5	
东部城市	广州市	1 384.72	1			1	8.9	25			15
	石家庄市	514.90	16			8	11.0	22			12
	沈阳市	881.82	4			2	15.1	13			8
	福州市	534.36	14			6	30.1	1			1
	济南市	522.30	15			7	12.2	17			10
	海口市	132.00	26			9	15.9	11			7
	杭州市	855.74	5			3	8.8	26			16
	南京市	851.01	6			4	10.6	23			14

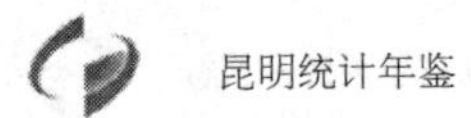

21-12 金融机构人民币存款余额

单位：亿元

城市名称		2013年	位次				比年初±%	位次			
			全部	西部	中部	东部		全部	西部	中部	东部
西部城市	昆明市	10 085.36	10	3	3	6	14.0	14	9	6	1
	成都市	23 662.00	2	1			16.1	10	7		
	贵阳市	5 742.09	19	5			30.7	1	1		
	西安市	13 763.19	6	2			13.4	16	10		
	兰州市	5 499.20	21	7			19.8	2	2		
	西宁市	2 822.47	24	9			19.3	3	3		
	银川市	2 340.93	25	10			11.0	23	11		
	南宁市	6 483.52	18	4			15.2	13	8		
	乌鲁木齐市	5 590.19	20	6			16.5	8	5		
	呼和浩特市	4 437.99	22	8			16.6	7	4		
	拉萨市	1 556.38	26	11			16.2	9	6		
中部城市	哈尔滨市	8 488.20	14		5		15.3	12		5	
	武汉市	14 701.18	5		1		13.7				
	郑州市	12 450.50	7		2		18.0	6		3	
	长沙市										
	南昌市	6 624.57	17		8		15.7	11		4	
	合肥市	8 232.58	15		6		19.0	4		1	
	太原市	9 819.68	11		4		10.3	26		8	
	长春市	7 808.30	16		7		18.6	5		2	
东部城市	广州市	32 850.57	1			1	12.9	18			3
	石家庄市	8 607.80	13			8	12.6	19			4
	沈阳市	11 437.21	8			4	11.3	22			7
	福州市	8 746.76	12			7	13.4	16			2
	济南市	10 808.10	9			5	10.4	25			9
	海口市	2 893.80	23			9	12.0	20			5
	杭州市	21 749.05	3			2	11.0	23			8
	南京市	18 050.82	4			3	11.6	21			6

21-13 城乡居民人民币储蓄存款余额

单位：亿元

	城市名称	2013年	位次				比年初±%	位次			
			全部	西部	中部	东部		全部	西部	中部	东部
西部城市	昆明市	3 355.28	11	3	4	6	12.9	12	8	4	2
	成都市	8 152.00	2	1			15.6	7	6		
	贵阳市	1 827.14	21	7			21.9	1	1		
	西安市	5 357.05	5	2			12.1	15	10		
	兰州市	2 021.60	19	5			16.0	5	4		
	西宁市	972.50	25	10			18.1	3	3		
	银川市	1 045.22	24	9			12.6	13	9		
	南宁市	2 156.69	17	4			15.7	6	5		
	乌鲁木齐市	1 894.47	20	6			10.6	19	11		
	呼和浩特市	1 414.62	22	8			13.5	10	7		
	拉萨市	272.12	26	11			21.4	2	2		
中部城市	哈尔滨市	3 593.60	10		3		8.2	25		8	
	武汉市	5 421.80	4		1		14.7				
	郑州市	4 475.30	8		2		16.4	4		1	
	长沙市										
	南昌市	2 051.16	18		8		10.7	18		6	
	合肥市	2 355.77	16		7		13.9	9		3	
	太原市	3 307.99	12		5		9.4	22		7	
	长春市	3 107.20	15		6		12.2	14		5	
东部城市	广州市	12 253.98	1			1	8.6	24			8
	石家庄市	4 157.60	9			5	11.3	17			4
	沈阳市	4 765.48	7			4	10.4	20			5
	福州市	3 215.33	14			8	9.6	21			6
	济南市	3 267.80	13			7	13.0	11			1
	海口市	1 062.10	23			9	11.5	16			3
	杭州市	6 339.75	3			2	5.5	26			9
	南京市	4 883.29	6			3	9.0	23			7

21-14 金融机构人民币贷款余额

单位：亿元

城市名称		2013年	位次				比年初±%	位次			
			全部	西部	中部	东部		全部	西部	中部	东部
西部城市	昆明市	9 148.63	8	3	3	4	12.0	17	10	5	4
	成都市	17 618.00	3	1			12.6	14	9		
	贵阳市	4 177.93	21	7			19.8	5	5		
	西安市	10 023.63	6	2			16.0	7	7		
	兰州市	4 407.70	19	5			20.0	4	4		
	西宁市	2 727.69	23	9			20.6	3	3		
	银川市	2 660.62	24	10			16.4	6	6		
	南宁市	6 115.88	16	4			11.2	20	11		
	乌鲁木齐市	3 922.02	22	8			21.4	2	2		
	呼和浩特市	4 273.09	20	6			14.6	9	8		
	拉萨市	615.58	26	11			34.8	1	1		
中部城市	哈尔滨市	6 275.90	15		7		12.9	12		3	
	武汉市	11 797.26	5		1		11.0	21		8	
	郑州市	9 342.30	7		2		11.5	18		6	
	长沙市										
	南昌市	5 464.22	17		8		14.4	10		1	
	合肥市	7 054.99	13		5		14.3	11		2	
	太原市	7 111.87	12		4		11.4	19		7	
	长春市	6 453.30	14		6		12.6	14		4	
东部城市	广州市	20 172.97	1			1	10.4	23			6
	石家庄市	4 512.00	18			8	12.5	16			3
	沈阳市	8 867.05	9			5	12.8	13			2
	福州市	7 773.64	11			7	15.5	8			1
	济南市	7 812.50	10			6	5.4	25			8
	海口市	2 547.80	25			9	4.9	26			9
	杭州市	18 399.53	2			2	6.8	24			7
	南京市	13 791.06	4			3	10.6	22			5

21-15 居民消费价格指数

单位：%

城市名称		2013年	位次			
			全部	西部	中部	东部
西部城市	昆明市	103.9	1	1	1	1
	成都市	103.1	9	9		
	贵阳市	103.2	8	8		
	西安市	102.7	16	10		
	兰州市	103.5	4	4		
	西宁市	103.8	2	2		
	银川市	103.5	4	4		
	南宁市	102.1	26	11		
	乌鲁木齐市	103.5	4	4		
	呼和浩特市	103.8	2	2		
	拉萨市	103.4	7	7		
中部城市	哈尔滨市	102.1	26		9	
	武汉市	102.4	24		7	
	郑州市	102.8	14		4	
	长沙市	102.6	19		6	
	南昌市	102.3	25		8	
	合肥市	102.7	16		5	
	太原市	103.1	9		2	
	长春市	103.0	11		3	
东部城市	广州市	102.6	19			6
	石家庄市	102.9	12			2
	沈阳市	102.5	22			8
	福州市	102.6	19			6
	济南市	102.8	14			4
	海口市	102.9	12			2
	杭州市	102.5	22			8
	南京市	102.7	16			5

21-16 城镇居民人均可支配收入

单位：元

城市名称		2013年	位次				同比±%	位次			
			全部	西部	中部	东部		全部	西部	中部	东部
西部城市	昆明市	28 354	12	4	3	7	12.3	3	2	2	8
	成都市	29 968	9	3			10.2	14	7		
	贵阳市	23 376	23	7			10.0	17	8		
	西安市	33 100	7	2			10.4	11	5		
	兰州市	20 767	26	10			12.6	2	1		
	西宁市	19 444	27	11			10.3	13	6		
	银川市	23 776	22	6			10.0	17	8		
	南宁市	24 817	19	5			10.0	17	8		
	乌鲁木齐市	21 304	25	9			12.2	4	3		
	呼和浩特市	35 629	5	1			12.1	5	4		
	拉萨市	21 427	24	8			9.6	25	11		
中部城市	哈尔滨市	25 197	18		8		12.0	6		3	
	武汉市	29 821	10		2		10.2	14		8	
	郑州市	26 615	14		5		9.8	21		9	
	长沙市	33 662	6		1		10.5	9		6	
	南昌市	26 151	15		6		10.8	8		5	
	合肥市	28 083	13		4		10.4	11		7	
	太原市	24 000	21		9		11.0	7		4	
	长春市	26 034	16		7		13.3	1		1	
东部城市	广州市	42 049	1			1	10.5	9			9
	石家庄市	25 274	17			8	9.7	24			14
	沈阳市	29 074	11			6	10.0	17			11
	福州市	32 265	8			5	9.8	21			12
	济南市	35 648	4			4	9.5	26			15
	海口市	24 461	20			9	9.5	26			15
	杭州市	39 310	3			3	10.1	16			10
	南京市	39 881	2			2	9.8	21			12

注：增幅未扣物价因素。

21-17 农民人均纯收入

单位：元

城市名称		2013年	位次				同比±%	位次			
			全部	西部	中部	东部		全部	西部	中部	东部
西部城市	昆明市	9 273	20	6	8	8	15.3	3	3	1	7
	成都市	12 985	8	1			12.9	12	9		
	贵阳市	9 592	19	5			13.0	10	7		
	西安市	12 930	9	2			13.0	10	7		
	兰州市	7 114	26	11			14.3	5	5		
	西宁市	9 004	23	8			15.4	2	2		
	银川市	9 036	22	7			12.0	20	11		
	南宁市	7 685	25	10			13.4	9	6		
	乌鲁木齐市	11 496	13	4			14.6	4	4		
	呼和浩特市	12 736	11	3			12.1	19	10		
	拉萨市	8 265	24	9			16.7	1	1		
中部城市	哈尔滨市	10 800	16		6		14.1	6		2	
	武汉市	12 713	12		3		13.6	8		4	
	郑州市	14 009	6		2		11.8	22		7	
	长沙市	19 713	1		1		12.6	13		5	
	南昌市	10 806	15		5		11.1	25		8	
	合肥市	10 352	17		7		14.0	7		3	
	太原市	11 288	14		4		12.0	20		6	
	长春市										
东部城市	广州市	18 887	3				12.5	16			12
	石家庄市	10 066	18			7	12.6	13			10
	沈阳市	14 467	5			4	10.9	26			17
	福州市	12 910	10			6	12.3	18			14
	济南市	13 248	7			5	12.4	17			13
	海口市	9 155	21			9	12.6	13			10
	杭州市	18 923	2			1	11.2	24			16
	南京市	16 531	4			3	11.8	22			15

注：增幅未扣物价因素。

21-18 进出口总值

单位：亿美元

城市名称		2013年	位次				同比±%	位次			
			全部	西部	中部	东部		全部	西部	中部	东部
西部城市	昆明市	168.97	11	3	5	5	17.2	10	6	4	6
	成都市	506.00	4	1			6.4	18	8		
	贵阳市	63.18	20	5			25.1	5	4		
	西安市	179.82	10	2			38.2	3	2		
	兰州市	40.63	23	7			19.6	7	5		
	西宁市	12.41	27	11			32.9	4	3		
	银川市	24.11	25	9			80.9	1	1		
	南宁市	44.21	22	6			6.6	17	7		
	乌鲁木齐市	77.98	18	4			-25.0	27	11		
	呼和浩特市	15.99	26	10			-5.9	26	10		
	拉萨市	32.05	24	8			-3.7	25	9		
中部城市	哈尔滨市	65.40	19		9		40.3	2		1	
	武汉市	217.52	7		2		6.9	16		7	
	郑州市	427.49	5		1		19.3	8		2	
	长沙市	98.93	14		6		13.8	11		5	
	南昌市	97.22	15		7		17.3	9		3	
	合肥市	181.90	9		4		3.1	22		9	
	太原市	91.63	17		8		8.2	14		6	
	长春市	203.99	8		3		3.7	21		8	
东部城市	广州市	1 188.88	1			1	1.5	23			16
	石家庄市	140.00	13			7	8.1	15			12
	沈阳市	143.29	12			6	12.4	12			9
	福州市	314.29	6			4	11.9	13			11
	济南市	95.66	16			8	4.7	20			15
	海口市	51.01	21			9	21.0	6			3
	杭州市	650.71	2			2	5.5	19			14
	南京市	557.57	3			3	0.9	24			17

中国统计出版社最新图书简目

(仅供参考，以最后出书为准)

统计资料

综合类：中国统计年鉴　中国统计摘要　中国发展报告

国际资料类：国际统计年鉴　金砖国家联合统计手册　世界能源资源年鉴

区域资料类：中国区域经济统计年鉴　中国县域统计年鉴　中国城市统计年鉴　中国农村统计年鉴　中国地区经济监测报告

经贸与投资类：中国贸易外经统计年鉴　中国对外直接投资统计公报　中国商品交易市场统计年鉴　大中型批发零售和住宿餐饮企业统计年鉴　中国零售和餐饮连锁企业统计年鉴

住户与物价类：中国住户调查年鉴　中国价格统计年鉴　中国农产品价格调查年鉴　全国农产品成本收益资料汇编

资源与环境类：中国环境统计年鉴　中国能源统计年鉴

产业类：中国工业统计年鉴　中国建筑业统计年鉴　中国房地产统计年鉴　中国第三产业统计年鉴　中国证券期货统计年鉴

科技类：中国科技统计年鉴　中国高技术产业统计年鉴　工业企业科技活动资料

人口与就业类：中国劳动统计年鉴　中国人口和就业统计年鉴　中国人才资源统计报告

社会与文化类：中国社会统计年鉴　中国文化及相关产业统计年鉴

公共管理类：中国民政统计年鉴　中国民族统计年鉴　中国乡镇街道行政区域简册

省级综合统计年鉴系列

北京 天津 河北 山西 内蒙古 辽宁 吉林 黑龙江 上海 江苏 浙江 安徽 福建 江西 山东 河南 湖北 湖南 广东 广西 海南 重庆 四川 贵州 云南 西藏 陕西 甘肃 青海 宁夏 新疆 新疆生产建设兵团

市(县)级综合统计年鉴系列

天津滨海新区 石家庄 唐山 邯郸 太原 大同 阳泉 长治 晋城 朔州 晋中 运城 忻州 临汾 呼和浩特 鄂尔多斯 包头 沈阳 大连 长春 吉林市 四平 哈尔滨 黑龙江垦区 上海浦东新区 南京 无锡 徐州 常州 苏州 南通 连云港 淮安 盐城 扬州 镇江 泰州 宿迁 江阴 丹阳 杭州 宁波 温州 嘉兴 绍兴 金华 衢州 舟山 台州 丽水 合肥 福州 厦门 宁德 福州经济技术开发区 南昌 济南 青岛 郑州 洛阳 平顶山 三门峡 南阳 武汉 十堰 荆州 宜昌 荆门 咸宁 长沙 广州 深圳 惠州 东莞 南宁 柳州 桂林 来宾 海口 三亚 成都 贵阳 昆明 西安 兰州 庆阳 银川 乌鲁木齐 兵团一师 兵团十师

调查年鉴系列

山西 内蒙古 吉林 辽宁 上海 福建 湖北 广西 重庆 四川 云南 甘肃 宁夏 新疆 南宁 桂林

“十二五”规划教材

统计学（经济管理类专业本科适用，单薇 等）　抽样调查理论与方法（冯士雍 等）

贝叶斯统计（茆诗松 等）　统计学（黄良文 等）　试验设计（茆诗松 等）

统计学：从数据到结论（吴喜之）　医学统计学（于浩）　统计学（经济、管理类专业基础教材，张小斐）

概率论与数理统计三十三讲（魏振军）　概率论与数理统计三十三：学习指导与习题解答（魏振军）

非参数统计（吴喜之 等）　统计学：经济与管理中的数据分析（李慧云 等）

卫生管理统计学（新编医学院校基础课教材，尚磊）医院统计学（新编医学院校基础课教材，徐天和 等）

社会统计学（蒋萍 等）　现代金融投资统计分析（李腊生 等）

国民经济核算初级教程（经济类、统计类、管理类专业适用，蒋萍 等）

重点图书

新中国65年　新编英汉汉英统计大词典　中华医学统计百科全书

挑大学选专业2014—考研择校指南　挑大学选专业2014—高考志愿填报指南